初中科学学习任务的
设计与实施

葛元钟 著

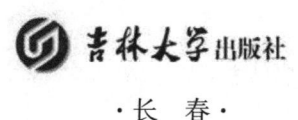

吉林大学出版社

·长 春·

图书在版编目（CIP）数据

初中科学学习任务的设计与实施 / 葛元钟著． -- 长春：吉林大学出版社，2022.12
ISBN 978-7-5768-1271-8

Ⅰ．①初… Ⅱ．①葛… Ⅲ．①科学知识－教学设计－初中 Ⅳ．① G633.72

中国版本图书馆CIP数据核字（2022）第 236856 号

书　　　名	初中科学学习任务的设计与实施
	CHUZHONG KEXUE XUEXI RENWU DE SHEJI YU SHISHI
作　　　者	葛元钟
策划编辑	赵黎黎
责任编辑	赵黎黎
责任校对	王蕾
装帧设计	肖本亮
出版发行	吉林大学出版社
社　　　址	长春市人民大街 4059 号
邮政编码	130021
发行电话	0431-89580028/29/21
网　　　址	http://www.jlup.com.cn
电子邮箱	jdcbs@jlu.edu.cn
印　　　刷	北京荣泰印刷有限公司
开　　　本	787mm×1092mm　1/16
印　　　张	16.75
字　　　数	350 千字
版　　　次	2022 年 12 月　第 1 版
印　　　次	2023 年 1 月　第 1 次
书　　　号	ISBN 978-7-5768-1271-8
定　　　价	88.00 元

版权所有　翻印必究

序

科学是以实验为基础的研究自然现象和规律的学科。科学的核心是探究，探究自然界的各种现象的成因和规律。义务教育阶段的科学课程是学生通过探索自然现象获得科学知识和科学能力，形成科学态度和责任的基础学科。初中阶段的学生处于成长的关键期，科学课程对学生素养的发展起着关键作用。

学生是如何发展自己的科学素养的？当然是通过科学学习的过程。那么，是否科学课程的任何一种学习方式都可以帮助学生获得科学素养呢？显然不是。科学素养是学生在主动探索科学问题或完成科学任务的过程中获得的。科学探索是由科学研究的目标、内容、对象和方法所构成的科学探究的过程。因此，学生有效的科学学习需要有科学探究任务的支持。本书作者葛元钟老师的"学习任务"引领的探究性学习方法正是学生科学素养发展的极好途径。

"任务学习"可以改变以知识传授为主线的陈旧、落后的课堂模式。作者对任务学习的研究已有比较长的时间，通过基于真实情境设计的具有综合性和探究性的学习任务，可以引导学生对科学问题进行积极思维、深度探究，从而发展学生的科学思维能力和探究实践能力，帮助学生形成正确的科学观念和科学态度。科学观念、科学思维、探究实践及科学态度与责任是科学课程的目标，是在科学课程学习中必须培养和发展的学生素养。作者正是基于培养学生素养的朴素教育理念，坚定地、持续地对任务学习的设计和实施进行了十几年如一日的持续研究。他凭借任务学习这个课题研究，带领一批科学教师改变了他们的科学课堂；他也引领和改变了他所在学校、所在区的科学课堂，同时也以这种探究性学习的理念引领和改变了他所在学校的其他学科的课堂教学模式。

课堂教学是学生在教师的引领和指导下所进行的课堂学习活动。这种学习活动的主体是学生，帮助者是教师。教师的引领作用、指导作用在任务学习中可以得到充分发挥，而学生积极主动地探究、积极主动地思维与建构也只有在任务学习的模式中才能更好地体现。葛元钟老师所做的任务学习的研究成果是科学教师们很好的学习材料。教师们可以在他所做的研究的基础上进行自主设计、灵活运用，对自己的课堂进行深度改革。

　　本书既有任务学习的理论，又有任务学习的大量案例，是理论与实践相结合的佳作，因此我认真地推荐此书。

2022年1月于杭州

目 录

绪 论 ……………………………………………………………………… 1

第一章 任务型教学的理论基础 …………………………………………… 6
第一节 任务型教学的学习理论支撑 ……………………………………… 6
第二节 任务型教学的设计理论依据 ……………………………………… 11
第三节 任务型教学的教学模式借鉴 ……………………………………… 19
第四节 任务型教学的内涵及优势 ………………………………………… 27

第二章 任务型学习的主要特征 …………………………………………… 31
第一节 素养导向 …………………………………………………………… 31
第二节 真实情境 …………………………………………………………… 39
第三节 问题驱动 …………………………………………………………… 49
第四节 表现评价 …………………………………………………………… 58

第三章 任务型学习的框架设计（参考第九章案例2）…………………… 65
第一节 初中科学单元（观念）任务的设计 ……………………………… 68
第二节 初中科学小节（规律）任务的设计 ……………………………… 84
第三节 初中科学分支（概念）任务的设计 ……………………………… 89

第四章 任务型学习的设计流程 …………………………………………… 98
第一节 把科学素材打造成真实情境 ……………………………………… 98
第二节 基于真实情境进行问题设置 ……………………………………… 107
第三节 基于问题进行学生任务设计 ……………………………………… 115
第四节 基于SOLO理论设计评价 ………………………………………… 119

· 1 ·

第五章 "科学观念及应用"学习任务的设计与实施
（参考第九章案例 2、案例 4）·················132

第一节 科学观念及应用的内涵·················132
第二节 "科学观念及应用"学习任务的设计·················137

第六章 "科学思维与创新"学习任务的设计与实施
（参考第九章案例 1、案例 9）·················150

第一节 科学思维与创新的内涵·················150
第二节 "科学思维与创新"学习任务的设计·················159

第七章 "科学探究与实践"学习任务的设计与实施
（参考第九章案例 3、案例 5、案例 7、案例 8）·················193

第一节 科学探究与实践的内涵·················193
第二节 "科学探究与实践"学习任务的设计·················196

第八章 "科学态度与责任"学习任务的设计与实施
（参考第九章案例 6）·················207

第一节 科学态度与责任的内涵·················207
第二节 "科学态度与责任"学习任务的设计·················211

第九章 学习任务的实施案例

第一节 科学素养汇总·················215
第二节 根据内容进行框架设计·················216
第三节 根据流程进行任务设计·················217
第四节 任务实施案例·················220

参考文献·················257

后　记·················260

绪 论

一、科学及科学教育

（一）科学本质

科学是什么？

最初，人们认为科学是一种"知识系统"。

20世纪20年代，人们认为科学是一种"可证实的"知识系统。

20世纪30年代，英国科学哲学家卡尔·波普尔（Karl Popper）提出科学是"可证伪"的知识体系。

20世纪60年代，人们开始从一种广义的角度来认识科学的本质，强调了两点：其一为科学是一种探究，其二为科学是一种特殊的社会文化现象。

在《初中科学课程标准（2022年版）》中，关于"科学是什么"的问题，是这样描述的：科学是人类在研究自然现象、发现自然规律的基础上形成的知识系统，以及获得这些知识系统的认识过程和在此过程中所利用的方法。根据研究对象不同，可将科学分为物理学、化学、生物学、天文学、地球科学等分支。这些分支具有研究方法的差异，也共享一些通用的科学方法，呈现出相互渗透、交叉融合的趋势。

从历史上看，人们对这个问题的认识有一个不断发展的过程，而且历史上不同的科学本质观曾经对科学教育的基本理念产生过不同的影响。

科学的起源可以追溯到古埃及和两河流域。当时的人们研究数学、天文学和医学，在希腊建立起古典时代的自然哲学，尝试在物质世界的基础上解释事件的自然原因。

在20世纪，科学飞速发展，相对论、量子力学的产生推动了20世纪的物理学革命。现代物理学又大大促进了其他学科领域的发展。化学中的许多新领域，如：化学键理论、分子和量子化学、化学动力学等，直接在量子力学基础上建立起来。1966年，生物学家弄清了64种遗传密码的含义，发现了开创新纪元的DNA

（脱氧核糖核酸）和 RNA（核糖核酸）分子结构。其中，DNA 被认为是由"遗传程序"所派定的一套指令，一套控制蛋白质合成的指令。分子生物学的突破为现代生物学奠定了基础，由此派生出基因工程、蛋白质工程、细胞工程等技术，促进了制药技术、人类疾病诊断和治疗技术、人类器官再生移植技术及现代农业技术的重大突破。在地理方面，板块构造理论的产生推动了 20 世纪 60 年代的地学革命。这个理论起源于德国气象学家阿尔弗雷德·魏格纳（Alfred Lothar Wegener）的"大陆漂移说"和人们对"海底扩张现象"的研究。20 世纪后期，地质学家将板块构造说用于研究地震和矿产资源的形成和分布，也取得了一些突破性进展。

上述科学和理论成果都是由一代又一代科学家经过不懈努力和钻研而取得的，都是人类文明的宝贵财富。在初中阶段，教师不可能让学生掌握所有的科学理论，但要研究如何通过教育使学生站在"巨人"的肩膀上。

（二）科学教育

中国科学院出版的《2001 科学发展报告》指出：科学教育整体包括科学知识、思想、方法以及科学精神，并通过内化转变为受教育者的行为与信念的教育过程，从而在每个公民的日常生活中融入科学态度，有利于科学与人文精神更好地融入社会。

科学教育存在着狭义与广义之分，前者指的是包含生物、化学、物理、地球科学等学科的自然科学教育，除此之外，还包括学校科学教育这类的综合科学教育。而后者则包括数学教育、技术教育和社会科学教育。

魏明通认为，科学教育包括有关物理、化学、生物、地理科学等学科的教学，以及与这些教学有关的课程、教材、教法、教具、评量、师资培训等研究工作与活动；此外，还包括学校科学和社会科学教育，以及培养并提高全民科学素养的教育，使全民了解科学概念、训练科学方法、培养科学态度、让每个人都适应现代生活的教育。

韦钰认为，科学教育是指以物理、化学、生物学、地球与宇宙学等自然学科为主体构成的并涉及技术、环境科学、科学史的综合性科学技术教育体系。科学教育是提高全民科学素质的主渠道，国际社会和各个国家都十分重视科学教育的改革。科学教育绝不是简单的传递知识，而是在培育科学的思维方式和科学的生活方式[①]。

通过对科学教育理解的变迁可以看出，学界对科学教育的定义逐步由知识拓

---

① 中国科学院. 2001 科学发展报告[M]. 北京：科学出版社，2001：3.

展向能力、思维，乃至生活方式转变，这使得科学教育的改革成为必然。

二、科学教育的改革

教育改革，是指旨在促进教育进步，提高教育质量而进行的教学内容、方法、制度等方面的改革。针对当代科学技术迅速发展的现状，科学教育要有一定的改变。

（一）科学教育的改革方向

科学技术迅速发展提醒人们在传承过程中应当注意以下两点：

（1）人类遇到的问题往往比较复杂，教育工作者要有综合解决问题的能力。如果教育工作者用单一的分科知识去分析问题，则往往不能全面认识事物的本质，也就不能很好地解决问题。因此，要注重用跨学科的统一的科学概念去融合物理、化学、生命科学、地球宇宙等多门学科的基本概念原理和方法，逐步建立起正确的、比较完整的科学知识体系。

（2）目前是以信息技术为先导、以新材料和新能源为基础的知识经济时代，信息技术被普遍应用于社会的各个领域。因此，要在科学教育中进行技术介绍，让学生了解由所学科学知识所派生的新技术，了解现代高新技术的发展沿革和现状，了解技术发展的科学化、综合化以及科学研究的技术化趋势。

（二）关注核心素养的发展

在21世纪，人类面临着一些问题，如生态环境的恶化、自然资源的短缺、人口的迅速膨胀……随着世界多极化、经济全球化、文化多样化、社会信息化，各国都在思考21世纪的学生应具备哪些核心素养才能成功适应未来社会这一前瞻性战略问题，核心素养研究浪潮席卷全球。面对日趋激烈的国际竞争，我国要提升教育国际竞争力，也必须解决这一关键问题。

2014年，教育部印发了《关于全面深化课程改革落实立德树人根本任务的意见》，提出"教育部将组织研究提出各学段学生发展核心素养体系，明确学生应具备的适应终身发展和社会发展需要的必备品格和关键能力"[1]。核心素养是党的教育方针具体化，是连接宏观教育理念、培养目标与具体教育教学实践的环节。党的教育方针通过核心素养这一桥梁，可以转化为教育教学实践可用的、教育工作者易于理解的具体要求，明确学生应具备的必备品格和关键能力，从中观层面深

---

[1] 中华人民共和国教育部：教育部关于全面深化课程改革落实立德树人根本任务的意见. 教基二〔2014〕4号[DB/OL]. http://www.moe.gov.cn/srcsite/A26/jcj_kcjcgh/201404/t20140408_167226.htmlhtml.2014-04-08.

入回答"立什么德、树什么人"用于指导人才培养具体实践[①]。

2016年9月13日正式发布《中国学生发展核心素养》总体框架。核心素养共分为文化基础、自主发展、社会参与三个方面，综合表现为人文底蕴、科学精神、学会学习、健康生活、责任担当、实践创新六大素养，细化为国家认同等18个基本要点。

2018年1月16日上午，教育部召开新闻发布会，正式颁布了《普通高中课程方案和语文等学科课程标准（2017年版）》。其中，学科课程标准的首要变化就是凝练了学科核心素养。

基于以上两点要求，教育工作者应立足于真实情境，培养学生综合解决问题的能力，并在问题解决过程中将先进的科学技术授予他们。

三、基于任务的教学

教学任务对发展学生的核心素养有不可替代的作用，基于任务的教学称为任务型教学或任务教学。

任务型教学是建立在第二语言习得研究基础上的一种具有影响的语言教学模式，是20世纪80年代以来西方英语教育的发展成果。该模式以具体的任务为学习动力和动机，以完成任务的过程为学习过程，以展示任务成果的方式来体现学习的成就。

N.S.普拉布（N.S.Prabhu）于20世纪80年代从教学的角度提出任务型教学，认为学生可以通过运用任务进行语言研究。1996年，威利斯（Willis）又对任务型学习模式的建构进行了研究，这样就进一步深化了任务型学习的内涵，后来通过实践使任务型教学逐步系统化[②]。1998年，斯凯恩（Skehan）提出了任务型学习的认知方法[③]。2001年，大卫·纽南（David Nunan）提出了任务型学习的方法论[④]。2003年，罗德·埃利斯（Rod Ellis）认为任务型教学法是一种满足学生和社会需求的教学法，教师要以此为依据设计任务，学生运用小组合作等方式完成任务[⑤]。21世纪初，较为完善的分阶段的任务型教学模式被提出。

近年来，我国对任务教学日趋重视，以中国知网（外网）为数据库，用高级

[①] 林崇德. 中国学生发展核心素养：深入回答"立什么德、树什么人"[J]. 人民教育，2016（19）：14-16.
[②] Willis J. A Framework For Task-based Learning [M]. London: Longman, 1996: 15-17.
[③] Skehan P. A Congnitive Approach to Language Learning [M]. Oxford: Oxford Unicersity Press, 1998: 9-10.
[④] David Nunan. 第二语言教与学 [M]. 北京：外语教学与研究出版社，2001: 5-6.
[⑤] Ellis. 任务型语言教与学 [M]. 上海：上海外语教育出版社，2003: 2-3.

检索方式，检索条件设置为 "题名=科学并且题名=任务"，进行精确匹配和跨库检索，以"（空白）—（注：20201231）"为发表时间段，共得文献 1041 篇，其中学位论文 10 篇。

基于此，我们对任务教学的相关理论进行整理并搭配相应案例撰写成书，以供致力于任务教学的各位科学教师参考，《初中科学学习任务的设计与实施》一书应运而生。同时，本书系 2021 年浙江省教研规划课题"基于真实情境的初中科学单元学习任务群设计与实施"（G2021033）和 2021 浙江省教师教育规划课题"初中科学学习任务中真实情境的创设研究"（ZX2021575）的研究成果。

围绕这两个课题，我们研究了科学学科学习任务群的基本设计流程及科学学科学习任务实施的一般方法；在研究过程中，更新、转变教师的教学理念，提高表现性评价的意识，提高教师的任务群设计、实施能力，促进教师在专业方面成长；在研究过程中，通过任务群实施，提高学生能力，提高教学效果；研究了初中科学学习任务中真实情境的创设所存在的问题，梳理了科学教材中的情境素材，以便激发学生学习兴趣。

第一章 任务型教学的理论基础

第一节 任务型教学的学习理论支撑

学习是如何发生的？有哪些规律？学习是以怎样的方式进行的？近百年来，教育学家和教育心理学家围绕着这些问题，从不同角度，运用不同的方式进行了各种研究，试图回答这些问题，也由此形成了各种各样的学习理论。

任务（task）一般是指人们在日常生活、工作、娱乐活动中所进行的各种各样有目的的活动，通常指上级交派的工作或个体所要担负的责任。任务（task）与传统的"练习"（exercise）或通常意义上的"活动"（activity）是有本质区别的。

学习理论简称为"学习论"，是说明人和动物学习的性质、过程和影响学习的因素的各种学说。心理学家秉持不同的观点，采用不同的方法，根据不同的实验资料，提出了许多学习的理论。任务让学生学会学习，任务型教学需要认知学习理论作为支撑。

一、认知学习理论

认知学习理论认为，学习不是在外部环境的支配下被动形成刺激—反应（S—R）联结，而是主动在头脑内部构造认知结构；学习不是通过练习和强化形成反应习惯，而是通过顿悟和理解获得期待；有机体当前的学习依赖于他原有的认知结构和当前的刺激情境，学习受主体的预期所引导，而不受习惯所支配。

1. 皮亚杰的认知理论

让·皮亚杰（Jean Piaget）对认知发展的研究始自20世纪30年代，主要机制被称为"平衡"。

所谓认知发展是指个体自出生后在适应环境的活动中,对事物的认知及面对问题情境时的思维方式和能力表现随年龄增长而改变的历程。皮亚杰对认知发展研究的特殊兴趣是出于将儿童的认知发展看作沟通生物学与认识论的桥梁。他认为通过对儿童个体认知发展的了解可以揭示整个人类认识发生的规律,从而建构起他的整个学说"发生认识论"[1]。

皮亚杰认知发展理论中的基本概念为图式、同化、顺应和平衡[2]。

(1) 图式。表征是信息在头脑中的呈现方式,当某一事物缺席时,它代表该事物。表征类型主要有认知地图、表象、图式、概念和命题。图式是皮亚杰理论中的核心概念,是指动作的结构或组织。个体能对刺激做出反应,在于其具有应付这种刺激的思维或行为图式。图式使个体能对客体的信息进行整理、归纳,使信息秩序化和条理化,从而达到对信息的理解。图式具有概括性的特点,可应用于不同的刺激情境。初生婴儿仅具有几个简单的遗传图式,如吮吸。当婴儿的嘴唇触到任何物体时都会产生吮吸反射。学习能产生迁移,是因为在前一学习中形成了某种图式,然后图式被应用到下一学习情境中去。

皮亚杰认为,人的认识发展不仅表现在知识的增长上,更表现在认知结构的完善和发展上。图式的发展水平是人的认识发展水平的重要标志,它既是认识发展的产物,又是认识发展的基础和条件。

(2) 同化。同化是指有机体把环境成分整合到自己原有机构中去的过程。皮亚杰借用同化来说明个体把新鲜刺激纳入其原有图式中的心理过程。就整个有机体来说,有三种水平的同化:生理水平上,是物质的同化;动作水平上,是行为的同化;智慧水平上,是思想的同化。从心理学的角度来说,同化就是把外界元素整合于一个正在形成或已形成的结构中。因此,同化过程受到个人已有图式的限制。个人拥有的图式越多,同化的事物的范围就越宽泛;反之,同化范围也就相对狭窄。

(3) 顺应。顺应是指个体调节自己的内部结构以适应特定刺激的过程。个体在遇到不能用原有图式同化的新刺激时,便要对原有的图式加以修改或重建,以适应环境。这样将迫使个体改变现有的认知图式,形成某些适合新经验的新图式,引起认知结构的不断发展和变化。图式的发展和丰富是通过同化和顺应两种机制来实现的。皮亚杰认为,刺激输入的过滤或改变就是同化;内部图式的改变,以适应现实,就是顺应。

---

[1] 周宗奎. 现代儿童发展心理学 [M]. 合肥:安徽人民出版社, 1999: 146.
[2] 郎筠. 皮亚杰认知发展理论简析[J]. 科技信息, 2011 (15): 160+159.

（4）平衡。平衡是指个体通过自我调节机制使认识的发展从一个平衡状态向另一个较高平衡状态过渡的过程。儿童认知最初处于较低水平的平衡状态中，当面临新异刺激时，就会产生不平衡。通过主体和客体的相互作用，即通过同化或顺应，认识能够达到一个新的水平，从而恢复平衡状态。认识的发展就是平衡—不平衡—平衡的过程。

平衡从三方面调节着个体的认知过程：一是调节同化与顺应两种技能之间的关系，使两者保持平衡；二是调节个体认知结构中执行不同功能的子系统；三是在个体知识的分化与整合中保持平衡。

2. 布鲁纳的认知结构学习理论

杰罗姆·布鲁纳（Jerome Seymour Bruner）的主要教育心理学理论集中体现在1960年出版的《教育过程》一书中。布鲁纳认为，学校教育与实验室研究猫、狗、小白鼠受刺激后做出的行为反应是截然不同的两回事。他强调学校教学的主要任务就是要主动地把学习者旧的认知结构置换成新的，促成个体能够用新的认知方式来感知周围世界。

布鲁纳主张学生的发现学习，认为学习者会独自遵循其特有的认识程序亲自获取知识的一切方式。他认为，教育工作者的任务是要把知识转换成一种适应正在发展着的学生的形式，以表征系统发展的顺序作为教学设计的模式。由此，他提倡教师在教学中要使用发现学习的方法。

使用发现法应遵循六个步骤：提出和明确学生感兴趣的问题；使学生体验到对问题的某种程度的不确定性；提供解决问题的多种可能的方案；协助学生收集和组织可用于下结论的资料；组织学生审查有关资料，得出应有的结论；引导学生用分析思维去证实结论。之所以强调在教学中教师要重视学生的发现学习，原因在于发现学习有以下几个比较明显的优点：

（1）发现学习不仅强调学习者对学习结果的存储，还重视学习者在学习中以有意义的方式组织知识，因此学习者对知识掌握的牢固程度要高。

（2）发现学习强调对学习者内部学习动机的激发，要求学习者利用教师所提供的教学信息探索解决问题的模型。实践表明，发现学习更加容易激发学习者的智慧潜能。

（3）发现学习强调培养学习者的直觉思维能力，注重在学习的过程中让学习者运用假设去推测关系，也注重让学习者应用自己的能力去解决问题或发现新事物，因此，发现学习在一定程度上可以有效提升学习者发现问题、解决问题的能力。

（4）在发现学习的过程中，教师与学生处于合作状态，此时的学生就不再是静坐的听众或观众了；他们主动合作，投入教与学的互动中，在不断的探究中获得新的信息，从而大大提高了学习的主动性。

3. 奥苏贝尔的认知同化理论

戴维·保罗·奥苏贝尔（David Pawl Ausuber）是美国的认知心理学家，他对教育心理学的杰出贡献集中体现在他对有意义学习理论的表述中。他在批判行为主义简单地将动物心理等同于人类心理的基础上，创造性地吸收了皮亚杰、布鲁纳等同时代心理学家的认知同化理论思想，提出了著名的"有意义学习"和"先行组织者"等概念，并将学习论与教学论两者有机地统一起来。

（1）有意义学习。奥苏贝尔指出："有意义学习过程的实质就是符号所代表的新知识与学习者认知结构中已有的适当观念建立非人为的和实质性的联系。"在他看来，学习者的学习如果想要有价值的话，就应该尽可能地有意义。奥苏贝尔将学习分为接受学习和发现学习、机械学习和意义学习，并明确了每一种学习的含义及其相互之间的关系。

（2）三种同化方式。奥苏贝尔按照新知识和旧知识的概括水平及其相互间的不同关系，提出了三种同化方式：下位学习、上位学习和并列结合学习。

① 下位学习主要是指学习者将概括程度处在较低水平的概念或命题，纳入自身认知结构的原有概括程度较高水平的概念或命题之中。下位学习可以分为两种：一种是派生类属学习，即新学习的知识仅仅是学习者已有概念或命题的一个例证，如学习者在了解哺乳动物的基本特征后，再对照特征，知道鲸是哺乳动物家族中的一员；另一种是相关类属学习，即当学习者获得一定的类属于原有概念或命题的新知识以后，其自身原有的概念或命题进一步精确化，例如，学习者已经熟悉了"二氧化碳的物理性质"的命题，现在学习新的命题"二氧化碳的化学性质"，前后命题就是相关关系。

② 上位学习是指学习者在已经掌握几个概念或命题的基础上，进一步学习一个概括或包容水平更高的概念或命题。例如，学习者在熟悉了"苹果""香蕉""桃"这些下属概念之后，再学习"水果"这个概念；在熟悉了"水果""蔬菜""肉类"这些概念后，再学习"食物"这个概念；在熟悉了"机械能""内能""化学能"这些概念后，再学习"能量"这个概念。概括水平更高的新概念主要通过归纳原有下位概念的属性而获得意义。

③ 当新学习的概念和命题既不能与原有知识结构中的概念或命题产生下位关系，也不能产生上位关系，而是产生并列关系时，这时便只能采用并列结合学习方式。例如，学生在学习了氧气的基本知识以后再学习二氧化碳的有关知识，

就是并列结合学习。

（3）认知结构中三个变量。奥苏贝尔认为，认知结构对新知识获得和保持的影响因素主要有三个：一是在认知结构中，对新知识起固定作用的旧知识的可利用性；二是新知识与同化它的原有旧知识之间的可辨别性程度；三是在认知结构中，起固定作用的旧知识的稳定性和清晰性的程度。为了提高学习效果，发挥认知结构中三个变量在新知识学习中的积极作用，促进学习的有效迁移，奥苏贝尔提出了"先行组织者"教学策略。

先行组织者教学策略就是指教师在向学生传授新知识之前，给学生呈现一个短暂的具有概括性和引导性的说明。这个概括性的说明或引导性材料用简单、清晰和概括的语言介绍新知识的内容和特点，并说明它与哪些旧知识有关，以及有什么样的关系。

二、建构主义理论

到目前为止，建构主义的理论体系还处在发展中，尚未成熟。因此，我们只能试着对它的主要观点做一些简要的梳理、概括。

建构主义强调，应当把学习者原有的知识经验作为新知识的生长点，引导学习者从原有的知识经验中"生长"出新的知识经验。建构主义认为，学习者并不是空着脑袋走进教室的，他们在各种形式的学习中，凭借自己的头脑积累了丰富的经验。当学习问题一旦呈现在他们面前时，学习者会基于以往的经验，依靠他们的认知能力，形成对问题的解释。由于学习者的经验以及对经验的信念不同，学习者对外部世界的理解也是不同的。

知识是由学习者个人建构的，而不是由他人传递的。建构主义强调学习者个人从自身经验背景出发，建构对客观事物的主观理解和意义；重视学习过程而反对现成知识的简单传授。它强调教学应该置于有意义的情景中，而最理想的情景是所学的知识可以在其中得到运用。建构主义的基本观点如下：

1. 建构主义科学知识观

建构主义认为，知识不是对现实纯粹客观的反映，而是人们对客观世界的一种解释、假设或假说，将随着人们认识程度的深入而不断地变革和深化，出现新的解释和假设。在具体问题的解决中，学习者需要针对具体问题的情境对原有知识进行再加工和再创造。另外，尽管语言赋予了知识一定的外在形式，并且获得了较为普遍的认同，但这并不意味着学习者对这种知识有同样的理解。这是因为对知识的理解需要个体基于自己的知识经验进行建构，还取决于个体在特定情境下的学习历程。

2. 建构主义科学学习观

学习是学习者自己建构知识的过程。学习者不是简单、被动地接受信息，而是主动地建构知识的意义。学习者根据自己的经验背景，对外部信息进行主动的选择、加工和处理，并对所接收到的信息进行解释，生成了个人的意义或者说是自己的理解。个人头脑中已有的知识经验不同，调动的知识经验相异，对所接收到的信息的解释就不同。

3. 建构主义科学教学观

教学不能无视学习者已有的知识经验，不能简单、强硬地从外部对学习者实施知识的"填灌"，而是应该把学习者原有的知识经验作为新知识的生长点，引导学习者从原有的知识经验中主动建构新的知识经验。教学不是知识的传递，而是知识的处理和转换。教师与学生、学生与学生之间，需要共同针对某些问题进行探索，并在探索的过程中相互交流和质疑[①]。

第二节　任务型教学的设计理论依据

罗伯特·米尔斯·加涅（Robert Mills Gagne）曾在《教学设计原理》中把"教学设计"界定为："教学设计是一个系统化（systematic）规划教学系统的过程。教学系统本身会对资源和程序做出有利于学习的安排。任何组织机构，如果其目的旨在开发人的才能就均可以被包括在教学系统中。"

帕顿（Patten）在《什么是教学设计》一文中指出："教学设计是设计科学大家庭的一员，设计科学各成员的共同特征是用科学原理及应用来满足人的需要。因此，教学设计是对学业成绩问题（performance problems）的解决措施进行策划的过程。"

查尔斯·M.赖格卢特（Charles M. Reigeluth）对教学设计的定义基本上同对教学科学的定义是一致的。在他看来，教学设计也可以被称为"教学科学"。他在《教学设计是什么及为什么如是说》一文中指出："教学设计是一门涉及理解与改进教学过程的学科。任何设计活动的宗旨都是提出达到预期目的的最优途径

---

① 李方. 教育知识与能力 [M]. 北京：高等教育出版社，2011：11.

（means）。因此，教学设计主要是提出最优教学方法的一门学科，这些最优的教学方法能使学生的知识和技能发生预期的变化。"

戴维·梅里尔（David Merrill）等人在《教学设计新宣言》一文中表示：对教学设计所作的新界定值得引起人们的重视。他认为："教学是一门科学，而教学设计是建立在这一科学基础上的技术，因而教学设计也可以被认为是科学型的技术（science-based technology）。"

美国学者肯普（Kemp）给教学设计下的定义是："教学设计是运用系统方法分析、研究教学过程中相互联系的各部分的问题和需求，在连续模式中确立解决它们的方法步骤，然后评价教学成果的系统计划过程。"

综上所述，教学设计可以归纳出以下特征：

（1）教学设计是把教学原理转化为教学材料和教学活动的计划。教学设计要遵循教学过程的基本规律，选择教学目标，以解决教什么的问题。

（2）教学设计是实现教学目标的计划性和决策性活动。教学设计以计划和布局安排的形式，对"怎样才能达到教学目标"进行创造性的决策，以解决"怎样教的问题"。

（3）教学设计以系统方法为指导，把教学各要素看成一个系统，分析教学问题和需求，确立解决的程序纲要，使教学效果最优化。

（4）教学设计是提高学习者获得知识、技能的效率和兴趣的技术过程，是教育技术的组成部分。它的功能是运用系统方法设计教学过程，使之成为一种具有操作性的程序。

任务一般需要学生学习到一定程度后才能完成，对提高学生学习能力是有较大帮助的，在执行任务前，有利于提高学生的信息意识；在完成任务时，当学生遇到困难时，能够提高学生的反思意识；在完成任务后，能够增加学生再学习的兴趣和动力。任务型教学设计由以下理论作为支撑：

一、理解为先（UbD）模式

理解为先（understanding by design，简称 UbD）模式，是 20 世纪末期由格兰特·威金斯（Grant Wiggins）和杰伊·麦克泰（Jay McTighe）创立的一种教育模式，又被称为"理解为先促进设计模式"，自 1998 年创立以来受到教育界的特别重视，并得到了支持和实验推广。

理解为先模式的两个基本思想是"理解"和"设计"。理解是指"具体的见解、推论或者那些你寄希望于学生关于核心观点所得到的结论"①。理解要实现迁移，即应用到新的情境中去，获得更深层次的理解。

威金斯和麦克泰还建立了评估学生理解标准的六个维度，简称"六维度"，用于表征学生理解的水平。他们认为，学生如果能理解其所学内容并实现新情境的迁移，则会有如表 1-1 的表现。

表 1-1 理解的六个维度

维 度	内 容	行为动词
解释 （explanation）	解释不是简单地回答描述，而是学习者能够针对问题给出合理的回答、论证和阐释，并且反馈的内容能运用所学的概念，把现象和概念等建立起一定的联系，明确缘由；指导、辩解、预测、证明等，即学生要回答"是什么、为什么和应如何"这一类的问题	演示、描述、展示、表现、设计
释义 （interpretation）	学习者表现出理解的特征，基于自身理解运用一定的语言文字符号有意义地叙述和阐释事物的本征或意义；释义强调的是学习者自身的理解表述，需要回答"有什么意义？为何重要？与其他事物有什么联系？"	类比、批判、证明、评估、说明、判断等
应用 （application）	学习者能够将所学知识应用到新的情境中，实现迁移，解决一些新的问题；应用更加强调知识与实际环境的联系，是为了解决实际问题	建立、创建、发明、解决、测试、使用、适应等
洞察 （perspective）	学习者能从整体上认识问题或事物的本质，有批判性思维，能从多角度理解分析问题或事物，并运用多种方法解决一些问题	分析、争辩、比较、对比、批判、推测等
移情 （empathy）	学习者能够站在他人立场思考问题，对别人的情感、观点等能够感同身受；能够从他人角度分析、阐释对事物的理解，从而完善自身；通常会回答"如果是我，我会怎么样？同样的问题我如何看待？"等问题	开发、相信、考虑、想象、涉及、角色扮演等
自知 （self-knowledge）	学习者有清晰的自我认识，包括自身的优劣、对问题的理解、行为习惯、思维模式等，从而能够进一步完善自身，更好地进行反思性学习	意识、实现、认识、反馈、自我评价等

设计是指"逆向教学设计"，理解为先模式通过三个阶段规划课程的设计。

阶段一：明确预期的学习结果。这一阶段的教学内容包括：学生应获得怎样的持久且深入的理解？学生理解后的意义是什么？学生应该思考的核心问题是什么？学生应该掌握哪些知识与技能？学生应该达成的标准是什么？

阶段二：确定可接受的证据。教师在这一阶段需要思考的问题是：什么样的

---

① 格兰特·威金斯，杰伊·麦克泰. 理解为先模式——单元教学设计指南（一）[M]. 盛群力，等译. 福州：福建教育出版社，2018：24.

表现可以直接或间接证明学生理解了所学内容并产生了迁移？评估学生表现的标准是什么？评估标准与阶段一是否一致？

阶段三：规划相应的学习过程。在这一阶段，教师需要明确的问题有：为了达到预期的学习结果应规划什么样的学习活动、内容和体验？为了帮助学生理解和实现迁移需要安排什么样的学习计划？怎样规划学习内容？与阶段一和阶段二是否达成一致？

理解为先模式的三阶段从整体上必须保持一致，这样才能行之有效地进行整个单元的学习，有效地帮助学生形成理解并实现迁移。

二、动机设计模型（ARCS）

动机设计模型是由美国佛罗里达州立大学的约翰·M.凯勒（John M.Keller）教授于20世纪80年代提出的一个教学设计模型。该模型关注的是如何通过教学设计来调动学生的学习动机问题。所谓 ARCS，是 Attention（注意）、Relevance（关联）、Confidence（信心）和 Satisfaction（满足）四个英文单词的首字母的缩写。在凯勒看来，上述四个方面代表了四类主要的动机策略，围绕这四个方面来设计教学，可以较好地激发学生在课堂学习中的动机。

1. 注意

教师可以通过以下三个方面的教学设计来吸引和维持学生的注意力：

（1）知觉唤醒。教师可以通过使用新奇的教学情境及不确定的事件来吸引学生的注意力。例如，教师在上课时在讲台上摆放一个封着的纸箱子，让学生猜里面可能装着什么东西。

（2）激发探究。教师可以通过提出一些挑战性的问题来激发学生的探究行为。例如，教师在讲授浙教版《科学》八年级上册第一章"水和水的溶液"时，提出水中是否可以一直溶解糖？每个物质的溶解能力是一样的吗？应该如何比较？这些问题可以激发学生探究兴趣。

（3）变化形式。教师可以通过变化各种教学要素来维持学生的兴趣。例如，教师通过变换各种媒体或学生的学习方式（如活动、实验、讨论、演示、探究）来吸引学生的注意力。

2. 关联

关联是指教学要与学生的知识背景、个人需求和生活经验联系起来。这是因为与其切身相关的事物更容易引发学生的关注。

（1）熟悉化。在教学中，教师可以通过使用与学生的经验相关的明确的语言、事例、概念、价值观等，帮助学生将新学习的知识整合起来。例如，教师让学生从自己的生活情境中找出概念的例证，如"寻找教室里的用电器"。

（2）目标定向。教师可以借助说明或者事例向学生说明教学的目标和学习内容的价值，向学生提出学习的目标或者让学生自定学习目标。例如，教师交代本堂课的学习目标，说明这些学习内容对学生增长本领有何帮助，以增加学生获得感。

（3）动机匹配。教师可以通过使用各种策略把教学与学生的各种学习需求匹配起来。例如，教师允许学生根据自己的兴趣选择探究方案。

3. 信心

教师应该通过各种方式来增强学生的学习信心，维持学生对成功的渴望。

（1）期望成功。教师要让学生明确作业要求和评价标准，知道教师对自己的期望。例如，教师提出学习要求，表示"相信同学们有能力完成学习任务"。

（2）挑战情境。教师可以设置多元的成就水平，允许学生确定个人的学习目标和成绩标准，让每个学生都能体验到成功。例如，教师提供一些有些难度而学生又能解答的问题，让学生感觉到自己的能力"非凡"。

（3）归因方式。教师可以提供反馈，告诉学生，他们之所以取得学习的成功，是因为他们具有能力并且付出了努力。例如，教师在说明学生为什么取得好成绩时，表示这是努力学习的结果。

4. 满足

教师要让学生感受到学习的价值、学习的快乐，让他们在学习中获得满足。

（1）自然的结果。教师可以提供机会，让学生在一种真实的或者模拟的情境中运用新习得的知识或技能，旨在激发学生的内在学习动机。例如，教师可以让学生运用所学的知识算一算用电做饭省钱，还是用煤气做饭省钱。

（2）积极的结果。教师可以对学生的学习结果提供反馈，采用表扬、激励等强化手段，维持学生后继的学习动机，使学生保持良好的学习行为。例如，对于课堂表现好的学生，教师要给予其口头表扬。

（3）公正的评价。对学生的学习评价，教师要坚持同样的标准，让学生感觉到教师的评价的公平性，这是学生得到公平的认可或承认，维持学习动机的重要途径。例如，教师在期末考试时面向全班公布考试成绩的判定标准。

三、首要教学原理（五星教学设计）

首要教学原理是美国犹他州州立大学教授梅里尔于 2002 年在美国教育技术专业杂志《教育技术》上首先提出的，2003 年经浙江大学教育学院盛群力教授翻译后引入我国①。

（一）五项原理

梅里尔教授在总结了行为主义、认知主义、建构主义等众多学习理论以及考察了众多的教学设计理论与模式的基础上，提出了以最终促进学习者学习为目的的五项教学原理。这五项教学原理是：

（1）当学习者介入解决实际问题时，才能够促进学习（问题原理）。

（2）当激活已有知识并将它作为新知识的基础时，才能够促进学习（激活原理）。

（3）当新知识展示给学习者时，才能够促进学习（展示原理）。

（4）当学习者应用新知识时，才能够促进学习（应用原理）。

（5）当新知识与学习者的生活世界融于一体时，才能够促进学习（整合原理）。

（二）四个阶段

五项原理以问题为中心，将学习者置于四个明显的学习阶段中：

（1）激活已有的知识。

（2）展示知识技能。

（3）应用知识技能。

（4）将知识技能整合到实际生活中。

（三）五星教学标准

梅里尔根据首要教学原理提出的五星教学标准就是：

（1）教学内容是否在联系现实世界问题的情境中加以呈现？

（2）教学中是否努力激活先前的相关知识和经验？

（3）教学是不是展示（实际举例）了要学习什么而不是仅仅陈述要学习的内容？

（4）学习者是否有机会练习和应用他们刚刚理解的知识或技能？

（5）教学能不能促进学习者把新的知识和技能应用（迁移）到日常生活中？

梅里尔坚决反对讲述和问答型教学，认为它连一颗星都得不到。

四、STS 教育理论

第二次世界大战之后，科学技术的发展促进了科学教育的发展及其地位的提高；科学教育的发展及其地位的提高通过科学技术的发展得到促进；与此同时，

---

① M.David Merrill. 首要教学原理［M］. 盛群力，钟丽佳，等译. 福州：福建教育出版社，2016：134.

科技发展给环境、自然带来的负面影响也受到越来越多的关注。为了适应社会的飞速发展以及改进科学教育的现状，于是产生了 STS 教育（science technology society）。

一般认为，20 世纪 60 年代托马斯·塞缪尔·库恩的《科学革命的结构》描述了科学知识的社会基础，它的出版标志着 STS 教育的开始。在 20 世纪 60 年代之前，一般多以历史和哲学的角度来研究和分析科学技术，而面向社会的探讨则比较少。随着《科学革命的结构》的出现，研究人员逐渐从科学研究团体的建制、沟通系统、报酬系统等方面来进行科学的社会学分析。

从词源学来讲，"science"（科学）一词来源于拉丁文中的 scientia，意思是知识、求知。随着科学技术的不断革新，科学已经积累成为社会文化的重要内容。STS 教育中的 science（科学），不仅仅只是静态的科学结论，更包含动态的科学过程。

"technology"（技术）一词源于希腊文，有技能、技艺、能力之意。技术是客观的物质手段与主观的精神因素相互结合的产物。技术作为初中科学课程的组成部分，可以为学生提供解决问题的方法，把不同的学科统整起来，并把不同学科和日常生产、生活联系起来。科学教学必须把技术与科学并列，使学生对技术的重要性有正确的认识，学会与生产、生活联系密切的基本技术和技能等。

如果说"科学"提供知识，"技术"提供应用这些知识的手段和方法，那么"society"（社会）则要求人们以一定的价值观念正确对待科学和技术。社会的发展离不开科学和技术的进步，而科学和技术的发展是否符合社会需求，需要被社会检验。

STS 教育以科学、技术和社会的相互关系为研究的出发点，把科学和技术看作一个渗透着人文精神和价值观念的复杂社会系统，其研究内容涵盖了科学、技术和社会及其子系统，如政治、教育等之间的互动关系；此外，对科学、技术和社会的整体性质、特点等亦有所涉及。

技术是科学和社会的中介，科学要对社会产生影响，就必须通过技术来实现。所以，科学、技术和社会三者之间相互联系、相互促进、相互影响，是一个不可分割的整体，其基本模式如图 1-1 所示。

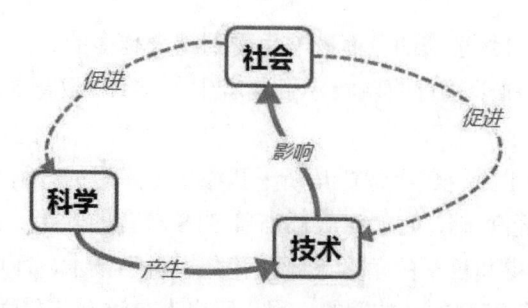

图 1-1　STS 三者关系

由于人类快速发展导致环境恶化，世界各国都高度重视环境教育，并将 STS 教育拓展为 STSE 教育，在 STS 教育的基础上增加了 environment（环境）。STSE 教育理念是一种科学的指导思想，旨在将社会生产、社会生活、生态环境等渗透到科学教育中，加深受教育者的社会参与程度，激发其学习情感，增强其学习动机，使其致力于学好科学，成为具有良好科学素养的建设型人才。

在科学教学中，教师应带着一定的价值目标讲授科学，让学生对学到的东西具有明确的目的并逐渐能对自己的价值观进行阐明，逐步形成正确的世界观。教育应该把社会的重大科技课题纳入科技教育之中，培养学生社会责任感；让学生能够用所学的知识解释自己生活中与科技有关的问题，最终作出明智的选择。

五、HPS 教学模式

HPS 是 history of science and philosophy of science（科学史和科学哲学）的英文缩写。由于科学社会学的发展和科学社会学与科学教育的特殊关系，科学教育家将科学社会学也纳入 HPS 教育当中。HPS 因此变为科学史、科学哲学和科学社会学（history philosophy and sociology of science）。HPS 教育的主要内容是：把科学史、科学哲学、科学社会学的有关内容纳入科学课程中，以期提高科学教育的质量。[1]HPS 教育的根本目的是理解科学本质。

HPS 教学模式是一种将科学史、科学哲学和科学社会学的相关内容加入科学课程中，帮助学生对科学本质进行理解，以此达到提高学生科学素养效果的创新型的教学模式。HPS 教学模式是由孟克（Munch）和奥斯本（Osborn）提出的，该教学模式中包含五大环节[2]：

（1）提出问题：教师创设有意义的问题情境，学生在情境中抽出问题。

---

[1] 刘朝霞. 在教学改革过程中融入素质教育理念[J]. 管理观察，2014（10）：58-59.
[2] 丁邦平. HPS 教育与科学课程改革 [J]. 比较教育研究，2000（6）：6-12.

（2）引出观念：教师引导学生对问题进行剖析，发散学生的思维，提炼出学生对问题的初步解读。

（3）学习历史：呈现化学史上化学家对该问题的解读及解读的方法。

（4）实验设计或归纳概念：对比历史学家及学生的看法，总结得出实验设计方案或抽象归纳出概念。

（5）评价与总结提升：引导学生分析实验现象，总结得出实验结论，同时回顾本节课问题的发展脉络，总结化学家的科学方法和科研精神。

第三节　任务型教学的教学模式借鉴

与任务型教学设计比较接近的教学模式有很多，对于比较成熟的有借鉴意义的教学模式，有的针对课堂上的小任务，有的适合课后的大任务，有的适合独自完成的任务，有的适合小组共同完成的任务，有的任务针对一节课的知识进行设计，有的任务针对一章的知识和技能进行设计，有的重点培养学生科学探究能力，这些模式各有优势，教师可以根据需要进行借鉴。

一、"做中学"五步教学

杜威提出了著名的"做中学"的五步教学法。

教学过程应由创设真实的情境、提供需要解决的课题、提供辅助资料以帮助学生做出假设、引导学生解决问题、根据活动结果的成败得出结论五部分构成。

"做中学"理论对于以实验为基础的化学学科无疑有很大的借鉴作用。当今不少学校开展研究性学习、探究式教学都是以五步教学法的模式进行的。

二、支架式教学模式

建构主义者从维果斯基的思想出发，借用建筑行业中使用的"脚手架"作为概念框架的形象化比喻。该框架应按照学生智力的"最邻近发展区"来建立，因而可以通过这种脚手架的支撑作用（或称为"支架作用"）不停顿地把学生的智力从一个水平提升到另一个更高的水平，真正做到使教学走在发展的前面。

支架式教学由以下几个环节组成[①]：

（1）搭脚手架。围绕当前学习主题，按"最近发展区"的要求建立概念框架。

（2）进入情境。将学生引入一定的问题情境（即概念框架中的某个节点）。

（3）独立探索。探索内容包括：确定与给定概念有关的各种属性，并将各种属性按其重要性大小顺序排列。探索开始时，先由教师启发引导（如演示或介绍理解类似概念的过程），然后让学生自己去分析。在探索过程中，教师要适时提示，帮助学生沿概念框架逐步攀升。起初的引导、帮助可以多一些，以后逐渐减少，逐渐放手让学生自己去探索；最后，要争取做到离开教师的引导，学生自己能够在概念框架中继续攀升。

（4）协作学习。进行小组讨论，讨论的结果有可能使原来确定的、与当前所学概念有关的属性增加或减少，各种属性的排列次序也可能有所调整，并使原来多种意见相互矛盾且态度纷呈的复杂局面逐渐变得明朗、一致起来，在共享集体思维成果的基础上达到对当前所学概念比较全面、正确的理解，即最终完成对所学知识的意义建构。

（5）效果评价。对学习效果的评价包括学生个人的自我评价和学习小组对个人的学习评价，评价内容包括：自主学习能力，对小组协作学习所做出的贡献，是否完成对所学知识的意义建构。

三、抛锚式教学模式

抛锚式教学是指以建构主义为理论基础，通过创设真实性的教学情境，使学生在一个完整、真实的问题背景中，产生学习的需要，并通过镶嵌式教学以及学习共同体中成员间的互动、交流，即合作学习，凭借自己的主动学习，亲身体验从识别目标到提出和达到目标的全过程。

"抛锚"的字面意思是指将锚抛到水中，从而使船或其他水上浮动工具泊定。在抛锚式教学中，"锚"是指通过教学情境所确定的问题。通过"抛锚"，教学内容和进程就会像海上航行的船一样被确定下来。抛锚式教学是使学生适应日常生活，学会独立识别问题、提出问题、解决真实问题的一个十分重要的途径。在这种抛锚式教学中，任何一个问题都存在着多种可能的解决方案，多种解决问题的可能性往往产生于学生有趣且深入的讨论。抛锚式教学的一个重要目标是帮助学生发展对自己体验的表征，以便为正迁移创造条件。

---

① Anita Woolfolk. 教育心理学［M］. 何先友，等译. 北京：中国轻工业出版社，2014：7-9.

建构主义认为，学习者要想完成对所学知识的有意义建构，最好的办法是到真实情境中去感受，主动对知识进行建构而不是单单听取教师对知识的讲解。在抛锚式教学中，学生探究的过程是在一个具有真实性的问题背景中进行的，使学生在学习的过程中能够体验问题解决的全过程，从而更好地理解知识、培养能力。

抛锚式教学的基本环节[①]：

（1）创设情境：让学生的学习在与生活情形基本相同或相似的情况下进行。

（2）确定问题：情境创设后，选出与当前内容密切相关的事例或者问题。事例或者问题就是"锚"，本节课学生的学习将会围绕着"锚"进行。

（3）自主学习：在明确了本节课需要解决的问题后，学生就要通过分析设法解决问题。在学生解决问题的过程中，教师要在适当的时间为学生提供有关素材或线索，推动学生独立思考并解决问题。在教学过程中，教师要注重学生自主学习能力的发展。

（4）协作学习：学生围绕问题发表各自的观点，形成学生之间的互动与交流、探讨与合作的学习环境，促使学生全面理解问题。

（5）效果评价：抛锚式教学模式为学生提供了更多自主学习的机会，使学生充分参与课堂教学并尝试解决问题，更加注重学生在整个教学过程中的表现情况，包括学生对知识的迁移情况、分析问题的能力和合作学习能力等，通过采用多元化的评价方式尽可能全面地评价课堂教学效果。

四、随机进入教学模式

随机进入教学的基本思想源自建构主义学习理论的一个分支——"弹性认知理论"（cognitive flexibility theory）。这种理论的宗旨是要提高学习者的理解能力和他们的知识迁移能力（即灵活运用所学知识的能力）。

该理论的核心观点是：从多于一个观点的角度展示某一复杂概念，可增强学习者对该概念的理解。应用该理论的理想媒介是具有非线性和多维度特征的超文本。随机进入教学模式满足对同一教学内容，在不同时间内、在不同情境中、为不同目的、用不同方式加以呈现的要求，正是针对发展和促进学习者的理解能力和知识迁移能力而提出的，也就是根据弹性认知理论的要求而提出的。

随机进入教学模式是适用于结构不良领域中高级知识获得的教学方式。这一方式可以相对较早地向学生呈现某一领域的高级知识的复杂性特征，以达到

---

① 牛宇慧. 抛锚式教学模式在初中"身边的化学物质"教学中的应用[D]. 呼和浩特：内蒙古师范大学，2020：14-15.

对该高级知识的理解。这种教学方式遵循一条认知原理：深度理解现有信息，理解一个文本所需要的不仅仅是文本自身携带的语言与逻辑信息，还包括对意义的建构，即文本只是一个建构理解的粗略蓝图。文本所包含的信息必须与文本外的信息相结合，包括学习者原有的适应，只有这样才能形成一个完整的、适当的文本意义的表征。

五、ADDIE 教学模型

单元设计一般遵循"ADDIE 模型"，如图 1-2 所示，即按分析（Analysis）、设计（Design）、开发（Development）、实施（Implement）、评价（Evaluation）而展开的。

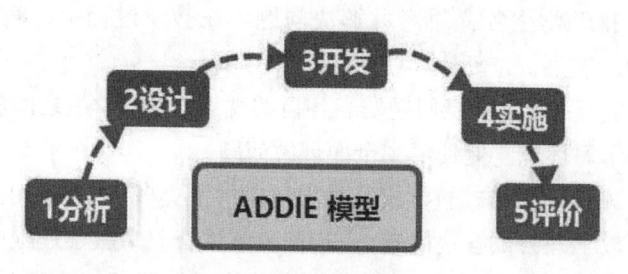

图 1-2　ADDIE 模型

（1）分析：分析学习者的特性、前提条件（准备性）和教学内容，明确目标。
（2）设计：进行教材研究，编制教学内容的可视图。
（3）开发：梳理单元计划、教学流程，准备教材和学习环境。
（4）实施：根据教案，运用准备好的教材，展开课堂教学。
（5）评价：借助教学后的研讨展开教学反思。[①]

六、5E 教学模式

5E 教学法最早起源于生物学科的教学，是由美国生物学课程研究会（biological sciences curriculum study，简称 BSCS）开发出的一种建构主义教学模式，后因其完备的实用性受到了教育界的高度关注，是美国科学课堂的主流教学方法，其宗旨是帮助学生构建科学概念。教师恰当地运用该教学模式开展教学，将有助于科学课程理念和课程目标的落实。"5E 教学模式"作为促进概念转变的教学模式，一共有引入（engagement）、探究（exploration）、解释（explanation）、

[①] 钟启泉. 学会单元设计[J]. 新教育，2017（14）：1.

迁移（elaboration）和评价（evaluation）五个步骤，因为这五个步骤都以"E"这个字母开头，这一教学模式就被称为"5E 教学模式"，完整流程如图 1-3 所示。

图 1-3　5E 教学模式

引入（engagement）是本模式的第一阶段。在这个环节要暴露个体的前概念，让个体意识到前概念难以说明当前的现象的产生原理，也无益于新问题的解决，激发个体对原有概念的不满之情，继而出现学习新概念的主动性。教师可以尽量策划活动让新的科学概念与学生头脑中已有的日常概念产生冲突，通过这种认知冲突激发学生的好奇心和探索欲，驱动学生产生主动认识科学概念的渴望。

探究（exploration）是本模式的中心环节。在这个环节，学生可以进一步探索"引入"环节问题，对某一领域的问题展开探索研究，利用小组讨论的方式推理规律，最后整理所有分析并总结结论。

解释（explanation）环节能够满足波斯纳概念转变理论。在这个环节，学生展示其在探究过程中取得的实验发现，阐述其对知识的理解；教师则系统地讲解概念、梳理探究过程或教授技能。该阶段可以帮助教师了解学生的思维过程，也有助于学生展现自己的能力、分享自己的收获。学生探索得出的理解与教师的讲解结合，有利于学生对所学科学概念取得更清晰的认识，让新学习的科学概念与自己头脑中的其他概念和谐共处，使新概念能够成功融入个体重构的知识框架中，学生进而就会信任新概念的正确性。在这个环节，学生才算是刚刚形成了科学概念。

迁移（elaboration）是教师带领学生使用他们新获取的知识或者技能的阶段。在这一环节，教师需要拓宽概念的内涵，通过转换问题情境，让学生学以致用。教师利用科学概念解决新的问题，可以让学生明晰其所学概念的内涵，广泛认识概念的外延。这样，无论是在新概念的学习中，还是在新概念的应用中，学生都能意识到该概念的用处；也就是说新概念既能把原有概念无法阐明的现象说清楚，也能把原有概念无法处理的问题轻松处理，从而使学生体会到掌握新概念的满足感，在应用中发现新概念是具备实用价值的，验证了新概念的实用性，从而满足了波斯纳理论中对新概念的有效性的要求。在这时，学生才算是真正形成了科学概念。

评价（evaluation）是检测学生是否实现概念转变的环节。教师可以通过让学生利用新学习的科学知识完成任务，或者让学生填写课堂教学评价表来了解学生对新学习的科学概念的转变情况，验证学生是否在上述教学环节中满足了概念转变的四个条件的要求。评价方式是多样的，教师可以采取自评、互评、组评和师评等方式，不拘泥于纸笔测验和完成任务要求等正式评价，也可以选择记录学生的活动表现等非正式评价。5E 教学模式的每个步骤都是环环相扣，层层深入的。

七、PBL 教学法

PBL 教学法（problem-based learning method）是指问题式学习或者项目式学习的教学方法，最早起源于 20 世纪 50 年代的医学教育。PBL 教学法以问题为导向，是基于现实世界中以学生为中心的教学方法。基于问题的学习能够将学生置于一种基于现实世界的、有意义的真实问题情境中，学生们通过团队分工合作，共同解决问题。

PBL 教学法的创始人巴罗斯（Barrows）认为，如果将 PBL 理解为教学模式，那么 PBL 教学模式就具有这样的特征：学生作为学习的主体必须对自己的学习行为负责；PBL 教学模式的问题必须是围绕现实生活中的真实问题而展开的；在 PBL 教学模式中，学生之间的合作是必要的；学生在 PBL 教学模式之下通过问题的分析和解决得到相应的知识和技能；在 PBL 教学模式之下进行的活动必须是真实世界中有意义有价值的活动；最后，在 PBL 教学模式之下，学生在问题解决的过程中学习到了知识、概念和原理[1]。

大多数心理学家都认为，任何问题都含有三个基本的成分：①给定的条件，这是一组已知的关于问题的条件的描述，即问题的起始状态；②要达到的目标，问题要求的答案，即目标状态；③存在的限制或障碍，起始状态到目标状态之间不是直接的，必须通过一定的认知活动或思维活动才能找到答案。

"问题"在日常生活中处处可见，可以是提问者要求被提问者回答的题目，也

---

[1] Barrows H. Practice-Based Learning: Problem-Based Learning Applied to Medical Education [J]. Spring field, IL: Southern Illinois University School of Medicine, 1994: 25-36.

可以是被试需要解决的矛盾、疑难。但是,"问题"一词在心理学领域却有着不同的含义。美国学者纽厄尔（Newell）与西蒙（Simon）提出:"问题是这样一种情境,个体想做某件事,但不能即刻知道做这件事所需采取的一系列行动"[1]。

1965年,赖特曼（Reitman）根据问题成分的确定程度,把问题分为结构良好和结构不良两类问题[2]。结构良好问题（well-structured problems）的基本成分都是明确的,而结构不良问题（ill-structured problems）的基本成分中至少有一个是不确定的。依据其组成,结构不良问题可以划分为下列三种：问题的起始状态和目标状态是确定的,而认知操作是不确定的；问题的起始状态和认知操作不确定,但目标状态是明确的；起始状态、认知操作和目标状态均不确定[3]。

根据乔纳森（Jonassen）等人的研究,可以把结构不良问题的主要特征归纳为[4]

（1）问题的起始状态或目标状态不确定；

（2）有多种解决问题的方法或根本不存在解决方案。

（3）无法确定行动是否恰当,且评价解决方案的标准多种多样。

（4）没有可供参考的原型,对表征大多数问题没有一般性的规则。

（5）可操作的变量很少,无法确定形成解决方案涉及的概念、规则和原理。

（6）个体之间需要相互交流,表达自己对问题的看法并作出正确的判断。

（7）与真实生活情境相关。

刘儒德教授研究了结构良好问题与结构不良问题之间的差异,比较的维度包括问题的条件、答案、解决方案、评价标准等,见表1-2[5]。

表1-2 结构良好问题与结构不良问题之间的差异

比较难度	结构良好问题	结构不良问题
问题的条件	全部呈现	部分呈现
问题的答案	标准化	多元化
问题的解决方案	唯一性	开放性
所涉及的概念、规则和原理	常规的	不明确的
问题所涉及的学科	单一学科	跨学科
目标界定	清晰的	模糊的

---

[1] 孙海霞.基于问题学习的初中数学情境教学模式探究[D].重庆：西南大学,2011：4.

[2] 李同吉,吴庆麟.论解决结构不良问题的能力及其培养[J].华东师范大学学报（教育科学版）,2006,24（1）：63-68+75.

[3] 鲁志鲲,申继亮.结构不良问题解决及其教学涵义[J].中国教育学刊,2004（1）：47-50+57.

[4] Jonassen DH.Instructional design models for well-structured and ill-structured problem-solving learning outcomes[J].Educational Technology：Reasearch and Development,1997,45（1）：79-83.

[5] 陈琦,刘儒德.教育心理学[M].北京：高等教育出版社,2011：281.

续表

比较难度	结构良好问题	结构不良问题
评价标准	单一性	多元性
与真实生活联系	没有联系	与真实生活情境相关
解决方法	熟悉的、确定的	不熟悉的、多样化的

PBL 教学的问题解决模式：

图 1-4 中显示了形成问题的三个路径，以及解决问题的三种模式。

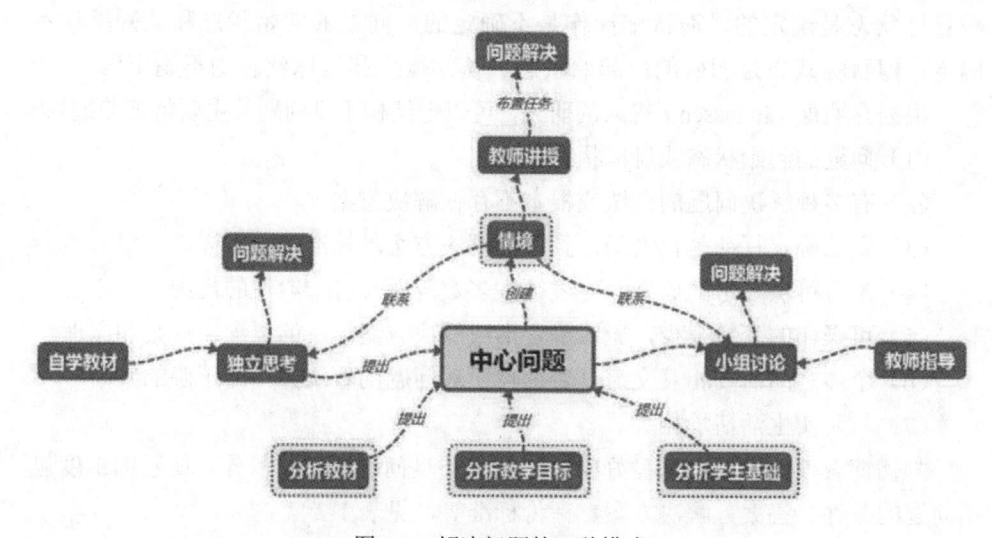

图 1-4　解决问题的三种模式

基于问题学习的教学必须突出问题的中心地位，这个问题必然与教学目标高度一致。教材中有情境素材，供一线教师教学时参考，有些问题也可在教材素材中寻找。最后，教师在课堂上提出的问题要根据学生的基础提出，为学生创设知识和能力的最近发展区。

在课堂上，学生可以自学教材，这个环节一方面可以让学生熟悉所学的内容，一方面可以给学生时间提出问题。自学教材也可在课后以作业的方式布置。

在自学教材过程中，学生根据学习内容联系生活情境，这个情境可以是材料、实物、问题、任务，甚至是人际间的交流环境，所联想到的情境可以帮助学生思考，还可以为解决问题提供暗示或线索。

独立思考很重要，个体有了自己的思考，才能与他人的思想撞出火花。只有经过独立思考，个体才能提出有价值的问题，或者得到问题解决的方案。

第四节　任务型教学的内涵及优势

一、任务的内涵

基于任务的教学称为"任务型教学"或"任务教学"。任务的履行并非只有一个途径，完成任务的途径是可以优选的。因此，相比只有一种正确答案的习题，任务更有利于培养学生的科学精神。

任务前的理性思维培养，完成任务时的探究精神，任务完成后的批判质疑，都可以使学生在每完成一次难度适合的任务后就提高一次自身的科学精神。

任务有利学生实践创新。对于有些任务，学生要动笔可以完成；对于有些任务，学生要在课后进行实验和实践才能完成，这就需要学生有一定的劳动意识和劳动能力。对于有的任务，学生可以独自完成，而有些任务就需要团队合作。一般任务通常是集体性和合作性活动，任务的履行通常以交际或互动的方式进行，这种互动可以是学生与学生之间、学生与教师之间、学生与输入材料之间的双边或多边互动，这样的沟通有利于学生健全人格，形成责任感。有些任务要在课后完成，有些任务是对生活中常见问题、常见困惑的解决，有些问题解决涉及新技术的应用，所有这些都有利于学生实践创新能力的培养。

二、任务型教学的优势

任务型教学模式在国外经历了几十年的发展历程，而我国对任务型教学模式的相关研究相对起步较晚，涉及的深度和广度均低于国外，处于探索阶段。为更全面地分析这部分的相关内容，教师事先对整个概况做一个基本了解，具有一定的必要性和合理性。

（一）任务教学有利于观念的形成

初中科学包括"物质科学""生命科学""地球、宇宙科学"几大研究领域。各个领域都有其大概念或者"观念"。物质科学包含着物理和化学的内容。其中，"物理观念"包括物质观念、运动观念、相互作用观念、能量观念及其应用等要素。从物理学视角形成的关于物质、运动、相互作用、能量等的基本认识，是物理概念和规律等在头脑中的提炼和升华。

任务教学法重视情境性与直观性的结合，针对学生在学习和生活中所遇到的问题，提炼并形成有效的学习任务，课堂教学活动的重心就是解决这些任务，整个教学过程始终有着明确的学习指向、任务和动力。

2018年，姚晓君指出：任务驱动教学法是在学生学习过程中，教师有效整合学习资源，围绕共同的学习任务，引导学生进行自主合作学习，在分析、解决和完成一系列学习任务的过程中，达成学习目标、提升学科核心素养的教学方法[①]。

实践证明，用任务教学法引导学生掌握物理概念和规律是合适且有效的。基于初中学生的认知规律，从物理学科教学的特点出发，任务驱动教学法在初中物理教学中的基本教学环节为：情境引出课题、设置学习任务、合作探究学习、交流评估验证和形成新的任务，其课堂教学架构如图1-5所示[①]。

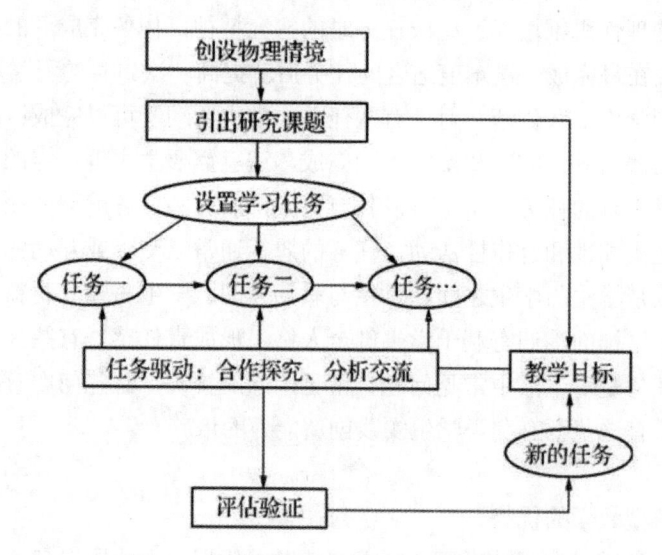

图1-5 任务驱动教学法的基本教学环节

为了更好地研究物理概念和规律任务的设计，2019年，沈启正老师提出了表现性任务，认为物理表现性任务的设计难点有两个：一是构建真实的情境，二是理出驱动性主线，指出设计者要牢牢抓住的物理表现性任务具有3个特性：

（1）情境性：将抽象物理知识转化成具体研究任务。
（2）体验性：学生亲自参与问题探究和解决的过程。
（3）协作性：建立学科间的联系、加强团队意识[②]。

基于物理核心素养的教学要求教师注重给学生创设富有挑战性的任务情境。

---

① 姚晓君. 初中物理任务驱动教学法的实践探索 [J]. 物理之友，2018，34（09）：16-18.
② 沈启正. 基于核心素养的物理表现性任务的设计 [J]. 物理教学，2020，42（07）：59-63.

面对未知的问题，学生可以化身科学家或其他角色参与问题解决，通过探究习得物理知识，并将物理思维方法内化于心。

（二）任务教学有利于科学思维的培养

从科学视角对客观事物的本质属性、内在规律及相互关系进行认识的方式，是基于经验事实建构理想模型的抽象概括过程；是分析综合、推理论证等科学思维方法的内化；是基于事实证据和科学推理对不同观点和结论提出质疑和批判，进而提出创造性见解的能力和品质。"科学思维"要求教师像科学家一样思考问题，主要包括模型建构、科学推理、科学论证、质疑创新等要素。

布鲁姆提出的认知目标分类法根据学习者所达到的思维水平和认知层次，将认知目标分为记忆、理解、应用、分析、评价、创造等由低至高的六个层次。在认知目标分类中的分析、评价、创造是发生在较高认知水平层次上的心智活动，属于高阶思维活动。教师完成一个完整的任务，会用到许多高阶思维。不仅如此，教师也可以单独设计一些有关建构的任务、科学推理任务、科学论证任务、质疑创新任务，通过任务培养学生的科学思维。

（三）任务教学有利于实验探究的开展

提出科学问题，形成猜想和假设，获取和处理信息，基于证据得出结论并作出解释，以及对实验探究过程和结果进行交流、评估、反思的能力。"实验探究"主要包括问题、证据、解释、交流等要素。

首先尝试将任务驱动教学模式应用于学科教学探索的是王正雄先生，他于2003年在《中学物理教学参考》中发表的《"任务驱动"教学法在物理教学中的应用》一文中分析"任务驱动"教学法在物理课堂中的优势并提出一套"任务驱动"教学法的流程。"任务驱动"是实施探究式教学法的一种教学模式，从学生的角度来看，又是一种学习方法。教师的教学与学生的学习都是围绕着一个目标、基于几项任务来完成的，这种方法适合于培养学生的自学能力和分析问题、解决问题的能力，尤其适用于物理课程的教学和学习，有利于学生对信息的主动获取和知识意义的主动建构[①]。

2006年，郭绍青指出任务驱动教学法是一种能够很好地应用于实验性、实践性和操作性较强的教学内容的教学方法，它是以富有趣味性，能够激发学生学习动机与好奇心的情境为基础，以与教学内容紧密结合的任务为载体，使学习者在

---

① 王正雄."任务驱动"教学法在物理教学中的运用［J］.中学物理教学参考，2003（08）：15-16.

完成特定任务的过程中获得知识与技能的一种教学方法[①]。

（四）任务教学有利于科学态度的形成和责任感的培养

"科学态度与责任"在认识科学本质，理解科学、技术、社会、环境（STSE）的关系基础上逐渐形成对科学和技术应有的正确态度和责任感。"科学态度与责任"主要包括科学本质、科学态度、科学伦理、STSE等要素。

初中科学的趣味性很强，学生愿意学习科学知识，通过学习可以提高其对客观世界的认知。然而，教师教学方法的单一会导致学生对科学课程学习兴趣降低：缺乏师生互动，学生在课堂上注意力不集中，没有参与学习，表现出畏难甚至厌学情绪，学习效率低下。任务教学中的课堂讨论有助于学生全身心地参与课堂学习，有助于学生形成实事求是、合作分享的心理倾向，也有助于教师更有效地提升初中科学课堂教学质量。

综上所述，任务教学有利于学生科学学科素养的提高。科学探究与交流是一个过程，也可以将其看成是在真实情境下基于真实问题而设计的一种任务，是一种科学学习的方式和科学研究的方式，是形成科学观念、发展科学思维、形成科学态度的主要手段和途径，同时，也是一种综合的能力。科学观念与应用、科学思维与创新、科学态度与责任是通过科学学习培养的核心素养，如图1-6所示。

图1-6 核心素养各要素的关系

[①] 郭绍青. 任务驱动教学法的内涵[J]. 中国电化教育，2006（7）：57-59.

第二章 任务型学习的主要特征

与传统的学习相比较，任务型学习是基于课程标准，围绕驱动性任务展开而深入、持续解释现象、解决问题的学习方式。素养导向、真实情境、问题驱动、表现评价是任务型学习的四个主要特征。

第一节 素养导向

一、初中科学各组分的核心素养

学科核心素养是指学生在学了该学科之后逐步形成的关键能力、必备品格和价值观念。为了更好地理解初中科学课程的素养，可以借鉴高中物理、化学、生物、地理四门学科的核心素养，见表2-1至表2-4。

表2-1 物理学科核心素养

学科	核心素养	具体表述
物理（4）	物理观念	从物理学视角形成的关于物质、运动与相互作用、能量等的基本认识，是物理概念和规律等在头脑中的提炼和升华。"物理观念"包括物质观念、运动观念、相互作用观念、能量观念及其应用等要素。
	科学思维	从物理学视角对客观事物的本质属性、内在规律及相互关系的认识方式，是基于经验事实建构理想模型的抽象概括过程；是分析综合、推理论证等科学思维方法的内化；是基于事实证据和科学推理对不同观点和结论提出质疑、批判，进而提出创造性见解的能力与品质。"科学思维"主要包括模型建构、科学推理、科学论证、质疑创新等要素。
	实验探究	提出物理问题，形成猜想和假设，获取和处理信息，基于证据得出结论并作出解释，以及对实验探究过程和结果进行交流、评估、反思的能力。"实验探究"主要包括问题、证据、解释、交流等要素。
	科学态度与责任	在认识科学本质，理解科学·技术·社会·环境（STSE）的关系基础上逐渐形成的对科学和技术应有的正确态度以及责任感。"科学态度与责任"主要包括科学本质、科学态度、科学伦理、STSE等要素。

表 2-2　化学学科核心素养[①]

学科	核心素养	具体表述
化学（5）	宏观辨识与微观探析	能通过观察、辨识一定条件下物质的形态及变化的宏观现象，初步掌握物质及其变化的分类方法，并能运用符号表征物质及其变化；能从物质的微观层面理解其组成、结构和性质的联系，形成"结构决定性质，性质决定应用"的观念；能根据物质的微观结构预测物质在特定条件下可能具有的性质和可能发生的变化
	变化观念与平衡思想	能认识物质是在不断运动的，物质的变化是有条件的；能从内因和外因、量变与质变等方面较全面地分析物质的化学变化，关注化学变化中的能量转化；能从不同视角对纷繁复杂的化学变化进行分类研究，逐步揭示各类变化的特征和规律；能用对立统一、联系发展和动态平衡的观点考察、分析化学反应，预测在一定条件某种物质可能发生的化学变化
	证据推理与模型认知	能初步学会收集各种证据，对物质的性质及其变化提出可能的假设；基于证据进行分析推理，证实或证伪假设；能解释证据与结论之间的关系，确定形成科学结论所需要的证据和寻找证据的途径；能认识化学现象与模型之间的联系，能运用多种模型来描述和解释化学现象，预测物质及其变化的可能结果；能依据物质及其变化的信息建构模型，建立解决复杂化学问题的思维框架
化学（5）	实验探究与创新意识	发现和提出有探究价值的化学问题，能依据探究目的设计并优化实验方案，完成实验操作；能对观察记录的实验信息进行加工并获得结论；能和同学交流实验探究的成果，提出进一步探究或改进实验的设想；能尊重事实和证据，不迷信权威，具有独立思考、敢于质疑和批判的创新精神
	科学精神与社会责任	具有终身学习的意识和严谨求实的科学态度；崇尚真理，形成真理面前人人平等的意识；关注与化学有关的社会热点问题，认识环境保护和资源合理开发的重要性，具有可持续发展意识和绿色化学观念；深刻理解化学、技术、社会和环境之间的相互关系，赞赏化学对社会发展的重大贡献，能运用已有知识和方法综合分析化学过程对自然可能带来的各种影响，权衡利弊，勇于承担责任，积极参与有关化学问题的社会决策

表 2-3　生物学科核心素养[②]

学科	核心素养	具体表述
生物（4）	生命观念	生命是源于自然随机事件且能在与环境互作中保留下来的具有新陈代谢和自我复制特征的物质形态，生命是结构与功能的统一体，无贵贱之分。生命观念是指对观察到的生命现象及相互关系或特性进行解释后的抽象，是经过实证后的想法或观点，有助于理解或解释较大范围的相关事件和现象。学生应该在较好地理解了生物学概念性知识的基础上形成生命观念，如结构与功能观、进化与适应观、稳态与平衡观、物质与能量观等，并能够用生命观念认识生命世界、解释生命现象
	理性思维	崇尚并形成科学思维的习惯；能够运用归纳与概括、演绎与推理、模型与建模、批判性思维等方法探讨生命现象及规律，审视或论证生物学社会议题

---

① 中华人民共和国教育部. 普通高中化学课程标准（2017版）[S]. 北京：人民教育出版社，2018.
② 中华人民共和国教育部. 普通高中生物课程标准（2017版）[M]. 北京：人民教育出版社，2018.

续表

学科	核心素养	具体表述
	科学探究	能够发现现实世界中的生物学问题，针对特定的生物学现象，进行观察、提问、实验设计、方案实施以及结果的交流与讨论。在开展不同的工作中，都乐于并善于团队合作
	社会责任	生物学科的社会责任是指基于生物学的认识参与个人与社会事务的讨论，做出理性解释和判断，尝试解决生产生活中的生物学问题的担当和能力。学生应能够关注涉及生物学的社会议题，参与讨论并作出理性解释，辨别迷信和伪科学；主动向他人宣传健康生活、关爱生命和保护环境等相关知识；结合本地资源开展科学实践，尝试解决现实生活中与生物学相关的问题

表2-4　地理学科核心素养[①]

学科	核心素养	具体表述
地理（4）	人地协调观	人地协调观是地理学和地理教育的核心观念，指人们对人类与地理环境之间形成协调关系的必要性和可能性的认识、理解和判断。学生建立人地协调观，就能够正确认识地理环境对人类活动的影响，以及人类活动影响环境的不同方式、强度和后果；能够理解人们对人地关系认识的阶段性表现及其原因；能够结合现实中出现的人地矛盾的实例，分析原因，提出改进建议
	综合思维	综合思维是地理学基本的思维方法，指人们具备的全面、系统、动态地认识地理事物和现象的思维品质与能力。学生运用综合思维方法，就能够从多个维度对地理事物和现象进行分析，认识各要素之间相互作用、相互影响、相互制约的关系，并在一定程度上解释其发生、发展和演化的过程，从而较全面地观察、分析和认识不同地方或区域的地理环境特点，并且能够辩证地看待现实生活中的地理问题
	区域认知	区域认知是地理学基本的认知方法，指人们具备的对人地关系地域系统的特点、问题进行分析、解释、预测的方法和能力。学生掌握区域认知方法，就能够形成从区域的视角认识地理现象的意识与习惯，运用区域综合分析、区域比较等方式，来认识区域特征和区域人地关系问题，形成因地制宜进行区域开发的观念
	地理实践力	地理实践力是指人们在地理户外考察、社会调查、模拟实验等地理实践活动中所具备的行动能力和品质。学生具备地理实践力，就能够运用适当的地理工具完成既定的实践活动，对地理探究活动充满兴趣与激情，并会用地理眼光认识和欣赏地理环境

　　高中科学集合了四门学科，物理中的物理观念、科学思维、实验探究、科学态度与责任；化学学科中的宏观辨识与微观探析、变化观念与平衡思想、证据推理与模型认知、实验探究与创新意识、科学精神与社会责任；生物学科中的生命观念、理性思维、科学探究、社会责任；地理学科中的人地协调观、综合思维、区域认知、地理实践力。综合高中的四个学科核心素养来看，初中的科学素养可以进行这样的归纳：要培养关键能力，即能做事、有观念、会思维、可探究、能实践；形成必备品格，在学科上重视立德树人，即能用学到的观念、思维、探究

[①] 中华人民共和国教育部. 普通高中地理课程标准（2017版）[M]. 北京：人民教育出版社，2018.

做正确的事;价值观念,用社会主义核心价值进行指导,有社会责任感,坚持把事做正确。

二、初中科学课程中的科学素养

"科学素养"一词最早由保罗·赫德(Paul Heard)提出,学界对科学素养概念的建构和探索经历了一个漫长的过程,对科学素养内涵的解释也呈现多元化的趋势。科学素养是科学知识的建构过程,不仅指获取、处理、辨别与表达科学知识并作出科学决策的能力,还强调在批判性反思中了解科学知识形成的机制。

PISA(program for international student assessment)是由经济合作与发展组织 OECD(organization for economic cooperation and development)策划的一项国际性学生学习质量比较研究项目,也是当今全球最主要的国际比较教育研究项目之一[①]。

PISA2000 将科学素养定义为:"科学素养是使用科学知识的能力,鉴定问题并得出基于证据的结论的能力,借此以达到对自然界及人类活动对自然界带来的改变的理解并帮助个体作出有效的决定"[②]。PISA2000 在报告中指出作为 21 世纪的公民,必将面临越来越多有关科学和技术的社会问题,科学的思维方法是每一个公民都应该具有的。

PISA2006 将科学素养界定为:科学知识及用这种知识指出问题,获得新知识,解释科学现象,并对科学相关问题得出基于实证的结论;理解科学作为人类知识和探究的一种形式的特点;意识到科学和技术是如何塑造我们所在的物质环境、智力环境和文化环境的;作为一名反思性公民,乐于运用科学的观念,参与科学相关议题,并从四个彼此联系的维度——背景、知识、能力、态度来评估科学素养[③]。PISA2009 对科学素养的界定与 2006 年基本保持一致。

对公民科学素养含义的理解和表述,随着社会和经济的发展不断变化而更新,而且有着深厚的时代背景。由于如今对科学素养的研究尚处于研究完善阶段,还没有形成统一、广泛认可的表述,以下为几个代表性的表述:

国际上普遍将科学素养概括为三个组成部分,即了解科学知识,了解科学的研究过程和方法,了解科学技术对社会和个人所产生的影响。目前,各国在测度

---

① 中华人民共和国教育部. 普通高中物理课程标准(2017 版)[S]. 北京:人民教育出版社,2018.
② OECD.Measuring Student Knowledge and Skills: A New Frame work for Assessment[M]. 1999:60.
③ 上海市教育科学研究院,国际学生评估项目上海研究中心. 面向明日世界的科学能力——国际学生评估项目(PISA) 2006 报告[M]. 上海:上海教育出版社,2010.

本国公众科学素养时普遍采用这个标准：具备基本科学素养，只有在上述三个方面都达到要求者才算具备基本科学素养的公众。

欧盟国家科学素质调查人 J·杜兰特（J. Durant）认为，科学素养由三部分组成：理解基本科学观点、理解科学方法、理解科学研究机构的功能。

胡卫平依据学生发展核心素养和科学学科的本质，系统分析了主要发达国家的科学课程标准和国际科学教育研究现状与趋势，总结了我国科学教育的实践和研究，建构了科学学科核心素养，主要包括科学观念与应用、科学思维与创新、科学探究与交流、科学态度与责任四方面[①]。这些素养是学生在接受科学教育过程中逐步形成的适应个人终身发展和社会发展需要的必备品格和关键能力。

《科学（7—9年级）课程标准（2011版）》指出：科学课程以提高每个学生的科学素养为总目标[②]。初中科学课程的学习目标涵盖了科学课程核心素养的四个方面：

（一）科学观念及应用

《科学（7—9年级）课程标准（2011版）》指出：要了解或理解基本的科学知识，学会或掌握一定的基本技能，并能用它们解释常见的自然现象，解决一些实际问题；初步形成对自然界的整体认识和科学的世界观。

"科学观念与应用"是学生形成的关于物质、运动、相互作用、能量等的基本认识；是科学概念、规律、原理等在头脑中的提炼和升华；是用科学观念解释自然现象和解决实际问题的能力。由于核心素养是在真实情境中解决问题时才能表现出来的，因此，不仅要重视科学观念的深度理解，还要重视这些观念在真实情境中的应用。

（二）科学思维与创新

"科学思维与创新"主要包括模型建构、科学推理、科学论证、质疑创新等要素，是具有意识的人脑对科学事物（包括科学对象、科学现象、科学过程、科学事实等）的本质属性、内在规律性及事物间的相互联系和关系的间接和概括的反映。将科学思维与创新作为科学学科的核心素养，主要依据有：①观察、实验与思维相结合是科学学科的基本特征；②学会学习、批判性思维与创新是学生发展核心素养的重要成分；③21世纪以来的科学教育研究特别重视科学论证、模型思维和科学推理；④大部分国家的课程标准都将科学思维与创新列为课程目标。

---

① 胡卫平. 基于核心素养的科学学业质量测评[J]. 中国考试，2016（8）：23-25.
② 中华人民共和国教育部. 科学（7-9年级）课程标准（2011版）[M]. 北京：北京师范大学出版社，2012：4.

（三）科学探究与交流

《科学（7—9年级）课程标准（2011年版）》指出：要增进对科学探究的理解，初步养成科学探究的习惯，培养创新意识和实践能力。

一般情况下，科学探究包含提出问题、做出假设、制订计划、收集证据、处理信息、得出结论、表达交流、迁移应用、反思评价九个方面，可以概括为问题、证据、解释、交流等四大要素见表2-5。

表2-5　科学探究的四大要素

要素	内涵	举例
问题	具有科学探究意识，能在学习和日常生活中发现问题、提出合理猜测与假设	提出或识别可以通过科学探究解决的问题；判断一项探究活动围绕什么问题展开；根据已有研究，提出可以进一步探究的科学问题；针对问题进行合理的猜想与假设
证据	具有设计探究方案和获取证据的能力，能正确实施探究方案，使用各种科技手段和方法收集信息	能通过观察、调查和实验等方式获取证据；掌握课程标准要求的实验器材的使用、实验方案的设计和数据的收集；以图或表等多种方式呈现收集到的数据
解释	具有分析论证的能力，会使用各种方法和手段分析、处理信息，描述、解释探究结果和变化趋势，基于证据得出合理的结论	基于证据，分析相关现象或原因；使用课程标准要求的方法和技术来分析数据；对收集到的证据的可靠性进行评估；评价证据是否支持所得出的结论
交流	具有交流与合作的意愿与能力，能准确表述、评估和反思探究过程与结果	准确表达自己的探究问题、过程和结果；选择和运用适宜的媒体与他人进行有效交流；对他人的探究过程和结果能提出建设性的意见

（四）科学态度与责任

《科学（7—9年级）课程标准（2011年版）》指出：要保持对自然现象较强的好奇心和求知欲，养成与自然界和谐相处的生活态度；形成崇尚科学、反对迷信、以科学的知识和态度解决个人问题的意识；了解科学技术是第一生产力，初步形成可持续发展的观念，并能关注科学、技术与社会的相互影响。

"科学态度与责任"是指在认识科学本质，理解科学、技术、社会、环境（STSE）关系的基础上形成的对科学和技术应有的正确态度和责任心，具有学习科学和探索自然的内在动力，严谨认真、实事求是和持之以恒的探索精神，独立思考、敢于质疑和善于反思的创新精神，以及保护环境、推动可持续发展的责任感。它主要包括科学本质、科学态度、社会责任等要素。

"科学本质"是指对于科学知识、科学研究过程、科学方法、科学精神、科学的历史、科学的价值、科学的限度等方面最基本特点的认识，是一种对于科学本身全面的、哲学性的基础认识。

"科学态度"是个体对科学对象、科学现象、科学过程、科学事实、科学理论、科学研究等所持有的稳定的心理倾向，主要包括好奇心、实事求是、追求创新、合作分享四个方面。

"社会责任"主要包括"科学伦理"和"STSE（科学、技术、社会和环境）"两部分内容，要求是在进行科学研究和科学成果应用时，知道需要考虑伦理和道德的价值取向，并能遵循普遍接受的伦理道德规范；理解科学技术的本质，理解科学、技术、社会与环境的关系；热爱自然，具有保护环境、节约资源、促进可持续发展的责任感。

三、PISA2015科学素养评估框架[①]

PISA评估对象是15岁的学生，评估目的在于考察他们为未来生活所做的准备。PISA对科学素养的评估从2000年开始，因其评估范围的广泛性、过程的科学性，而受到越来越多的关注。

PISA2015科学素养评估框架显示，个体的科学素养受知识和态度影响，在具体的情境中展示，如图2-1所示。

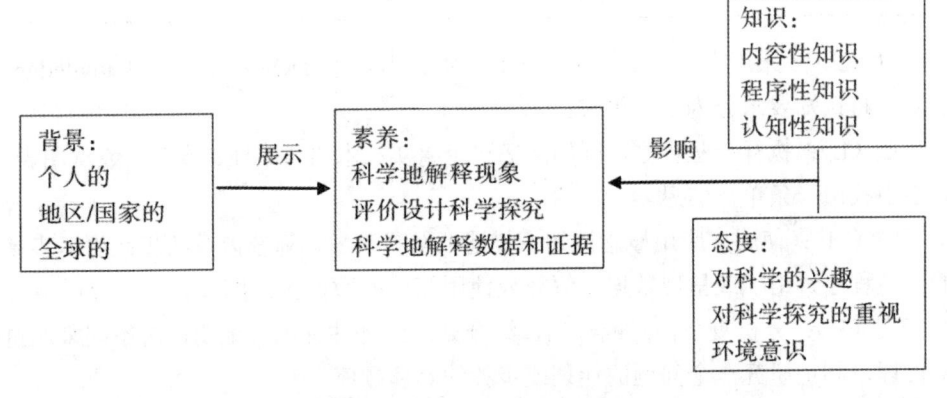

图2-1　PISA 2015 科学素养框架

在PISA2015科学素养框架中：素养可以细分为科学地解释现象、评价设计科学探究、科学地解释数据和证据3种，见表2-6。

---

① OECD. PISA2015 Draft Science Framework [EB/OL]. [2014-07-17]. http://www.oecd.org/pisa/pisaproducts/DraftPISA2015 Science Framework.pdf.

表 2-6　PISA2015 科学素养中的三项核心能力界定及占比

科学地解释 现象； 40%~50%	能识别，提供并评估对一系列自然及技术现象所进行的解释； 回忆并应用合适的科学知识； 识别，使用并生成解释性模型及其陈述； 提出并证明合理的预测； 提出解释性假说； 解释科学知识对社会的潜在影响
评估并设计 科学探究； 20%~30%	描述并评价科学探究并能提出科学地解释问题的方式； 识别已给定的科学研究中正在探究的问题； 科学地辨别对调研可能的问题； 科学地提出探究给定问题的方式； 科学地评价探究给定问题的方式； 描述并评估科学家用以确保数据的可靠性及客观性及解释的可视性的一系列方法
科学地解释 数据及证据； 30%~40%	分析并评估各种描述中的科学数据，言论及参数并得出合理结论； 转换数据描述方式的能力； 分析并解释数据以及得出合理结论的能力； 识别与科学相关的文本中的假设，证据及推理； 能区别基于科学证据和理论的数据和那些并非基于科学证据和理论的数据；评估不同来源的科学参数和证据的能力（如：报纸，网络，期刊）

PISA2015 采用韦伯（Norman Webb）的知识深度（DOK：depth of knowledge）框架，将认知要求分为三个等级：

低（L）：执行一些程序，例如回忆一个事实、术语、原理、概念，或从图表、表格中找出一条单点信息。

中（M）：使用并应用概念性知识描述或解释现象，筛选涉及两步或更多步骤的合适程序，组织或呈现数据，解释或使用简单的数据集或图表。

高（H）：分析复杂信息或数据，综合处理或评估证据、证明，对不同来源进行推理，制定研究一个问题的计划或步骤的具体顺序[①]。

科学态度可以分为对科学的兴趣、对科学探究的重视和环境意识。对科学的积极态度、环境意识、可持续发展的生活方式及评价探究的科学方法的倾向是一个具有科学素养的个体的基本特点。

学生在科学兴趣上的差异及其对科学的价值和影响的认识的差异是义务教育结果的重要衡量指标。

---

① 王文静. 基于 PISA2015 科学框架的中考科学试题分析研究——以宁波市为例[D]. 宁波：宁波大学，2015：11-13.

评估探究的科学方法是指：相信证据是解释物质世界的基础这一信念，在时机恰当时要优先选择探究这种科学方法，任何有效思想都要接受检验。

环保意识是指对环境和可持续生存的关注：具体表现在有采取并推进环境可持续行为的倾向，如表 2-8 所示：

表 2-7　科学态度：对科学的兴趣

科学的兴趣的评价指标	具体表现（测量维度）
对科学及与科学相关的事物的好奇心及其努力尝试； 使用各种资源和方法获得额外科学知识和技能的意愿； 对科学的持续兴趣，包括考虑与科学相关的职业	学生在学习物理、人体生物学、地理学及科学探究的过程和结果这几方面感兴趣程度； 学生课内外对学习科学的喜爱程度； 学生追求科学生涯或从事课外科学研究的兴趣水平； 学生学习科学的原因是科学所提供的工作机会； 学生对包括科学在内的不同职业的评价； 学生对自己科学学习能力的评价； 学生对科学对自己或他人的价值的看法；青少年接触、使用新技术的方法； 学生校外及课外科学活动的参与范围；学生对科学职业所持有的态度； 学生对正规科学教育和学校提供给他们的为将来科学职业所需要的知识和技能的评价； 学生对其在可能的科学职业生涯方面的知识水平的感知

表 2-8　环保意识

环保意识	具体表现（测量维度）
对环境及可持续生存的关注，有采取并推进环境可持续行为的倾向	测量学生对当前环境问题的认识程度； 测量学生对环境问题的关心程度； 测量学生对其自身或人类行为在维持和提高环境方面的信念

第二节　真实情境

真实情境是任务教学的第二个显著特征。

国外情境教学的起源可以追溯到古希腊时期，苏格拉底创造"助产术"教学法，在教学中通过创设情境提出一系列的问题来引发学生的思考，以寻求正确答案。

情境学习并不是一个新的概念，维果茨基的文化历史学说、列昂节夫的活动心理学理论以及杜威有关学习、活动和经验改造的设想等都曾表达过这种思想；

在当代，情境学习理论的研究者主要有：莱夫（J.Lave）、温格（E.Wenger）、布朗（J.S.Brown）、柯林斯（A.Collins）、杜盖德（P.Duguid）、布兰斯福特（J.D.Bransford）、麦克莱伦（H.Mclellan）和斯皮诺（R.J.Spiro）等[①]。

直到 1987 年，瑞兹尼克（Resnick）发表了里程碑式的演说"学校内外的学习"，情境认知与学习理论初步形成较为完整的理论体系。1990 年，美国加利福尼亚大学伯克利分校的让·莱夫（Jean Lave）教授和独立研究者爱丁纳·温格（Etienne Wenger）提出：知识是基于社会情境的一种活动，而不是孤立的、独立存在的对象；知识是个体与环境在交互过程中建构的一种状态，而不是既定的、固定不变的事实；知识是人类协调一系列行为，以便适应动态变化发展的环境的能力。因此，知识是情境性的，而学习也理应是在情境中进行的，所有教学都应该是情境性的。1993 年 3 月，美国权威杂志《教育技术》开辟专栏对情境认知与学习理论进行探讨。1996 年，这些论文以情境学习的观点为题结集出版。在书中，希拉里·麦克莱伦（Hilary Mclellan）在其论文《情境学习多种观点》中识别出教育心理学研究领域情境学习的要素如下：故事、反思、认知学徒制、合作、辅导、多种实践、清晰表述学习技能与技术。同时，大量的研究专著也相继出版，人们将情境认知与学习理论放在一个更宏观的视野来考察[②]。

1991 年，坎宁汉（Cunningham）、梅里尔等人基于情境认知与学习理论提出了情境教学这一概念，并对情境教学所应具备的四大特点进行了总结。坎宁汉和梅里尔在界定情境教学的同时，对情境教学所应具备的特点也进行了详细的阐述，认为情境教学应具备以下特点：真实的问题，情境化的活动过程，真实的互动合作，情境化的评价方式。

近年来，我国对情境教学日趋重视，以中国知网（外网）为数据库（以下简称"知网"），用高级检索方式，检索条件设置为："题名=科学并且题名=情境"，进行精确匹配和跨库检索，以"（空白）—（注：20201231）"为发表时间段，共得文献 1194 篇，其中学位论文 34 篇。对这些文献进行计量可视化分析，可以得出"空白—2020"发表文献总体趋势图，如见图 2-2 所示。

李可锋指出，为了核心素养目标的达成，新课标把创设真实情境、激发兴趣、改变学生的学习方式作为重点，在课程内容中提供了"情境材料建议"，鼓励广大教师基于真实情境组织教学。知识的呈现方式要基于真实情境，学生的学习过程也要强调实践和交互讨论的情境化。学生课堂参与度是情境学习的外在表现。学生在

---

① 杨焓. 情境学习理论及其对教学改革的启示 [D]. 武汉：华中师范大学，2012：13-15.
② 姚晓慧. 基于情境认知理论的意义学习的教学设计 [D]. 东北师范大学，2005：6-10.

教师的组织下，通过对情境素材进行分析，提出问题，展开有序研究，或实验设计和操作，或学生交互讨论，或教师释疑解惑，最后共同总结，形成模型认知[①]。

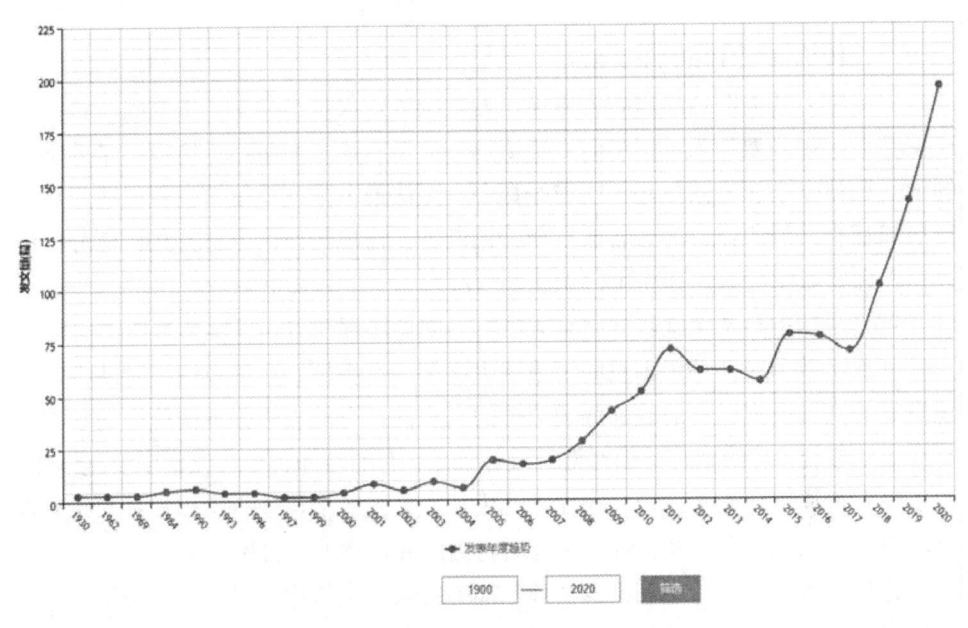

图 2-2　关于情境文献的总体趋势图

2019 年，沈旭东对近三十年化学情境教学的研究文献进行统计并分析，提出了分别以"为情而境""由境生情，人在境外""由境生情，人在境内"为特点的三个阶段，提出"情境结构不良"概念；提出在新时代化学教学中创设真实情境的结构模型，并提供创设思路。沈旭东指出创设真实情境，不只是为了学生的"愤悱"态，不只是为了课堂的引入，也不只是为了阐述知识。创设真实情境，首先需要基于学情，其次要清楚教育目的是指向化学学科核心素养的培养，真实情境应易于学生体验[②]。

2020 年，上海市教育考试院贾林芝通过对教学与测评中"真实情境"的辨析，比较了不同测量目标试题中的"情境"与"设问"，分析了在大规模教育考试的核心素养测评中所使用的"真实情境"与"真实问题"的特征，为在高中学业水平等级性考试等大规模教育考试中落实对学科"核心素养"的测评提供了参考依据。

[①] 李可锋. 基于真实情境组织教学 发展学生的核心素养——以"全球性的环境问题——酸雨"教学为例[J]. 化学教育，2019, 40 (3): 45-51.

[②] 沈旭东. 从"为情而境"到"由境生情"化学教学中真实情境创设概论[J]. 化学教学，2019 (7): 25-29.

贾林芝指出如何在有限的篇幅中使试题信息呈现形式更接近"真实情境",是此类考试中落实核心素养测评的关键[①]。

一、传统情境存在的主要问题

传统学习任务的情境以教为主导,为教服务,欠缺与学生产生共鸣。目前,在课堂上,许多教师为了情境而设置情境,情境脱离生活实际;情境不是为学生的学而设计,不能有效激起学生的好奇心,无法最大限度地使学生获得适应终身发展和社会发展所需要的必备品格和关键能力。情境的作用不够持久,部分情境只是在课堂教学导入时起作用,无法长效激起学生的求知欲。

首先,初中科学课堂教学中有关情境的创设还存在着一些亟待解决的问题。

其次,教师在任务中创设的情境缺少质量评价指标,在创设情境时缺少对情境质量的完善研究。有的教师强调情境的真实性;有的教师强调情境中的知识素材和方法素材;有的教师善于对情境进行加工;有的教师善于在课堂中实施情境。由于没有把握整体指标,教师往往顾此失彼,设置的情境缺少整体规划和统筹设计,忽视素材同课题的契合性,不能明确指向并落实教学目标。

最后,教师在任务中创设的情境不能够持久产生作用。目前,不少学习情境的创设就是教师在新课教学之前利用有关的实验、故事或问题等激起学生的学习兴趣,引出新课。教师在创设情境时将营造热闹、活泼的课堂作为创设情境的主要目的,任务情境只在新课教学前产生作用。基于这种目的,情境的创设有很大的随意性,有的教师强调"新奇"的刺激,情境设计很夸张,虽在一开始吸引眼球,但后劲儿不足。

由于在情境创设过程中存在这些问题,导致课堂的效率不能得到有效保证。因此,针对课堂现状,重新研究科学课堂的情境创设是有实际意义和价值的。为了能更快、更好地创设符合发展学生科学学科素养的情境,经实践研究和课堂观察,研究可以从科学教材中的素材开始。

二、真实情境的基本特征

真实情境是指建立在解决真实生活问题基础上,具有较高学生参与度,能激发学生深度思维的情境。本书所研究的真实情境有以下几个特征:

[①] 贾林芝. 核心素养测评中"真实情境"与"真实问题"的特征分析——以生物科目为例[J]. 上海教育科研, 2020(9): 77-81.

（一）情境设置具有真实性

情境要有真实性。学生只有在真实情境下运用多种知识和技能完成特定任务，才能培养关键能力和必备品格。因此，情境中要有真实问题，教师要根据问题设计任务，这样的情境才有在课堂上引入并研究的价值。

真实的学习环境是学生学会学习的前提，真实的学习环境涉及实践者或科学家在真实问题解决情境中的一切活动[1]。

真实性要求教师创设的情境要与事实相符，与客观事实相符，不夸大，不虚假。目前，许多教师在课堂上用一些广告语来做教学情境是不妥当的；用电视上的一些魔术来做教学情境也是不合适的。

无论外界情况如何，真实的东西有真实的感受。因此，真实性要求教师所创设的情境是确切清楚的，是可以引发人的情绪的。

马克思主义认为，实践活动是"真实"的基础，离开人的实践，所谓的"真实"只能是抽象的虚幻。因此，人们应从实践的观点在人与物的关系中把握"真实"，进而在人与问题研究的关系中把握真问题。

根据情境中各角色活动的背景，可以把情境分为真实情境和描述情境。在真实情境中，学生往往可以获得更多的感性认识和情感体验。

真实情境更容易产生真实问题。研究者认为，问题是由假设条件、目标和阻力组成的。乔纳森将问题分为良构问题和劣构问题。良构问题的特征是问题是为直接揭示科学概念而人为设计的；对问题界定了限制条件，提供了解决问题的规则和原理；提供了解决问题的明确方法和步骤[2]。劣构问题的特征是问题来源于日常生活或是对真实场景的模拟；对问题缺乏明确的界定，问题的构成存在不可知的部分；难以确定哪些规则和原理是解决问题必需的；难以确定解决问题的方法和步骤，需要通过尝试不同的解决方案去寻找最佳的解决办法[3]。由于劣构问题通常含有一个或多个问题要素不清楚，或者某种程度的不确定性，使得它们拥有多种解决方案和途径，但有时甚至连一种解决方案都找不到。因此，学生在面对这些问题时，需要运用更多的生活经验、更多学科的知识技能，产生更强烈的同伴合作需求。这样的问题解决过程可能更能促进学生各方面素养的提升。

借鉴情境教学的知识观和学习观、教育中的建构主义学习理论、教学理论研究领域的其他前沿研究成果，知识具有双重情境化，能够改变通过传授而使知识

---

[1] 邢红军. 原始问题教学：物理教育改革的新视域 [J]. 课程·教材·教法，2007（05）：51-57.
[2] 钟志贤，谢榕琴. 基于良构和劣构问题求解的教学设计模式（下）[J]. 电化教育研究，2003（11）：61-66.
[3] 吴向东. 良构问题、劣构问题及其转化策略 [J]. 科学课，2013（6）：96-99.

表面化和惰性化的状况，促进学校教育场景中的学习和教学革新。这里的双重情境化是指：一是将知识置于其发生和应用的真实世界的情境之中，回复知识与其所发生和应用情境之间的本然联系；二是将知识与学习者已有知识和经验构成的主体情境结合起来，使知识成为学习者动态复杂的知识结构中强有力的部分。

真实性要求教师所创设的情境要与客观事实相符，不夸大，不虚假，是确切、清楚的。试题情境的真实性有利于培养学生的学科素养。虚假的问题不利于培养学生学会发现问题的关键能力，也不利于学生养成解决问题的关键品格。

PISA非常强调情境的真实性，"如果情境存在于真实世界背景中参与者的实际经历和实践，那么这个情境被认为是真实的。"真实性也恰恰是我们所认为的"情境"的最大特点[1]。学生只有在真实的情境中表现出的能力才是他们真正的能力。PISA"情境"的研究自然成为PISA研究的重要领域之一。PISA试题"情境"的引入，成就了与以往试题全然不同的命题和考试方式。

2020年浙江省不少市区的初中学业水平考试选用了学生有生活体验的情景和社会关注的热点问题为背景，如"新冠肺炎"疫情、医用酒精制取、水体净化、大气中臭氧的辩证认识等。有的试题密切联系学生的生活实际，着力体现"从生活走向科学，从科学走向社会"的理念，极具真实性。如下题所示：

例：2020年温州市卷第六题[2]：

电蚊拍灭蚊时，蚊子碰到金属网形成闭合电路，蚊子往往会被烧毁。下列说法不合理的是_____。

A. 蚊子是可以导电的
B. 电蚊拍电压降低烧毁效果变差
C. 蚊子烧毁是因为电流的热效应
D. 烧毁时可能没有电流通过蚊子

（第六题图）

2020年温州卷第六题以《科学》（八年级上册）第四章第一节"电荷与电流"以及《科学》（九年级上册）第二章第六节"电能"为基础，考查学生是否扎实掌握形成闭合电路的条件及是否能用电流热效应理论来解释生活中常见电蚊拍的灭蚊原理。

本题选取了生活中的常见现象和熟悉的插图，结合闭合电路的知识点进行深

---

[1] 王湖滨. PISA测试的"情境"及其带来的启示——大型国际教育评价项目对"情境"的述评[J]. 外国中小学教育, 2014（1）: 8-14.

[2] 2020年浙江省初中学业水平考试（温州市卷）科学试题卷及参考答案和评分标准.

入挖掘，试题情境将真实生活的探究素材作为载体，引入待考察的知识点。学生对于该情境有比较熟悉的认知，将以往经验结合闭合电路中产生电流的原因和电流热效应的知识点，能够在判断灭蚊时，蚊子因通电导致温度过高而被烧死。该情境极具真实性。

真实的情境可以产生真实的问题：学生对电蚊拍的使用和产生的现象都比较熟悉，考查要点聚焦在对"灭蚊原理"的解释上，从提示关键词"蚊子被烧死"可形成电流热效应的问题，从"碰到金属网形成闭合电路"可产生闭合电路形成条件的问题，准确考查学生电学知识和依据该知识点解释生活现象的能力。

（二）情境设置具有典型性

教师设置的情境要具有典型性。教师要选择有思维含量、有挑战性的典型问题和典型任务，这些任务需从简单问题入手，以循序渐进的方式逐步增加高阶思维的含量。典型情境激发的深度思维更容易迁移和内化。典型原指模范或模型；后来引申为最具代表性的人或事物。《说文·土部》："型，铸器之法也。"段玉裁注："以木为之曰模，以竹曰范，以土曰型，引申为典型。"在情境中的典型性就是指教师所创设的情境是具有代表性的，可以达到举一反三的效果的。

要想判断情境是否有代表性，其实在《初中科学课程课标》中已有很好的路径指导，那就是在其第二部分课程目标之科学知识与技能维度中，要求首先"逐步加深对下列自然科学中统一的概念与原理的理解：物质、运动与相互作用，能量，信息，系统，结构与功能，演化，平衡，守恒。"这七大概念和原理之于自然科学具有观念性的意义，具有典型性。

在典型的情境中，教师可以针对典型的问题，布置典型的任务，达到事半功倍的教学效果。学生如果可以从这些概念和原理的视角来审视、分析乃至解释自然世界，就说明他们对整个自然界形成了一种正确且深入本质的看法，对自然界有了较好的理解。

一张试卷不可能容纳所有知识点，也不可能表达太多情境。因此，试卷所选的知识和情境要有典型性。教师通过将知识点放在典型情境中进行考查，可以准确地了解学生掌握知识的情况和应用知识能力；通过典型情境，可以发现学生如何用概念和原理的视角来审视、分析乃至解释自然世界。

1. 情境越典型，越能考查能力

立足课本不仅仅是关注教材内的知识点，以及教材实验的装置、过程、图表等。教师在了解知识的基础上更应关注教材的编写意图、实验探究设置的目的，以及其在教学中的作用、教学中呈现的科学方法和科学思想等。为了学生能更好地建构知识，提升能力，形成情感、态度和价值观，教师应尽力拓展教材的外延，理解教材呈现的内容。

例：2020年温州市卷第二十五题①：

在做"探究动能大小与质量关系"的实验时，小明想：小球从相同高度滚下，若小球材质和斜面倾角不同，到达水平位置时的速度会相同吗？

（1）图甲是用挡板控制大小不同的两个小球在斜面上起始位置的两种方案，小明实验时选择A方案而不能选择B方案的原因是__。

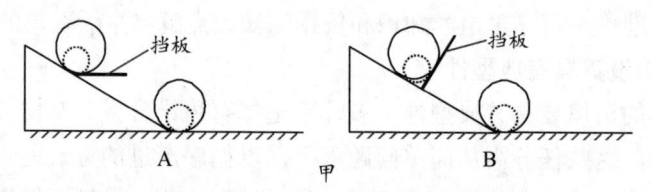

甲

（2）小明选择大钢球、小钢球、木球以及可调整倾角的斜面进行实验。分别让球从斜面同一高度由静止开始释放，利用测速仪测出球到达水平位置时的速度如下表所示。

球的类别 \ 斜面倾角 \ 速度（m/s）	10°	20°	30°	40°	50°	60°
大钢球	2.67	2.67	2.67	2.75	2.88	2.97
小钢球	2.67	2.67	2.67	2.75	2.88	2.97
木球	2.67	2.67	2.67	2.67	2.74	2.89

分析表中数据可知：要使球到达水平位置时的速度与球是钢质或木质无关，则斜面倾角不可能是__。

A. 15°　　B. 25°　　C. 35°　　D. 45°

（3）小明利用图乙装置做"探究动能大小与质量关系"的实验时，通过观察球撞击相同塑料软片的数目来比较球的动能大小（图中未画出固定塑料软片的装置）。老师指出此装置不适合体积不同的两个球做实验，原因是__。

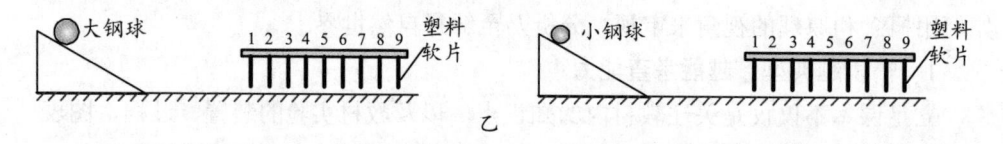

乙

---

① 2020年浙江省初中学业水平考试（温州市卷）科学试题卷及参考答案和评分标准。

本题原型是教材九年级上册第三章第二节中的"活动"。在研究动能大小与质量关系时，控制水平面小球初速度相同的方法是控制下落高度相同。试题第一小题方案 A 中挡板水平放置，大小两球下落前后的重心高度差都是（$R-r$），说明两球下落高度相同，符合控制变量原则。方案 B 中挡板垂直放置，看似两球下落起点相同，其实下落高度并不相同。但因题中插图两球体积相差不大，学生不易察觉。若两球体积相差很大，假设下落前两球重心高度差为（$R+r$）时，学生就会发现，下落后两球重心高度差变为（$R-r$），说明两球下落高度是不同的，没有控制变量，如图 2-3 所示。

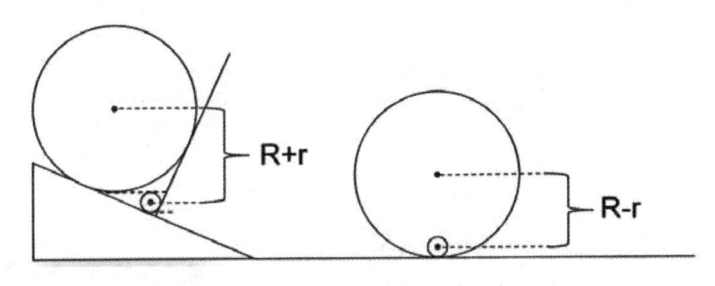

图 2-3 高度差变化量示意图

这是基于严格控制变量的角度，引导教师和学生关注"小球高度差变化量"的科学本质。本题在运动与相互作用，以及能量转化和守恒的观念形成方面都极具代表性，因此具有典型性。

2. 情境越典型，越能提升科学观念

在上题中，第一小题和第三小题都通过实验方案的选择考查科学探究中的转换法和控制变量法，第二小题考查学生证据意识和论点论据之间的逻辑意识。这些都是科学探究的关键能力和必备品质，是学生获得科学知识、形成科学观念的重要途径。在新的情境下，学生是否能在科学观念的指导下合理使用科学方法解决实际问题，是学生科学观念是否形成的典型考查方法。

3. 情境越典型，越能启发高阶思维

上题的改编基于学生对科学探究方法的质疑。在教学中，教师直接阐述保持小球下落高度相同，可以得出小球下落到水平时的初速度相同，但并未阐明原理。如果以能量转化于守恒的思想解释，在理想状态下，不同质量小球的重力势能不同，下落后的动能也是不同的，得出两小球在水平面初速度相同的结论就比较牵强。因此，当下落高度相同时，小球下落后初速度是否相同，是有探究价值的问题；同时，在新的探究情境下，充分考查了学生分析、评价的能力。对批判性思维、分析能力、评价能力的考查，都指向评判学生高阶思维的发展水平。

（三）情境设置具有适切性

试题中的情境除了要具有真实性和典型性外，还要讲究情境的适切性。情境的适切性主要表现在情境的合适和贴切上，首先，要求试题情境中产生合适的要解决的问题；其次，要求试题情境能承载贴切的知识结构；最后，知识结构和要解决的问题之间也是匹配切合的，如图2-4所示。

适切的情境更能促使学生联想知识，如2020年宁波市卷第二十五题[①]：

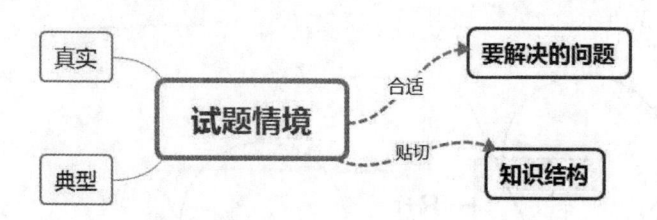

图 2-4　试题情境的特征

在不打破鸡蛋的前提下，如何有效判断自然状态下保存的未知产出日期的鸡蛋新鲜度？小科进行了探究。

【查阅资料】刚产出的鸡蛋密度相近，冷却后里面内容物收缩，会在蛋的一端形成气室。一般的鸡蛋一端大（称为钝端）、一端小（称为尖端）。蛋壳主要成分是碳酸钙，其表面有很多微小气孔，以便于蛋内外的气体交换，同时蛋内水分可通过气孔排出。

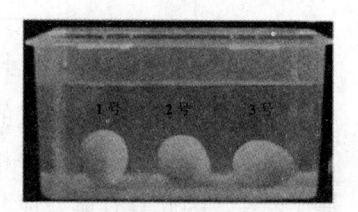

（第二十五题图）

【实验过程】任选自然状态下保存的、大小相近的同一批适龄健康的母鸡于不同日期产出的鸡蛋20枚，将它们轻放在水中，观察它们静止后的状态。

【实验现象】

（1）4枚鸡蛋漂浮在水面上，其余16枚鸡蛋沉于水底。

（2）沉于水底鸡蛋的钝端与尖端的连线与水平底面之间有一个夹角，记为 θ。16枚鸡蛋的 θ 大小不一，但尖端基本上比钝端更靠近底面，如图所示是其中3枚鸡蛋在水中静止时的状态。

【思考与分析】

鸡蛋的新鲜度会影响它的气室大小、密度大小和 θ 大小。

---

① 2020年浙江省初中学业水平考试（宁波市卷）科学试题卷及参考答案和评分标准。

(1) 从实验现象可知：鸡蛋的气室位置在鸡蛋的__（填"钝端"或"尖端"）附近。

(2) θ 大小与气室占整个鸡蛋的体积比有关，图中 3 枚鸡蛋气室占整个鸡蛋的体积比从高到低排序为__。由此可以从 θ 大小初步判断鸡蛋的新鲜度。

(3) 自然状态下，随着鸡蛋存放时间变长，鸡蛋的__会变小，从而使鸡蛋的密度变小。可以判断，实验中漂浮在水面上的鸡蛋存放时间较久。

首先，适切性指标要求情境与学生拥有的知识结构相适应。本题以在不打破鸡蛋的前提下，对"自然状态下保存的未知生产日期的鸡蛋新鲜度"展开探究，同时对考生从提供的资料中获取有用信息的能力提出要求。探究的问题来自生活，解释问题所用到的知识是初中学生已有的科学知识，体现了情境与知识结构的适应性。

其次，适切性指标要求情境与要解决的问题相切合。本试题尽可能地创设将教材外学生感兴趣的、与科学相关的生活元素融入一体的生活化情境。本题根据真实情境提出的问题有：鸡蛋的气室位置在鸡蛋的哪端附近？如何从 θ 大小初步判断鸡蛋的新鲜度？为什么实验中漂浮在水面上的鸡蛋存放时间较久？通过解决问题，综合考查学生对浮力大小、物体浮沉条件、密度及其变化、杠杆平衡破坏及其再平衡等知识的理解。科学试题讲究与生产、生活紧密联系，该试题引导学生关注生活，发现生活中的科学问题，思考科学现象，用科学知识解决生活中的科学问题。这是学生所学知识与问题相匹配的体现。

教师要依据真实性、典型性、适切性三个维度，对初中科学试题情境的创设进行评价，提高关键性指标的评价信度，为试题良好情境的创设设立支架，在试题编制中应当综合考虑这三个评价维度。

科学课程以提高每一个学生的科学素养为目标，试题情境的创设除了以上三个评价维度，还需要教师在多个方面努力研究。例如，如何使情境更有利于对学生实际操作和技能表现水平的评价，使科学素养的评价更科学。

第三节 问题驱动

问题驱动是任务教学的第三个显著特征。

有的课堂为了追求知识灌输的"大容量、高密度、快节奏"，设置的任务层次偏低，导致学生缺乏认同感和使命感。学习任务设计过于简单，导致任务内涵不足，层次较浅，思维含量较少；学习任务与科学、技术、社会、环境的发展脱节，学生的思维深度不足。因此，教师在课堂上布置的任务和提出的问题要尽可能揭示事物本质联系和内在规律，以便开启学生思维，达成思维迁移。PISA试题中的问题设计值得我们借鉴。

一、PISA试题中的问题设计

科学案例一"温室效应"来自PISA2006，展示了PISA2006与PISA2015之间的联系。科学案例二"抽烟"展示了试题是如何在电子屏幕上得到呈现的，并说明了2015年的科学素养框架。科学案例三"沙漠冰箱"呈现了一个交互式的仿真科学探究情境，该情境使评估能在仿真的背景中进行。

科学案例一：温室效应

阅读以下短文并回答相应问题。

温室效应：事实还是幻想？生物需要能量才能得以生存。维持地球上生命的能量来自太阳，由于太阳非常热，所以能将能量辐射进太空中。只有很少比例的能量会到达地球。地球表面的大气层像包裹在我们星球表面的毯子一样时刻保护着地球，使地球不会像真空世界那样，存在极端的温度变化。大多数来自太阳的辐射能量会穿过地球的大气层。地球吸收了部分辐射能量，另外一些则由地球表面反射回太空。部分反射能量会被大气层吸收。由于上述原因，地球表面上的平均温度比没有大气层时的温度高。地球表面大气层的效用就像温室一样，这种效应被称为"温室效应"。

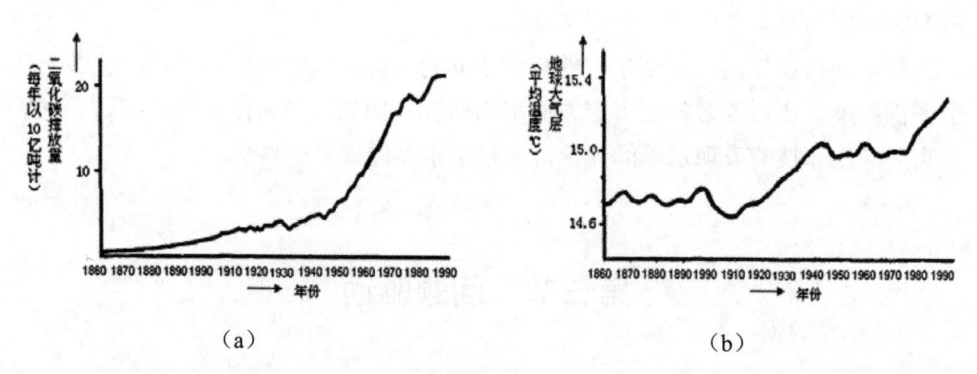

(a)　　　　　　　　　　　(b)

研究表明，温室效应在20世纪变得越来越显著了。事实表明，地球大气层的平均温度一直在不断攀升。报纸杂志通常认为，二氧化碳排放量的增加是20世纪气温升高的主要原因。一个名为安德烈的学生对地球大气层的平均温度和地球上二氧化碳排放量之间的可能关系非常感兴趣并进行了一些相关研究。他在图书馆找到两幅曲线图。

安德烈从上述两幅曲线图得出结论，认为地球大气层平均温度的上升明显是由二氧化碳排放增加引起的。

问题：

（1）曲线图中有什么资料支持安德烈的结论？

（2）安德烈的同学珍妮不同意他的结论。珍妮对两幅曲线图进行比较后指出，图中有些资料并不支持安德烈的结论。请从曲线图中举出一项不支持安德烈结论的资料，并进行解释。

（3）安德烈坚信自己结论的正确性，认为地球平均温度的升高是由于二氧化碳排放的增加引起的。然而珍妮认为他的结论太草率，珍妮说："在确认这个结论前，必须确定大气层内的其他影响温室效应的因素维持不变。"请写出珍妮所指的因素中的一个。

（一）问题是知识与能力的统一

上一题从当前世界上日益严重的环境问题——温室效应入手，考查了学生观察图像并从图中获取信息，以及对图形、数据进行分析并得到相关结论的能力。具体情况见表2-9和表2-10。

表2-9 温室效应的内容维度

题目	题目形式	能力及其层次	科学知识	关于科学的知识
问题1	开放性回答	使用科学证据（水平3）	地球和空间系统	科学解释
问题2	开放性回答	使用科学证据（水平5）		科学解释
问题3	开放性回答	科学地解释现象（水平6）		

表2-10 温室效应的能力维度

题号	背景	知识类型	能力类型	认知要求
1	环境的、全球的	认知性知识	科学地解释现象	中等的
2	环境的、全球的	认知性知识	科学地解释现象	中等的
3	环境的、全球的	程序性知识	科学地解释现象	中等的

这个题目的总任务是看懂文字和图表，经过推理、分析回答问题，突出考查学生从图中获取信息的自学能力。题中所有的证据都是以图像的形式给出的，学生需要在读懂图像的基础上，进行比较、归纳，进而分析并得出结论。设置的问题考虑了知识与能力的统一。

科学案例二：抽烟

表 2-11　抽烟中的问题

问题1/9	约翰的研究
约翰和罗斯正在研究一项学校项目——抽烟。阅读右边约翰的研究。然后回答下面的问题。 下面的选项解释了为什么香烟公司认为没有证据显示抽烟产生的焦油能对人体引起癌症。选择两个选项。 □人体对焦油具有免疫力 □已经利用白鼠进行了实验 □抽烟产生的化学物质降低了焦油的影响 □人类的反应可能与白鼠不同 □过滤嘴香烟能将抽烟产生的焦油全都过滤掉	20世纪50年代拿小白鼠所做的科学研究表明抽烟产生的焦油能引起癌症。香烟公司称没有证据表明抽烟引起人类癌症。他们也开始生产过滤嘴香烟。

问题 1：需要学生使用与科学概念相关的知识来解释证据，并应用内容性知识来科学地解释现象，因此知识类型为"内容性知识"，能力分类为"科学地解释现象"。该内容被分类为当地/国家背景下的健康和疾病问题。认知要求需要学生使用并应用概念性知识，因此该问题被分类为中等水平，见表2-12。

表 2-12　抽烟问题的框架分类

题号	背景	知识类型	能力类型	认知要求
1	健康和疾病，当地的/国家的	内容性知识	科学地解释现象	中等的

问题 3 探索了学生对数据的理解。表 2-13 的右半部分展示了一段时间内香烟消费和死于肺癌的男性数量的真实数据。

表 2-13　对数据的理解

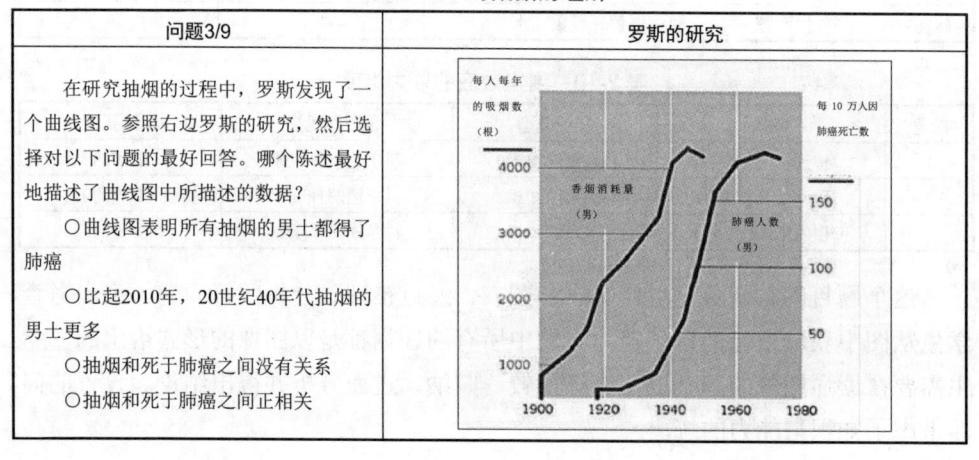

问题3/9	罗斯的研究
在研究抽烟的过程中，罗斯发现了一个曲线图。参考右边罗斯的研究，然后选择对以下问题的最好回答。哪个陈述最好地描述了曲线图中所描述的数据？ ○曲线图表明所有抽烟的男士都得了肺癌 ○比起2010年，20世纪40年代抽烟的男士更多 ○抽烟和死于肺癌之间没有关系 ○抽烟和死于肺癌之间正相关	（每人每年的吸烟数（根）；每10万人因肺癌死亡数；香烟消耗量（男）；肺癌人数（男）；1900-1980）

（二）问题应当考虑能力的递进

PISA 2015 以屏幕形式呈现，所有标准问题都具有垂直分割的屏幕，引导材料在屏幕的右边，问题和回答机制在屏幕的左边。样例"抽烟"展示了屏幕呈现问题的基本方式。学生需要阅读引导材料中针对抽烟的潜在危害所进行的早期研究的相关信息并从菜单中选择正确的答案来回答该问题。

该问题要求学生使用科学地解释数据和证据的能力测试内容性知识，因此知识类型为内容性知识，能力类型为"科学地解释数据和证据"；语境是当地/国家背景下的健康和疾病问题。因为学生需要解释两组曲线图之间的关系，认知要求被分类为中等水平。学生被要求通过点击屏幕左边解答陈述前方的单选框中的一个，挑选出对该数据的最好描述。

好的问题会驱动任务的完成。本题的任务是在基于环境的、全球的背景下，用认知性、程序性知识科学地解释现象；使用科学证据对现象进行解释，并做开放性地回答。为了更好完成任务，问题驱动很重要，一般问题间要有一定的逻辑关系，问题与问题之间的难度是递进的。

PISA2015 测试框架提出影响题目难度的 4 个因素：解决题目所需的知识数量与复杂程度、学生对这些知识的熟悉程度、题目涉及的认知操作，以及答案是基于模型还是基于抽象的科学概念[①]。

科学案例三：沙漠冰箱

样例"沙漠冰箱"展示了这一新型呈现方式。对该模拟的第一个截屏（见表 2-14）介绍了"沙漠冰箱"的结构及其工作方式。学生不需要理解蒸发这一过程是如何引起冷却的，仅需知道它引起了冷却。

表 2-14　沙漠冰箱：引导材料

介绍	示意图
"沙漠冰箱"是一种不用电冷藏食物的发明。"沙漠冰箱"的基本构造是一个大的黏土罐里内套一个小的黏土罐，盖子是由黏土制的或由织物制。两个黏土罐中间装满沙子，这在内部罐子外围造了一层绝缘层。通过规律的添加水来使沙子保持潮湿。当水蒸发时，罐子内部的温度会降低。当地人用一种当地极易获得的黏土制作"沙漠冰箱"。	沙漠冰箱 内罐（放食物） 外罐　湿沙子 盖子　架子

---

① OECD．PISA2015AssessmentandAnalyticalFramework：Science，Reading，MathematicandFinancial Literacy[M]．OECDPublishing，2016．

学生在设定了条件（这也改变了屏幕上"沙漠冰箱"的视觉显示）后，按下记录数据按钮，然后运行模拟器并填充数据表。学生需要运行一些数据模拟器并能按需要移动数据或重复一些模拟。这一屏幕将记录下学生对 4℃条件下保鲜食物的最大数量的回答。学生的设计方法和对科学探究的形式的评估能在随后的问题中得到评估，见表 2-15。

表 2-15　沙漠冰箱：问题一

任务
1. 你被要求研究为一个家庭所做的最好的"沙漠冰箱"设计，以保持食物新鲜。
2. 食物最好被保存在4℃，因为该温度能最大程度地保持食物新鲜并最大程度减少细菌的生长。
3. 通过改变使用模拟器层的厚度和湿度条件，使用模拟器算出能被保鲜的食物的最大数目（4℃）。
4. 你能使用一些模拟，并重复或移动一些数据。
5. 4℃时食物保鲜的最大数量是[ ]kg。

该问题要求学生利用其已掌握的科学操作性知识探索食物保持的最大数量，知识分类是程序性的，所要求的能力是评估并设计科学探究。该问题涉及生活品质、安全问题，语境分类是自然资源。由于给予学生的背景是复杂的，并且他们需要开展一系列的调查来回答该问题，故该问题的认知要求被分类为"高级的"，见表 2-16。

表 2-16　沙漠冰箱问题一的框架分类

题号	背景	知识类型	能力类型	认知要求
1	自然资源/个体	程序性知识	评估并设计科学探究	高级的

（三）所设问题应考虑其生成性

作为一项长期的预测性的监控工具，PISA 评估的重点不在于考查学生能否回忆已有的知识，而是要评估学生能否探究和思考。这与我国长期以来所理解的"笔试主要用于考查知识记忆和简单运用"的评估理念有较大区别。同时，PISA 用调查的方式作为笔试测试的补充，可谓优势互补、扬长避短[①]。

PISA 2015 的另一个特点是应用科学探究模拟的交互式任务的使用探索并评估了科学素养知识和能力。一些问题是在回答的过程中产生，这也给教师在任务教学过程中如何产生生成性问题提供了思路。

---

① 孔凡哲，李清，史宁中. PISA 对我国中小学考试评价与质量监控的启示[J]. 外国教育研究，2005（5）：72-76.

二、PISA 问题对教学的启示

(一) 有核心知识点

科学知识分为内容性知识、程序性知识和认知性知识。在对科学知识的三种分类中：内容性知识是指科学中已经建立的关于自然界的事实、概念、观点和理论；程序性知识是指对如何获取此类知识，对科学查询必不可少的概念和程序的了解，以及对科学数据的收集、分析和解释的支持；认知性知识是指对科学知识的性质和起源的理解，反映了学生像科学家一样思考和进行理性话语的能力[1]。

知识也可以根据其所属的主要科学领域分为：物理系统、生命系统以及地球和太空系统，见表2-17。

表2-17 PISA2015科学素养中三种科学知识的界定[2]

分类	内容
内容性知识	物理系统知识： 物质的结构（如粒子模型）、物质的属性（如状态变化、导热性和导电性）、物质的化学变化（如化学反应、能量传导和酸碱度）、运动与力（如速度、摩擦力）和非接触性作用（如磁力、引力和静电）、能量及其转化（如能量守恒、损耗、化学反应）、质能转化（如光与无线电波、声与地震波）
	生命系统知识： 细胞（如细胞的结构与功能、DNA、植物与动物）、有机体的概念（如单细胞和多细胞）、人体（如健康、营养、消化系统、呼吸系统、循环系统、泌尿系统、生殖系统等子系统及其相互作用）、种群（如物种、演化、生物多样性和基因变异）、生态系统（如食物链、物质和能量流动）、生物圈（如生态系统服务和可持续发展）
	地球与空间系统知识： 地球系统的结构（如岩石圈、大气圈和水圈）、地球系统的能量（如能源和全球气候变化）、地球系统的变化（如板块构造、地球化学循环、建设力和破坏力）、地球史（如化石、物种起源与进化）、空间中的地球（如万有引力和太阳系、星系）、宇宙的历史与规模（如光年和大爆炸理论）
程序性知识	理解变量的概念，包括因变量、自变量和控制变量
	理解测量的概念，如定量的（测量）、定性的（观察）、量表的使用、类属变量和连续变量
	评价和减小不确定性的方法，如重复测量取均值
	确保数据的可复制性（同一个量重复测量的一致性程度）与准确性（测量结果与被测真值之间的一致性程度）的方法
	能够使用图表总结和呈现数据

---

[1] OECD. PISA2015 Assessment and Analytical Framework: Science, Reading, Mathematic and Financial Literacy[M]. OECD Publishing, 2016.

[2] OECD. PISA2015 Draft Science Framework[EB/OL]. [2014-07-17]. http://www.oecd.org/pisa/pisaproducts/Draft PISA2015 Science Framework. pdf.

续表

分类	内容
程序性知识	了解控制变量的策略及其在实验设计中的作用,或使用随机化方法避免混杂的结果并识别可能的因果机制
	对于给定科学问题能够找到合适的科学方法设计,如实验研究法、田野研究法或模式找寻法
认识论知识	科学的概念建构及其根本特征,包括:科学观察、事实、假设、模型和理论的性质
	科学的目的(形成对自然世界的解释)及其与技术的区别(技术是为了满足人类需求而提供最优解决方案),什么是科学问题、技术问题以及什么是合适的数据
	科学的价值,如公共性、客观性、消除偏见
	科学推理的性质,如演绎推理、归纳推理、溯因推理、类比推理、模型推理
	以上这些概念建构和特征在证明科学知识有效性中的作用,如:科学论断是如何得到数据和推理的支持的;不同形式的实证研究在建立知识中的作用,它们的目的(如检验假设或识别模式)及研究设计(观察、控制实验、相关性研究);测量误差如何影响到科学知识的可信度;物理模型、系统模型和抽象模型的使用及其功能、局限;合作和批评的作用,以及同行评议如何帮助建立科学论断的可信度;科学知识以及其他形式的知识在认识和解决社会问题与技术问题中的不同作用

(二)有学科学习的方法

任务群中要蕴含学科学习的方法,学生完成这样的任务群可以起到举一反三的效果。科学素质由科学知识、科学能力、科学方法、科学意识和科学品质等诸要素构成。其中,科学方法是科学素质的翅膀,是获取科学知识的手段。学生只有掌握了科学方法,才能更深入地理解和牢固掌握科学知识,提高学习效率。

科学思维是具有意识的人脑对科学事物(科学对象、科学现象、科学过程和科学事实等)的本质属性、内在规律性及事物间的相互联系和关系的间接和概括的反映。

将科学思维与创新作为科学学科的核心素养,主要依据以下几个方面:

(1)观察、实验与思维相结合是科学学科的基本特征。

(2)学会学习、批判性思维与创新是学生发展核心素养的重要成分。

(3)21世纪以来的科学教育研究,特别重视科学论证、模型思维和科学推理[①]。

(4)大部分国家的课程标准都会将科学思维与创新列为课程目标。

"科学思维与创新"主要包括模型建构、科学推理、科学论证和质疑创新等要素。

(三)有可操作层次

学习任务与学生的生活或兴趣密切相关。在"任务"的执行过程中,如果缺

---

① 韩葵葵,胡卫平,王碧梅. 国际科学教学心理的研究进展与趋势[M]. 华东师范大学学报(教育科学版),2014(4):3-6.

少丰富的、有趣的执行方式,则个体难免会出现开小差的现象。因此,"任务"的执行过程需要富有趣味性,教师应通过灵活多样的方式让学生进行问题的探究。

任务要有层次性,任务的难易程度要适中,以便激发学生的学习动机,使他们知道通过完成任务将得到一个有价值、有意义的结果,要为学生留出创造性能力发挥的空间。初中生具有活泼、好动的特点,针对他们的任务必须是可操作的,要保证任务执行需要的实际能力在学生的能力范围内,在当前教学条件下能够完成,保证学生在丰富多样的探究问题的形式中,更加投入地去达成目标,并增加学生在执行"任务"中的自身收获。

教师要对基于真实情境的学习任务进行设计;要分析并积累适于进行学习任务设计的真实情境资源库;要针对学生的发展特点,搭建符合学生认知规律的任务支架;对任务进行分类,提高任务设置的技巧。在本课题中,基于真实情境的任务群设计包括核心任务、主干任务和分支任务。

《科学(七年级上册)》有一个研究性学习课题"观察动物的形态和生活习性"[1]。这个研究性课题制定了三个目标,并提供了三个研究内容,见表2-18。

表2-18 观察动物的形态和生活习性

目标	内容
学习观察方法,增强观察能力	观察一些典型的动物,描述它们的形态特点
学会描述动物的形态和生活习性	养殖一种小动物,对其生活习性进行观察
了解生物对环境的适应性	关注动物的形态特点、生活习性,以及其与生活环境的关系

蜗牛是一种常见的生物,在炎热的季节里,雨过天晴,人们常能在草丛中找到它们。因此,教师可以让学生在课堂上用放大镜观察真实的蜗牛,而不是对着挂图、模型或幻灯片(PPT)。这样可以让学生在真实情境下学得知识,见表2-19。其中,"在图中标出壳、足、触角、眼、口等部分"作为内容性知识经常在考试中出现。"如何观察,如何探究"作为程序性知识和认知性知识目前正倍受重视。

学生要能使用放大镜观察蜗牛,区分并说出蜗牛的结构及其功能;能设计科学的实验探究蜗牛有哪些感觉,较为全面的探究蜗牛的习性;能查找资料或设计实验探究蜗牛习性的形成原因,找出蜗牛的形态结构和习性是为了更适应它所生活的环境的证据。教师在对学生的能力进行测评时要进行能力的分类,如表2-20所示。

---

[1] 朱清时. 科学七年级上册[M]. 杭州:浙江教育出版社,2014.

表 2-19 "观察蜗牛生物特征"中的知识

知识类别	类别解释	举例
内容性知识	科学中已经建立的关于自然界的事实、概念、观点和理论	图中标出壳、足、触角、眼、口等部分
程序性知识	如何获取此类知识,对科学查询必不可少的概念和程序的了解,以及对科学数据的收集、分析和解释的支持	将蜗牛放在一块玻璃板的中央观察
认知性知识	对科学知识的性质和起源的理解,反映了学生像科学家一样思考和进行理性话语的能力	观察蜗牛是否有视觉、触觉、听力、嗅觉和味觉

表 2-20 "观察蜗牛生物特征"中的能力

学生任务	科学素养
学生能使用放大镜观察蜗牛	评估并设计科学探究
	可以使用探究工具
能设计科学的实验探究蜗牛有哪些感觉	识别、使用并生成解释性模型及其陈述
	提出解释性假说;提出并证明合理的预测
	能识别、提供并评估对一系列自然及技术现象所进行的解释
较为全面的探究蜗牛的习性,并查找资料或设计实验探究蜗牛习性的形成原因	科学地解释现象,回忆并应用合适的科学知识
	识别与科学相关的文本中的假设,证据及推理
	能区别基于科学证据和理论的数据和那些并非基于科学证据和理论的数据;评估不同来源的科学参数和证据的能力
找出蜗牛的形态结构和习性是为了更适应它所生活的环境的证据	科学地解释数据及证据
	分析并解释数据以及得出合理结论的能力
	分析并评估各种描述中的科学数据,言论及参数并得出合理结论

学生对蜗牛感到好奇,热爱自己正进行的实践活动,从而能够增加对生物学感兴趣的程度,提高对科学的喜爱程度。学生主动进行观察、实验,在饲养蜗牛的过程中表现出认真负责的态度,使用各种资源和方法获得额外科学知识和技能的意愿,从而能够产生并提高追求科学生涯或从事课外科学研究的兴趣水平,培养学生在设计实验时的科学严谨的治学态度,以及在进行科学探究时实事求是的科学态度。

第四节 表现评价

表现评价是任务教学的第四个显著特征。

在教学中,教师往往对过程的评价关注不多,一般的评价都是针对学生"任务有没有完成"和"数据有没有得出"等任务成果展开。学生互评比较耗时，在现有的评价体系中，很少有教师将评价交给学生，从而造成了评价的主体单一，学生的高阶思维得不到训练。

表现性评价是于20世纪90年代在美国兴起的一种评价方式。它是在学生学习完一定的知识后，通过让学生完成某一实际任务来评价学生的学习状况，包括表现性任务和对表现的评价。它的评价方式有别于传统的纸笔测验评价，是对学生能力行为进行直接的评价。它通常要求学生在生产生活情境中，运用先前所获得的知识解决某个问题或创造出符合某种特定标准的成果，以考查学生问题解决、交流合作和批判性思考等多种复杂能力的发展状况[1]。

一、明确评价目标

表现性评价是指根据既定的学习目标，对学生在真实或模拟真实情境中完成一个或一系列任务的过程表现和结果的评价。学生在真实或近乎真实的情境中将旧知向新知理解过渡，将元技能向新技能逐步转化，创造性地运用多种方法解决问题、展示自我、提升心智。表现性评价的核心要素包括目标、表现性任务和评分规则[2]。

七年级上册有一个研究性学习课题"观察动物的形态和生活习性"[3]。在这个研究性课题中制定了三个目标，并提供了三个研究内容，见表2-21。

表2-21 观察动物的形态和生活习性

目标	内容
学习观察方法，增强观察能力	观察一些典型的动物，描述它们的形态特点
学会描述动物的形态和生活习性	养殖一种小动物，对其生活习性进行观察
了解生物对环境的适应性	关注动物的形态特点、生活习性，以及其与生活环境的关系

根据评价目标进行表现性任务的设计，可以更好地进行表现性评价。

二、明确评价任务

初中科学任务型教学需要表现性评价。表现性任务是表现性评价的核心要素之一，是指在真实或模拟真实的生活情境中发生的，需要提供比较复杂的行为表现或成果作品的任务类型。

---

[1] 赵德成. 表现性评价应用中的问题 [J]. 课程教材教法, 2016（1）：53-59.
[2] 周文叶. 中小学表现性评价的理论与技术 [M]. 上海：华东师范大学出版社, 2014：12-13.
[3] 朱清时. 科学七年级上册[M]. 杭州：浙江教育出版社, 2014.

这个研究性学习课题对学习第二章有很重要的意义，不仅能够使学生对生物课程充满兴趣，更能够使学生提前掌握了一些观察方法，学生对小动物的陌生感也会逐渐消失。学生在进行了研究性学习后，在课堂上就能较好地完成课本上的任务："观察蜗牛的生物特征"[①]见表2-22所示。

表2-22　观察蜗牛的生物特征

情境	任务
蜗牛是一种常见的生物。在炎热的季节里，雨过天晴，我们常能在草丛中找到它们。你仔细观察过蜗牛吗？	把蜗牛放在玻璃板上，用放大镜观察蜗牛，并在图中标出壳、足、触角、眼、口等部分。 将蜗牛放在一块玻璃板的中央观察：蜗牛爬行了吗？它在爬行时玻璃板上留下痕迹了吗？

表2-23　探究蜗牛有哪些感觉

任务	探究
观察蜗牛是否有视觉	让蜗牛在灯光下爬行3min后，用书本遮在它的上面，使它的一半身体处于阴影中，蜗牛将会怎样行动？
观察蜗牛是否有触觉	用你的铅笔头分别轻触蜗牛的触角、足和壳等部位，蜗牛有反应吗？哪个部位最敏感？
观察蜗牛是否有听觉	在正在爬行的蜗牛前方0.5m处，用力鼓掌，观察蜗牛有没有反应
观察蜗牛的嗅觉和味觉	用棉花蘸一点儿米醋，放在蜗牛前3cm处，蜗牛有反应吗？在蜗牛前方的玻璃板上滴几滴蔗糖溶液，蜗牛会怎样行动？

通过上述实验，学生可以发现蜗牛有视觉、触觉、嗅觉和味觉等基本特征。

三、设计评价量表

教师在确定了表现性评价目标和评价任务后，需要某些标准来真实、有效地评判学生是否达到目标，以及达到怎样的程度。这便需要表现性评分细则作为参

[①] 朱清时. 科学七年级上册[M]. 杭州：浙江教育出版社，2014.

考帮助教师来实施表现性评价。

将评分细则用来量化学生在完成任务时的表现,主要包括对学生的行为表现、态度表现及其对任务结果的期望,应详尽地列举出不同等级的评分点。针对不同任务要设计相应的评分细则。学生在课堂上根据假设进行设计实验方案并进行探究。同时,教师根据这两个问题,应用相应的评价量表进行评价,见表2-24至表2-30。

表 2-24　蜗牛是否有嗅觉的评价量表

表现任务	评分细则	分值	自评	他评
实验设计	用棉签或纸巾分别蘸取等量的清水和白醋,放在蜗牛前方,分别相距5cm、4cm、3cm、2cm、1cm处,观察蜗牛的反应	5		
	用棉签或纸巾蘸取白醋,放在蜗牛前方约3cm处,观察蜗牛的反应	3		
	在蜗牛身上滴一滴白醋,观察蜗牛的反应	1		

表 2-25　蜗牛是否有视觉的评价量表

表现任务	评分细则	分值	自评	他评
实验设计	让蜗牛在灯光下爬行一段时间后,用书本遮光,让蜗牛的一半处于阴影中,观察蜗牛的爬行方向	5		
	让蜗牛分别在灯光下、阴影中、手电筒照射下爬行一段时间,观察蜗牛的爬行速度	3		
	用手在蜗牛的眼前挥动,观察蜗牛是否有反应	1		

表 2-26　蜗牛是否有味觉的评价量表

表现任务	评分细则	分值	自评	他评
实验设计	用棉签或纸巾分别蘸取等量的清水和蔗糖,放在蜗牛前方,观察蜗牛的反应	5		
	用棉签或纸巾分别蘸取蔗糖,放在蜗牛前方,观察蜗牛的反应	3		
	在蜗牛身上滴一滴蔗糖溶液,观察蜗牛的反应	1		

表 2-27　蜗牛是否有触觉的评价量表

表现任务	评分细则	分值	自评	他评
实验设计	用笔尖或牙签轻触蜗牛的触角、头、足、壳等部位,逐步增加力度直到蜗牛有反应,观察蜗牛的反应灵敏程度	5		
	用笔尖或牙签轻触蜗牛的触角、头、足、壳等部位,观察蜗牛的反应	3		
	用手将蜗牛提起,观察蜗牛的反应	1		

表 2-28　蜗牛是否有听觉的评价量表

表现任务	评分细则	分值	自评	他评
实验设计	在正常爬行的蜗牛前方、侧面、后方0.1m处摇铃铛,观察蜗牛的反应	5		
	在正在爬行的蜗牛前方0.5m处用力鼓掌,观察蜗牛的反应	3		
	在正在爬行的蜗牛面前用力鼓掌,观察蜗牛的反应	1		

教师应完成实验操作"能设计科学的实验探究蜗牛有哪些感觉",并根据该实验教学的目标,制作有利于学生自主学习、自我监督、相互学习的评价细则。

表 2-29　实验"探究蜗牛有哪些感觉"的总体评价规则

表现任务	评价细则	等级分值	自评	他评
能使用放大镜	能使用放大镜正确对焦,并据此绘制蜗牛的形象	5		
		3		
		1		
观察蜗牛	能区分并说出蜗牛的结构及其功能,并根据其特征指出蜗牛在无脊椎动物检索表中的位置	5		
		3		
		1		
设计科学的实验	建立合理的假设(蜗牛有哪些感觉)	5		
	设计科学的实验步骤(强调正确控制变量)	3		
	设计恰当的记录表格(正确选择记录的内容)	1		
全面探究蜗牛的习性	查找资料或设计实验探究蜗牛习性的形成原因	5		
		3		
		1		
形态结构更适应蜗牛所生活的环境	找出蜗牛适应其生活环境的证据(21分~25分)	5		
		3		
		1		
合计总分	(自评*30%+他评*70%)			
教师评价				

针对学习任务的设计,教师要制定评价标准,明确学生要达到的层次,以及学生下一步努力的目标。针对学生在课堂上解决一个或者一组实际问题,教师要进行不同维度的评价,并提出更高的要求。适切的评价体系配合学习任务驱动教学,不仅可以直观反映出学生对概念的理解程度,还可以更精确地反映出学生对关键能力的掌握程度。

教师让学生在查阅资料了解蜗牛的大致习性后,去自然环境中捕获蜗牛,并带回家饲养,然后完成探究内容。以下是蜗牛的饲养及观察综合评价表:

第二章 任务型学习的主要特征

表 2-30 蜗牛的饲养及观察综合评价表

能力等级	评价内容	具体实施		
^	^	具体知识	探究中的表现	具体实施态度
5	能解释、评价、设计高水平认识要求的复杂生活问题，能通过复杂的数据资料得出推论并解释多步骤因果关系，能控制给定的科学探究或任何自己实验中的变量，能区别科学和非科学问题，能精确评价科学言论的可信性，能利用先进的科学思想和推理，能批判性地进行模型解读，并设计实验	蜗牛的外形特征和结构特点，蜗牛的形态结构对环境的适应性，蜗牛的感觉，蜗牛的习性，蜗牛习性的形成原因（21分～25分）	学生能使用放大镜观察蜗牛，能区分并说出蜗牛的结构及其功能，能设计科学的实验探究蜗牛有哪些感觉，能较为全面的探究蜗牛的习性，能查找资料或设计实验探究蜗牛习性的形成原因，能找出蜗牛的形态结构和习性是为了更适应它所生活的环境的证据（21分～25分）	学生对蜗牛感到好奇，热爱自己正进行的实践活动，并主动进行观察、实验；在饲养蜗牛的过程中表现出认真负责的态度；在设计实验进行科学探究时体现出科学严谨的治学态度、实事求是的科学态度（16分～20分）
4	能解释、评价、设计中等水平认识要求的生活问题，能通过不同资料得到推论并解释因果关系，能区别一些科学和非科学问题，能控制科学探究或自己实验中的变量，能评价科学言论的可信性，能批判性地进行模型解读，并设计实验	蜗牛的外形特征和结构特点，蜗牛的感觉，蜗牛的习性（16分～20分）	学生能使用放大镜观察蜗牛，能区分并说出蜗牛的结构及其功能，能设计科学的实验探究蜗牛有哪些感觉，能提出适于探究的问题并设计相应的实验来探究蜗牛的习性（16分～20分）	学生对蜗牛感到好奇，热爱自己正进行的实践活动，并主动进行观察、实验；在饲养蜗牛的过程中表现出认真负责的态度（16分～20分）
3	能解释、评价、设计中等水平认识要求的生活问题，能通过不同资料得到少量推论并解释简单因果关系，能区别一些科学和非科学问题，能评价科学言论的可信性，能批判性地进行模型解读，并设计实验	蜗牛的外形特征和结构特点，蜗牛的感觉（11分～15分）	学生能使用放大镜观察蜗牛，能区分并说出蜗牛的结构及其功能，能设计实验探究蜗牛有哪些感觉（11分～15分）	学生对蜗牛感到好奇，并主动进行观察、实验（11分～15分）
2	基本能解释、评价、设计低水平认识要求的生活问题，能区别一些科学和非科学问题，指出自己设计的简单实验中的自变量和因变量区别，能设置简单的标准对矛盾的数据进行解读评判，可以设计实验	蜗牛的外形特征和结构特点（6分～10分）	学生能使用放大镜观察蜗牛，能区分并说出蜗牛的结构及其相应的功能（6分～10分）	学生对蜗牛感到好奇，并主动进行观察（6分～10分）

续表

能力等级	评价内容	具体实施		
		具体知识	探究中的表现	具体实施态度
1	仅能解释、评价、设计少量低水平认识要求的生活问题，能区别一些简单的科学问题和非科学问题，能指出自己设计的简单实验中的自变量，能针对非常熟悉的背景可以设计实验	蜗牛的外形特征（0分~5分）	能区分并说出蜗牛的结构（0分~5分）	学生对蜗牛感到好奇，并愿意进行观察（0分~5分）

第三章 任务型学习的框架设计
（参考第九章案例2）

本研究基于真实情境，针对学生发展特点，搭建符合学生认知规律的任务支架，提高教师任务设置的技巧。在本课题中，根据任务所用到知识点的数量进行分类，分成单元（核心）任务、小节（概念）任务、分支（活动）任务。三种任务之间的关系如图 3-1 所示。

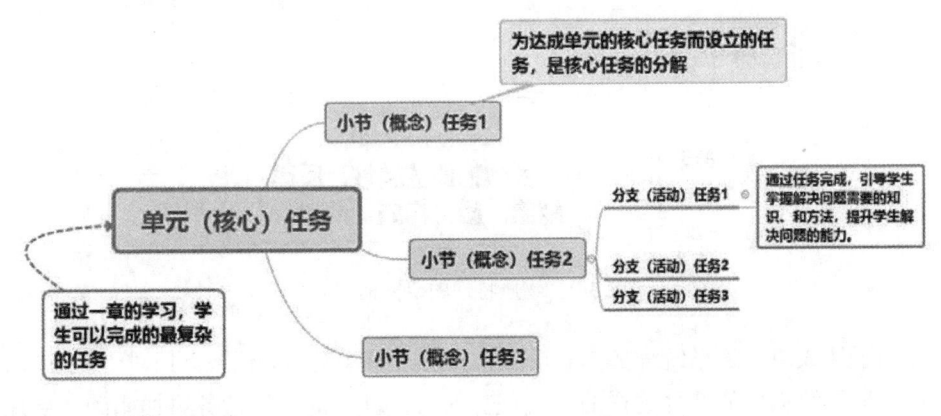

图 3-1　三种任务间的关系

学生通过一系列任务的完成，能够理解本章知识，并完成在真实情境中产生的复杂任务。例如，如何选择汽车制造中各个配件的材料？这些材料需要满足哪些要求？在实际教学中，教师可以挑选学生们都熟悉的物质作为研究对象进行系列研究，比如水的密度、水的比热、水的颜色、水的气味、水的状态等。单元任务就是要全方位多角度了解物质特性，具体展开如图 3-2 所示。

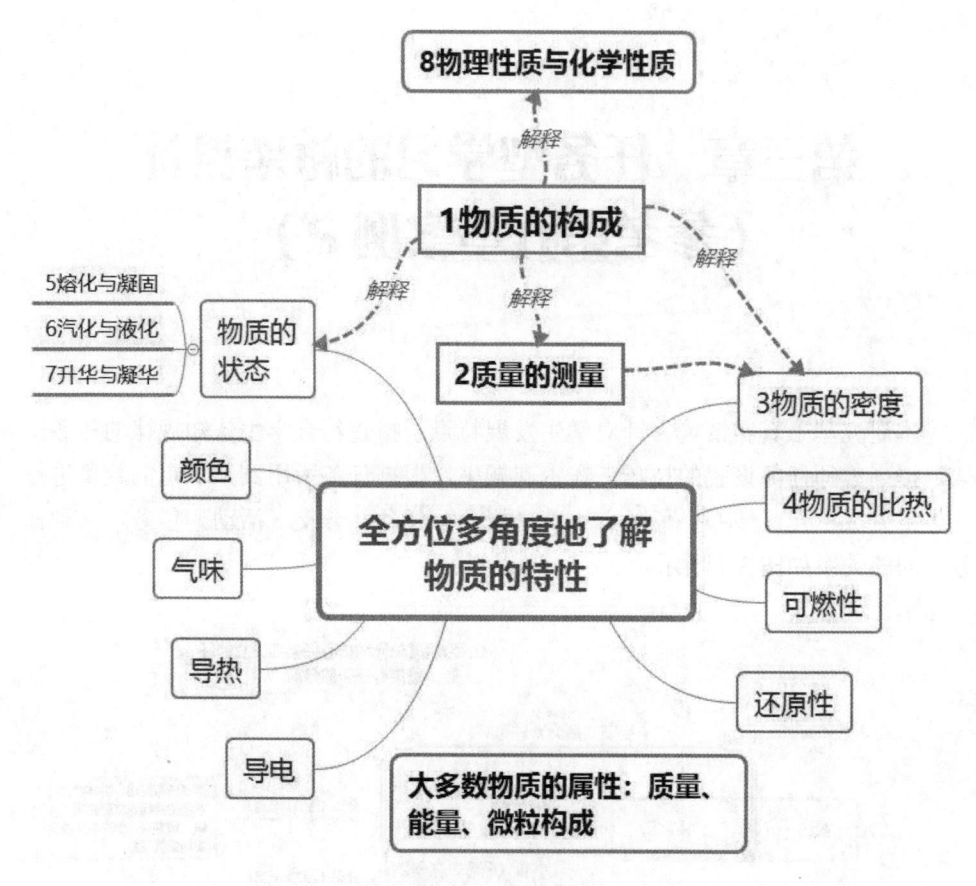

图 3-2 物质特性的研究框架

为了达成单元的系统任务，需设立独立的小节（概念）任务。相对于全方位、多角度地了解物质的特性这样的系统任务而言，独立的主干任务更加明确、更加深入，但综合度要求降低。一个主干任务可以通过几个课时的学习达成，是一个指向系统任务中某个要求的具体、完整的展开。

例如，密度是物质的特性之一，学生要学习这个特性，可以参照学习物质其他特性的方法。教师应为学生的学习提供很好的素材。物质的特性差异（如利用物质密度的差异）可以用来鉴别物质，如图 3-3 所示。

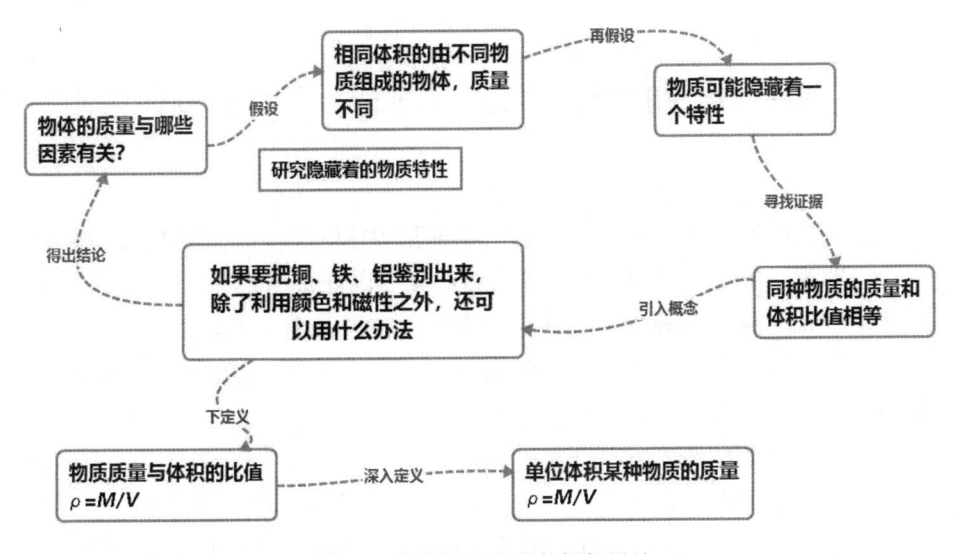

图 3-3　问题驱动任务的框架设计

为了完成小节（概念）任务，需要完成分支（活动）任务。比如，研究跑车制造中在相同强度下要选择尽量密度小的材料就是一个分支任务，如图 3-4 所示。

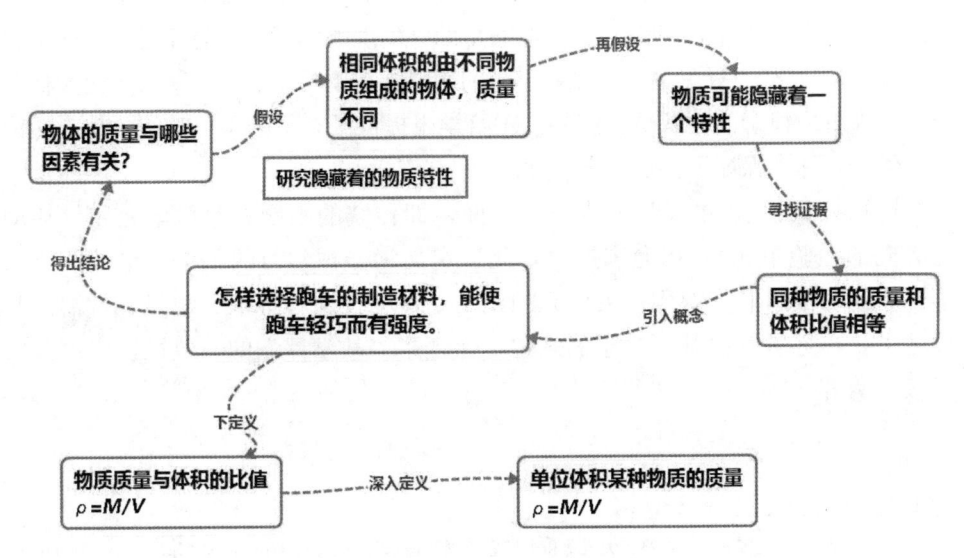

图 3-4　问题驱动任务的框架设计

第一节 初中科学单元（观念）任务的设计

从整体上对单元教学进行有序设计，从而摆脱课时教学设计碎片化的局限性，是解决当前教学实践存在的问题并落实核心素养课程目标的有效途径[1]。德国著名教育家赫尔巴特在其教学的"四阶段说"中最早体现了单元教学思想，他将教学过程看作是"明了、联系、系统和方法"四个步骤，这也被认为是单元教学的萌芽。

目前课堂教学的弊病，在于教师"站不高，看不远"，没有真正抓住学科的本质，常常纠缠在细枝末节上，存在脱离学科本源的现象。单元教学主张学习的内容应该是完整的，不应该将教材割裂成一课一课的形式，而应把学习内容分割成较大的单元，这样比较符合学生的心理，学习内容容易被学生掌握，有利于发展学生的能力。

洛林·W.安德森[2]（Lorin W. Anderson）等指出，课程的单元教学有四个优势：①课程单元突出了"整体性"，能够帮助学生理解知识、活动等之间的逻辑联系，避免了教学"只见树木不见森林"的困境；②更具灵活性；③从单元大概念出发对课时内概念的理解更加深刻；④给学生提供了充足的学习时间，从而达成高阶学习目标，保证了评估的全面性。

钟启泉认为，"单元"分为两个层面，即传统的主题式教材单元和以活动为导向的经验单元[3]。崔允漷把"单元"定义为一种学习的单位，单元即学习事件、学习故事和微课程；大单元的确立是建立在课程标准、教材、学情的基础之上，单元教学提升了教学的站位，保证了"教学评"的一致性，进而落实了核心素养[4]。

---

[1] 张玉峰. 以大概念、大思路、大情境和大问题统领物理单元教学设计[J]. 中学物理, 2020, 38（05）: 2-7.

[2] 洛林·W.安德森, 等. 布鲁姆教育目标分类学（修订版）[M]. 蒋小平, 等译. 北京: 外语教学与研究出版社, 2009: 85-86.

[3] 钟启泉. 学会单元设计[J]. 新教育, 2017（14）: 1.

[4] 崔允漷. 如何开展指向学科核心素养的大单元设计[J]. 北京教育（普教版）, 2019（2）: 11-13.

第三章 任务型学习的框架设计（参考第九章案例2）

一、设计理念

（一）基于 UbD 模式进行任务设计

基于 UbD 模式的设计通过三个阶段规划课程，是一种"逆向教学设计"。基于 UbD 模式的单元设计，如图 3-5 所示。

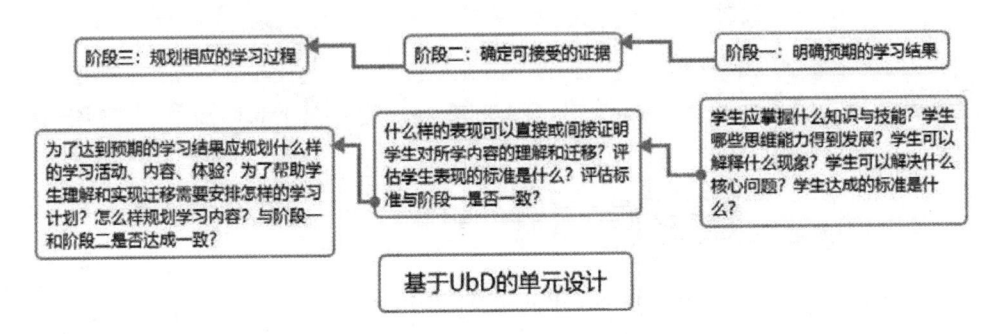

图 3-5 基于 UbD 的单元设计

阶段一：明确预期的学习结果。这一阶段内容包括：学生应获得怎样的持久深入的理解？学生理解后的意义是什么？学生应该思考哪些核心问题？学生应掌握哪些知识和技能？学生达成的标准是什么？

阶段二：确定可接受的证据。这一阶段需要思考的问题是：什么样的表现可以直接或间接证明学生对所学内容的理解和迁移？评估学生表现的标准是什么？一般从"解释、释义、应用、洞察、移情、自知"六个维度来判断学生是否理解。

阶段三：规划相应的学习过程。这一阶段应规划学习活动、内容、体验。安排的计划和规划的学习内容要与阶段一和阶段二保持一致。

理解为先模式三阶段从整体上必须保持一致，教师这样才能行之有效地进行整个单元的教学，有效地帮助学生形成理解，实现迁移的目标。

ADDIE 模型和 UbD 根据"基于 PBL 教学法"进行具体设计，有三种问题解决方案，如图 3-6 所示。模式有相通之处，ADDIE 模型的第一步是分析（analysis），而基于 UbD 的单元设计的第一阶段是明确预期的学习结果。这两种模式都要求在整体的高度进行思考：思考单元中的核心问题、核心知识与技能、达成的标准等。

· 69 ·

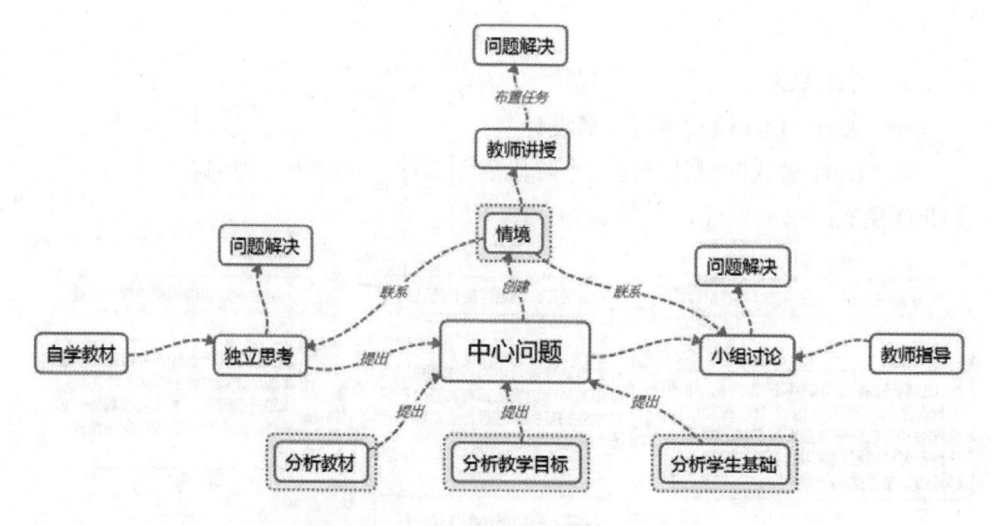

图 3-6 基于 PBL 教学法的任务设计

（二）基于 PBL 的教学法进行任务设计

1. 问题解决的模式

如图 3-7 所示，教师根据二条路径形成的问题，寻找问题的解决模式。一般而言，首先，教师应根据具体问题联系学生实际创设一个教学情境；然后用课件、教具模型、背景知识、学生活动、学生讨论、教师讲解等，以问题驱动情境教学的发展；最后，在教学中培养学生的思维和解决问题的能力，帮助学生在情境中解决问题。

2. 问题解决的模式

如图 3-8 所示，学生在自学教材过程中，根据学习内容联系生活情境，独立思考。该模式不仅是提出有价值的问题的模式，也是一个问题解决的模式。

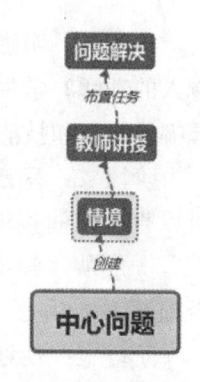

图 3-7 问题解决模式 1

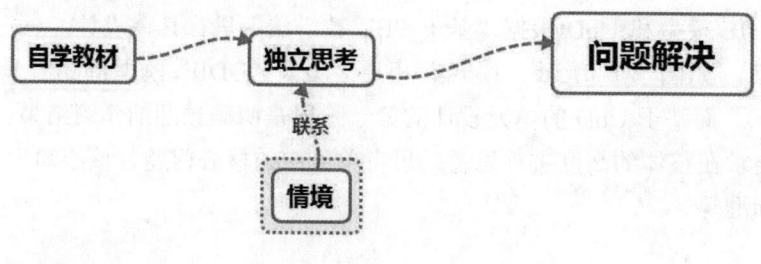

图 3-8 问题解决模式二

3. 问题解决的模式

如图 3-9 所示，学生在小组内向组内的同学阐述自己的方案，小组成员共同探讨。教师针对小组讨论提出的疑难问题进行指导，对学生思路中的不当之处进行修正。

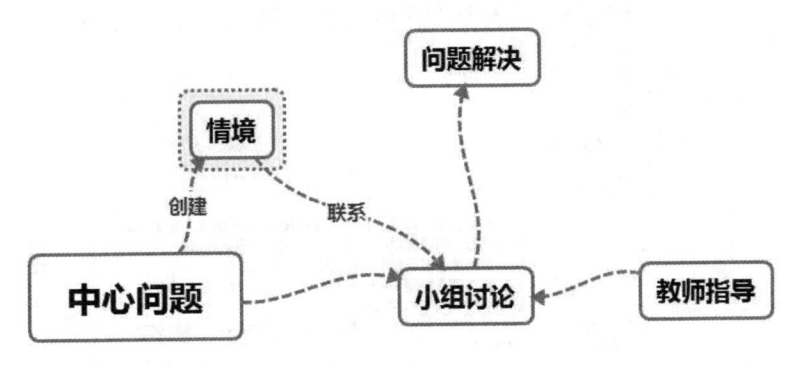

图 3-9　问题解决模式三

二、单元（观念）任务的设计策略（ADDIE）

单元任务的设计基于 UbD 模式，结合 PBL 教学法，借鉴"ADDIE 模型"，将问题尽可能转化为学生可以完成的任务。在一个单元内，针对学生设计的任务很多，其中单元任务是引领性的任务，是一个单元内最综合的任务。

通过这一章的学习，学生应该知道从哪几个方面去研究和了解物质，以及物质和物质是靠什么进行区别的。在工业中和在日常生活中，一些材料是由不同的物质构成的，学生要学会选择。下面以浙教版《科学》（七年级上册）第四章"物质的特性"为例，进行一些单元教学设计方面的思考。

（一）分析（Analysis）

1. 单元内容的层次分析

教学设计要从知识点走向单元，其实就是要求教师提高站位，改变格局。当教师站在单元的水平上时，教师就能看到素养；当教师站在知识点的水平上时，教师就只能看到抄写和记住知识点等。

第四章"物质的特性"属于物质科学领域。该章划分为常见的物质、物质的结构、物质的运动与相互作用、能量与能源四个主题，如图 3-10 所示。

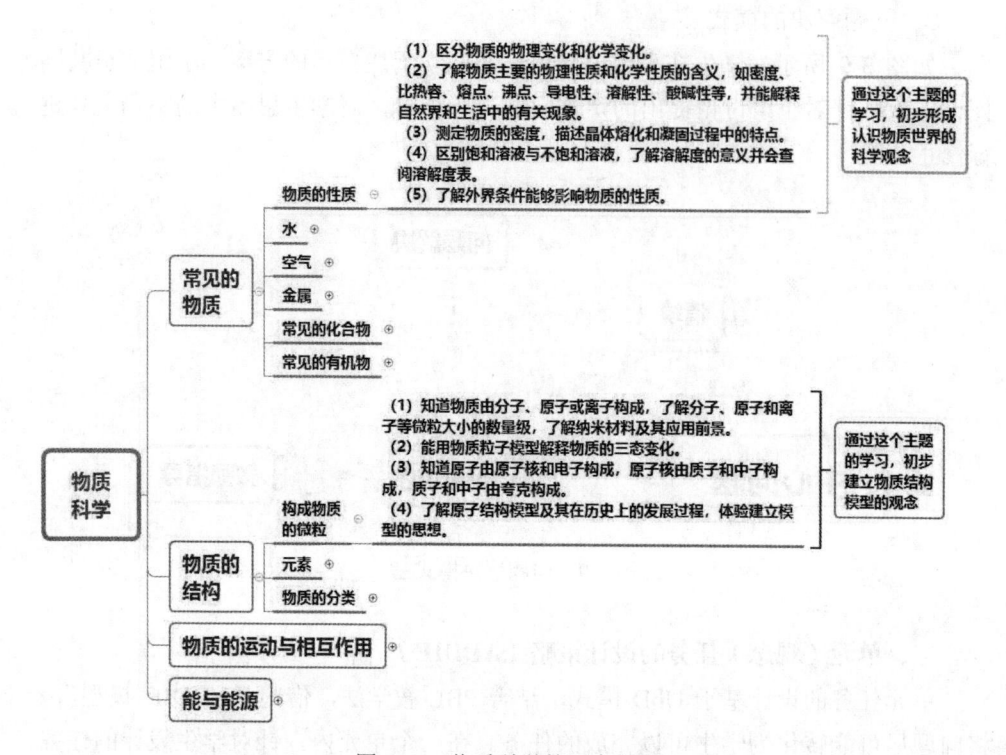

```
物质科学
├── 常见的物质
│   ├── 物质的性质
│   │   (1) 区分物质的物理变化和化学变化。
│   │   (2) 了解物质主要的物理性质和化学性质的含义，如密度、
│   │       比热容、熔点、沸点、导电性、溶解性、酸碱性等，并能解释
│   │       自然界和生活中的有关现象。
│   │   (3) 测定物质的密度，描述晶体熔化和凝固过程中的特点。
│   │   (4) 区别饱和溶液与不饱和溶液，了解溶解度的意义并会查
│   │       阅溶解度表。
│   │   (5) 了解外界条件能够影响物质的性质。
│   │        ——通过这个主题的学习，初步形成认识物质世界的科学观念
│   │   ├── 水
│   │   ├── 空气
│   │   ├── 金属
│   │   ├── 常见的化合物
│   │   └── 常见的有机物
├── 物质的结构
│   ├── 构成物质的微粒
│   │   (1) 知道物质由分子、原子或离子构成，了解分子、原子和离
│   │       子等微粒大小的数量级，了解纳米材料及其应用前景。
│   │   (2) 能用物质粒子模型解释物质的三态变化。
│   │   (3) 知道原子由原子核和电子构成，原子核由质子和中子构
│   │       成，质子和中子由夸克构成。
│   │   (4) 了解原子结构模型及其在历史上的发展过程，体验建立模
│   │       型的思想。
│   │        ——通过这个主题的学习，初步建立物质结构模型的观念
│   ├── 元素
│   └── 物质的分类
├── 物质的运动与相互作用
└── 能与能源
```

图 3-10 物质科学的四个主题

通过这些内容的学习，学生将接触更多的物理和化学现象，了解物质的一些性质，理解物质运动形态及其相互作用最基本的原理，认识能量转化与守恒的意义，初步建立物质结构模型的观念，并用它们解释物质的有关特性。这部分内容对学生形成认识物质世界的科学观念和正确方法有重要作用。

2. 核心概念和规律分析

通过这一章的学习，在学生的头脑中建立科学的物质观。为了帮助学生更好地建立物质观，教师还需要帮助学生清晰理解以下几点：

（1）物体与物质的区别。物质和物体是两个不同的概念，学生只有正确地区分它们，才能更深入地理解其他的物理概念。那么，怎样正确地区分它们呢？

物体和物质是两个不同的概念，它们虽然有区别也有联系。物体是有形的东西，是由物质组成的；而物质是物体的组成部分。同一个物体可以由同种物质来组成，也可以由不同物质来组成。

（2）物质的属性和特性，如图 3-11 所示。列宁在《唯物主义与经验批判主义》一书中论述物质范畴提出的著名论点是"列宁：《唯物主义和经验批判主义》，载

《列宁全集》，第 14 卷，人民出版社 1961 年版，第 275 页。"这个论点是用来区别物质和非物质的，是所有物质都有的共性。质量不能作为区分是否为物质的特性，自然界中的"场"是不能用质量度量的，但它们都是物质现象。

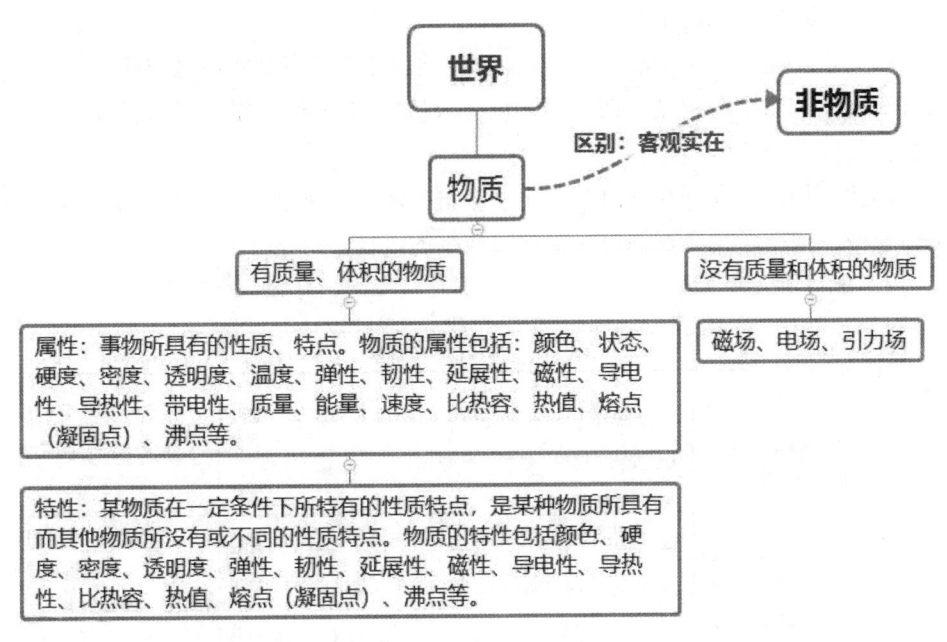

```
                    ┌──────┐
                    │ 世界 │
                    └──┬───┘         ┌────────┐
                       │  区别：客观实在  │ 非物质 │
                    ┌──┴───┐         └────────┘
                    │ 物质 │
                    └──┬───┘
          ┌────────────┴────────────┐
    ┌───────────────┐         ┌─────────────────┐
    │有质量、体积的物质│         │没有质量和体积的物质│
    └───────┬───────┘         └────────┬────────┘
            │                          │
┌───────────┴──────────────┐    ┌──────┴──────────┐
│属性：事物所具有的性质、特点。物质 │    │磁场、电场、引力场│
│的属性包括：颜色、状态、硬度、密度、│    └─────────────────┘
│透明度、温度、弹性、韧性、延展性、磁│
│性、导电性、导热性、带电性、质量、能│
│量、速度、比热容、热值、熔点（凝固 │
│点）、沸点等。                  │
└──────────────┬───────────┘
┌──────────────┴──────────────┐
│特性：某物质在一定条件下所特有的性 │
│质特点，是某种物质所具有而其他物质 │
│所没有或不同的性质特点。物质的特性 │
│包括颜色、硬度、密度、透明度、弹性、│
│韧性、延展性、磁性、导电性、导热性、│
│比热容、热值、熔点（凝固点）、沸点等。│
└─────────────────────────────┘
```

图 3-11　物质的属性和物质的特性

"物质的属性"是指物质普遍具用的性质，"物质的特性"是指个别事物具有的特别性质，特性存在于属性之中。从《辞海》或《汉语大词典》中对"属性"和"特性"的解释可以发现，属性和特性的意义非常相近。唯一"显著"的区别是"特性"的释义中多了一个"某"字。特性和属性二者是相容的，特性从属于属性。例如，物质具有比热容，这是所有物质都具有的属性，而水的比热容比较大，则说水的比热容大反映了水吸热能力大的特性[①]。

（3）"物质是由分子构成的"是联结宏观和微观的重要知识，也是一个重要的观念，对学习熔化和凝固、汽化和液化、升华和凝华、物理性质和化学性质四小节的内容可以起到提纲挈领的作用。

宇宙中所有的物质都是由很小的微粒构成的。物体可以对一定距离以外的物体产生作用。在本单元的教学过程中，可以用这两个概念解释扩散现象、固液气体的本质差异、酒精与水混合总体积减小、两块铅块挤压成一体等现象。

---

① 王晓凤. 浅谈初中物理中物质的属性和特性 [J]. 邢台学院学报，2010，25（04）：121-122.

基于微粒构成这一概念，还可以阐述蒸发现象的微观本质，解释质量与温度、位置、状态等因素无关，解释晶体熔点的高低，解释影响蒸发快慢的因素，解释蒸发制冷现象，说明固体、液体、气体压强的成因，解释液体压强的规律。

（二）设计（Design）

指向素养的学习必须是真实学习，真实学习必须要有真实情境与任务的介入。只有在真实情境下运用某种或多种知识完成特定的任务，才能评估关键能力、必备品格与价值观念[①]。

因此，指向素养的设计过程就是一个根据本章单元目标，结合真实情境构建整体任务，根据学生心理创设完整学习故事的过程。

1. 设计确定单元目标

表 3-1　研究单元目标

序号	观念	探究	思维	态度
1	区分物质的物理变化和化学变化	探究物质的物理变化和化学变化（例如，蜡烛的燃烧过程等）		理解科学、技术、社会与环境的关系
2	了解物质主要的物理性质和化学性质的含义，如密度、比热容、熔点、沸点、导电性、溶解性、酸碱性等，并能解释自然界和生活中的有关现象	探究不同物质的导电性	尝试用三段论进行演绎、归纳、类比推理。	考虑伦理和道德的价值取向，并能遵循普遍接受的伦理道德规范
		探究不同物质和相同质量组成的物体的密度		热爱自然，具有保护环境、节约资源、促进可持续发展的责任感
		探究相同质量的不同物质和不同质量的同一物质吸收热量与温度升高的关系		
		观察水的沸腾现象		
3	测定物质的密度，描述晶体熔化和凝固过程中的特点	观察晶体熔化，描绘晶体熔化图线		好奇心、实事求是、追求创新、合作分享
4	了解外界条件能够影响物质的性质	物质的质量属性		
5	知道物质由分子、原子或离子构成，了解分子、原子和离子等微粒大小的数量级	寻找分子存在的证据；观察扩散现象	建立一个适当的模型来代替和反映客观对象，并通过研究这个模型来揭示客观对象的形态、特征和本质	通过寻找分子存在的证据，培养论证思维能力
		观察两种物质混合后体积的变化，并用粒子模型解释		
6	能用物质粒子模型解释物质的三态变化			理解科学技术的本质

---

① 崔允漷. 学科核心素养呼唤大单元教学设计 [J]. 上海教育科研，2019（04）：1.

2. 设计整体任务框架

第四章用八小节设立一个单元学习过程，这些内容需要十几个课时的学习，用单元任务型教学全方位、多角度地了解各种物质的特性。学生通过一系列的小任务的完成理解本章知识，最后能完成一些在真实情境中产生的复杂任务。例如，如何选择汽车制造中各个配件的材料，这些材料需要满足哪些要求？在实际教学中，教师可挑选学生熟悉的物质作为研究对象进行系列研究，如水的密度、水的比热容、水的颜色、气味、状态等。单元任务就是要全方位、多角度了解物质特性，具体展开如图3-12所示。

3. 设计完整的学习故事

系统的任务是针对一个学习单元或阶段的任务，需要通过多节课完成。通过大任务的完成，形成一个比较系统与全面的结果，使学生掌握比较系统的知识和技能。教师可以设计这样一个完整的学习故事：假设我们是地质勘探队的，在我国的西部发现一块未知的固体，也许蕴藏着巨大的商机。现在我们要研究这块固体，根据该固体的特性初步判断该固体的成分。为了判断该固体的成分，我们就要"全方位、多角度地了解各种物质的特性"。

（三）开发（Development）

单元学习要求教师对教学内容进行二度开发，深入领会和认识单元内容间的知识逻辑；建立起核心内容与学科核心素养之间的关系，并形成单元学习的整体性、相关性、系统性等特征[①]。

在内容上，科学教育不是给学生讲授一些零碎的、不连贯的知识片段和堆积在一起的科学定律，而是需要围绕涉及重要科学领域的有结构、有联系的科学核心概念和模型——大概念来进行学习。[②]

具体地，教师应对教材的活动建议和教材所提出的问题进行思考和提炼，在思考和提炼的基础上进行二度开发。

课程标准中与"物质的特性"相关的活动建议：

（1）探究物质的物理变化和化学变化（例如，蜡烛的燃烧过程等）。

（2）观察水的沸腾现象。

（3）探究不同物质的导电性。

（4）分别探究由不同物质和相同物质组成的物体的密度。

---

① 杨思锋. 单元教学设计——以人民教育出版社版《物理》(九年级)"电与磁"一章的教学为例[J]. 物理教学，2020，42（10）：37-41.

② 韦钰. 以大概念的理念进行科学教育[J]. 人民教育，2016（1）：41-45.

（5）分别探究相同质量的不同物质和不同质量的同一物质吸收热量与温度升高的关系。

（6）观察晶体熔化，描绘晶体熔化图线。

（7）寻找分子存在的证据。

（8）观察扩散现象。

（9）观察两种物质混合后体积的变化，并用粒子模型解释。

（四）实施（Implement）

实施即根据教案，运用准备好的教材，展开课堂教学。在具体实施过程中，教师应采用基于问题的学习（problem-based learning），尽最大可能将学生置于一种基于现实世界的、有意义的真实问题情境中，通过团队分工合作，共同解决问题。

教师在具体实施过程中要考虑哪些表现可以直接或间接证明学生对所学内容的理解和迁移？评估学生表现的标准是什么？根据 UbD 理论从"解释、释义、应用、洞察、移情、自知"六个维度来判断学生是否理解。

在讨论辩论过程中，在解决问题过程中，在任务完成过程中，教师应该让学生逐渐掌握隐含在问题中的理论知识，获得和应用解决实际问题的经验，提高判断和归纳问题的能力，促进质疑和批判性思维的发展，获得自主学习和合作学习的技能。

1. 每节教材中的引入问题

如图 3-13 所示，教师通过学生基础分析和教材分析，以及对"物质的特性"单元知识内容进行梳理，可以发现在每一节的起始都会有一个问题作为引入和统领，见表 3-2。

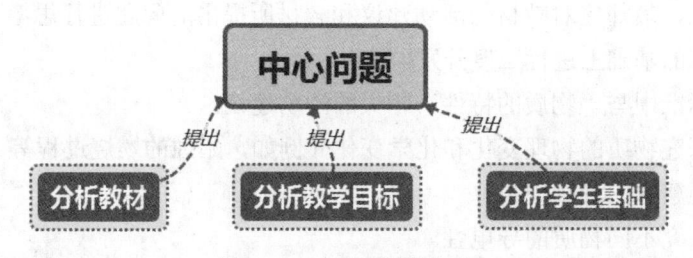

图 3-13 中心问题的提出

这些问题都是教师在考虑学生现有的知识储备、认知水平后提出的，有的问题是每一节课要解决的核心问题，同时通过解决某些问题可以层层深入地指向核心概念。

第三章 任务型学习的框架设计（参考第九章案例2）

表 3-2 起始问题梳理表

物质特性	第四章起始问题
写在本章最前	走进大自然，出现在我们面前的有日月星辰、高山流水，还有飞禽走兽、苍松翠柏，以及拂面而来的习习清风……自然界所有的生物和非生物，生物界中所有的动物、植物和微生物，包括我们自身，如果要用一个词来概括，那就是物质。各种各样的物质究竟是由什么构成的？物质具有怎样的特性？物质存在的状态会发生怎样的变化？
物质的构成	在我们周围的世界里，有着各种各样的物质，如水、石头、空气、金属、塑料，以及各种动物和植物等。所有这些物质都是由什么构成的呢？
质量的测量	当我们去买水果时，售货员要将水果放在秤上称一称。你知道售货员是用什么量来反映所称水果的多少吗？
物质的密度	桌上放着3个相同的瓶子，里面分别装有体积相同的硫酸铜溶液、水和酒精。如果要把它们分辨出来，你会采用什么方法？你也许会先根据颜色将硫酸铜鉴别出来，再根据气味将水和酒精区分开来。除此之外，你还有什么方法？
物质的比热	在盛夏的烈日之下，当你赤脚在河滩上行走时，会感觉河滩上的沙石灼热难熬。但当你涉入河水中时，却感觉河水凉爽宜人。为什么在同样阳光的照射下，沙石和水的温度会有如此悬殊的差异呢？
熔化和凝固	寒冬腊月，滴水成冰；春暖花开，冰雪消融。从大自然的这些景象中我们发现，水可以由固态变成液态，也可以由液态变成固态。物质从固态变成液态的过程叫作熔化，从液态变成固态的过程叫作凝固。物质的熔化和凝固需要什么条件？不同的物质熔化和凝固的规律一样吗？
汽化和液化	用湿布擦过的桌面一会儿就会变干；水烧开后继续烧，锅里的水就会变少。这些不见了的水哪里去了？
升华和凝华	教室里装有许多日光灯，原来雪白的日光灯管用久之后，其两端会慢慢变黑。你知道产生这种现象的原因吗？
物理性质和化学性质	当你描述某个人时，你会说他的身高和体型，会说他的相貌和肤色，还会说他的性格和脾气，等等。类似地，如果你要描述某种物质，也会从不同的角度描述它的性质。同一种物质具有多种性质，而不同的性质是否存在共同的特点呢？

2. 教材中现实生活的问题

除了每一节的起始问题，教材中还有一些很好地结合知识点和现实生活的问题，可以为教师的课堂实施提供很好的情境素材。

有关分子运动的例子：

腌菜要很长时间才能使菜里面变咸，但是烧菜为什么只需一两分钟就可以使菜里面变咸？

热菜总是香味四溢，而对于冷菜却只有在靠得很近时才能闻到它的气味。

如果你要撕破一张纸，就只需要稍稍用点儿力。而如果你要拉断一张纸，却需要用较大的力。

一个厚壁钢瓶内盛有一定质量的油，对油施加高压后，虽然瓶壁没有裂痕，

· 77 ·

但瓶内的油却会从钢壁渗出。这个现象说明什么？

有关比热的例子：

铅的比热比铁大，质量相同的铅块和铁块，吸收相同的热量，哪个温度升高的多些？能否用比热知识说明水的一些重要应用的原理？

有关三态变化的例子：

灯泡的灯丝是用钨制成的，选用这种材料有什么好处？

从冰箱冷冻室里取食物时常常感觉手被食物粘住了；用湿布贴在冰冷的食品表面，可以将食品粘住并提起。如何解释这些现象？

在南极长城站附近，气温常达-40℃以下。在那里测量气温应该选用水银温度计还是酒精温度计？

洗了衣服后，怎样晾衣服才能使湿衣服干得更快？蒸发与我们的生活息息相关，你能否举例加以说明？

大热天，狗常为什么会伸出长长的舌头？扇扇子为什么会使人感到凉快？用电风扇对着干燥的温度计吹风，温度计的读数会不会变小？

某饭店推出了"纸锅烧豆腐"：将盛有豆腐、水和调味品的纸锅直接放在固体酒精上烧。纸是一种可燃物，为什么用纸做的锅在火焰上却不会燃烧呢？

在寒冷冬季的早晨，你在起床后拉开窗帘时常常可以看到这样的情景：昨晚还是干燥的窗玻璃，其内侧却出现一层水雾，因此变得模糊不清。如何解释这一现象？

当水壶里的水沸腾时，在靠近壶嘴的一段看不见"白气"，而在上面一段能够看见"白气"，为什么？为什么被100℃的水蒸气烫伤要比被100℃的开水烫伤严重得多？

电吹风器采取了哪些措施加速头发上水分的蒸发？

用酒精灯给装有碘晶体的玻璃容器加热，容器中出现了什么现象？停止加热后，容器里的碘又发生了什么变化？

在寒冷的冬天，气温即使在0℃以下，冰冻的衣服在没有阳光的地方也可以晾干。你能解释这个现象吗？你能解释干冰在空气中长出胡须的现象吗？

有关物理变化和化学变化的例子：

电热丝在通电后一小段时间内发生了哪些变化？

食物霉变时颜色会发生变化；木炭没燃烧时呈黑色，在氧气中燃烧时呈红色甚至白色。食物霉变和木炭燃烧都只是物理变化吗？你能为自己的观点提供什么证据？

铁是一种十分常见的物质，请你说说铁具有哪些性质？在这些性质中，哪些不需要化学变化就能表现出来，哪些只有在化学变化中才能表现出来？炒锅通常是用铁制成的，这主要是利用了铁的什么性质？这些性质是物理性质还是化学性质？

在一个学期的大单元名称与数量确定好以后，教师就需要按单元设计专业的学习方案。大项目和大问题等都是为了将知识结构化，有助于问题聚焦，让学生看到题目就知道这个单元要解决的问题。

单元一定要有时间规定，课程与时间是密不可分的，所有课程都是受时间限制的。教师要想激发学生的好奇心和求知欲，就必须设置基于真实情境的核心任务。例如，要了解"物质"这个概念，需要几个课时的积累？第四章用八小节设立一个单元学习过程，了解"物质"的核心任务即这个单元学习最终要达成的目标。

（五）评价（Evaluation）

1. 设计课后评价任务

每一小节都要有指向单元目标的校本化的巩固性作业、检测性作业、提高和拓展类作业。教师通过作业进行课堂过程评价和课后评价，根据评价来判断学生的掌握情况，从而对目前的教学进行调整。如表 3-3～表 3-8 所示。

表 3-3 第一节：物质的构成

指向单元目标	课后评价
知道物质由分子、原子或离子构成，了解分子、原子和离子等微粒大小的数量级	1. 一个厚壁钢瓶内盛有油，对油施加高压后，虽然瓶壁没有裂痕，但瓶内的油会从钢瓶壁渗出。这个现象说明了什么？ 2. 下列事例中，能说明分子在不停地做无规则运动的是（　　）。 A. 春天，柳絮飞扬　B. 夏天，荷花飘香 C. 秋天，黄沙扑面　D. 冬天，雪花飘飘 3. 将一根细线松松地系在一个铁丝框架的相对的两边上。把框架浸到肥皂液里再取出来，框架上便会出现一层肥皂膜，如右图所示。用烧热的针刺破线的一侧的肥皂膜，另一侧的肥皂膜会把细线拉过去，如图右。这个实验现象说明（　　）。 A. 物体是由大量分子组成的 B. 分子之间存在着空隙 C. 分子不停地做无规则运动 D. 分子之间存在着引力

表 3-4　第二节：质量的测量

指向单元目标	课堂过程评价	课后评价
物质的质量属性	用天平称固体和液体的质量	1. 下列物体中，最接近50g的物体是（　　）。 　A．一瓶牛奶　　　　　B．一只鸡蛋 　C．一枚1元硬币　　　D．一块橡皮 2. 我国为宇航员研制了宇航服，这种宇航服每套约120kg。当宇航员从地面出发到达太空时，宇航服的质量将_____。 3. 小明用托盘天平测量液体的质量时，把装有待测液体的烧杯放在天平的左盘，在天平的右盘放上若干砝码，并移动游码，使天平处于平衡状态，如图。烧杯和液体的总质量为____g。为了知道待测液体的质量，还需要测量_____。

表 3-5　第三节：物质的密度

指向单元目标	课堂过程评价	课后评价
密度概念的掌握，测定物质的密度；探究不同物质和相同物质组成的物体的密度	密度概念的得出过程，测量石块和盐水的密度	1. 酱油的密度要比水的密度大。如右图所示，小明妈妈刚从超市买来的酱油，瓶内酱油的质量__500g（填"大于""小于"或"等于"）。 2. 有一家工厂要制造一种特殊用途的钢铝罐，在钢罐内表面要压贴一层厚0.25mm的铝片。技术人员先把薄薄的铝膜装在钢罐内与内壁相贴，再将钢罐内灌满水，水中插入冷冻管。当水结成冰后，铝膜就紧紧地贴在钢罐的内壁了。试解释这一技术处理的科学道理。 3. 小强的爸爸用科学方法种植马铃薯喜获丰收。小强想测量一下马铃薯的密度，他取了一些马铃薯切成小块并测出其质量，所用的砝码及游码位置如图所示，再将这些马铃薯倒入盛有40mL水的量筒内，量筒中的水面升到100mL，则马铃薯的密度为多大？

表3-6　第四节：物质的比热

指向单元目标	课堂过程评价	课后评价
探究相同质量的不同物质和不同质量的同一物质吸收热量与温度升高的关系。	铅的比热比铁大，质量相同的铅块和铁块吸收相同的热量，哪个温度升高的多些？你能否用比热知识说明水的一些重要应用的原理？	1. 如图甲所示，冬天在给小孩喂牛奶前，要把冷牛奶放在热水中加热。已知容器中热水的初温为60℃，冷牛奶的初温为10℃，每隔1min测量一下水和牛奶的温度，描绘出它们的温度随时间变化的曲线，如图乙所示。在牛奶放入热水直至两者达到相同温度的过程中，水（　）热量，温度（　）；牛奶（　）热量，温度（　）。在前10min内，牛奶温度的变化量要（　）（填"大于""小于"或"等于"）热水温度的变化量。 2. 海难发生后，许多因素威胁着遇险者的生命，如寒冷、饥饿、缺水等。表中列出了人浸在不同温度的海水中预期可能存活的时间。 海水温度与人预期可能存活的时间 | 海水温度	低于0℃	0℃～2℃	2℃～4℃	4℃～10℃	10℃～15℃	15℃～20℃
---	---	---	---	---	---	---
预期可能存活的时间	少于15min	少于45min	少于1.5h	少于3h	少于6h	少于12h	 （1）表中反映的是哪个因素对遇险者的生命造成了威胁？ （2）该因素会威胁人生命的理由是什么？（提示：人的正常体温为37℃左右） （3）根据表中的数据，如果在海水温度为16℃的区域发生海难，则结束搜寻落水人员的行动离海难发生的时间应不少于几个小时？ 3. 铁块和铜块的质量一样大，已知铁的比热铜的大，则（　）。（多选） A. 放出相同的热量，铁块温度降低较多 B. 放出相同的热量，铜块温度降低较多 C. 升高相同的温度，铁块吸收的热量较多 D. 升高相同的温度，铁块吸收的热量较少 4. 在比较不同地区一天之内昼夜气温的变化时，人们发现通常的情况是：内陆地区（特别是沙漠地区）气温的变化较大，而沿海地区气温的变化较小。你能解释这个现象吗？

表 3-7　第五六七节：物态变化

指向单元目标	课堂过程评价	课后评价
能用物质粒子模型解释物质的三态变化；描述晶体熔化和凝固过程中的特点。观察晶体熔化，描绘晶体熔化图线。	灯泡的灯丝是用钨制成的，选用这种材料有什么好处？ 从冰箱冷冻室里取食物时常常感觉手被食物粘住了；用湿布贴在冰冷的食品表面，可以将食品粘住并提起。如何解释这些现象？ 在南极长城站附近，气温常达-40℃以下。在那里测量气温应该选用水银温度计还是酒精温度计？为什么？ 洗了衣服后，怎样晾衣服才能使湿衣服干得更快？ 蒸发与我们的生活息息相关，有时我们要尽量增大或加快蒸发，有时则要尽量减小或减缓蒸发。你能举例加以说明吗？ 在大热天，狗常会伸出长长的舌头。你知道这是为什么吗？ 扇扇子为什么会使人感到凉快？用电风扇对着干燥的温度计吹风，温度计的读数会不会变小？ "纸锅烧豆腐"：将盛有豆腐、水和调味品的纸锅直接放在固体酒精上烧。纸是一种可燃物，为什么用纸做的锅在火焰上却不会燃烧呢？ 在寒冷冬季的早晨，你在起床后拉开窗帘时常常可以看到这样的情景：昨晚还是干燥的窗玻璃，其内侧却出现一层水雾因此变得模糊不清。原来，这是房间里空气中的水蒸气在玻璃上发生液化而形成的。你知道气体在什么条件下才能发生液化吗？	1. 铁锅可以用来熔铝，铝锅不能用来熔铁，这是因为（　　）。 A．铁的传热比铝快　B．铁的硬度比铝大 C．铁的熔点比铝高 2. 铜的熔点是1083℃，温度为1083℃的铜处于____态。 3. 将某种固体物质持续加热，记录的时间和对应的温度如下表： **某固体物质加热后的温度变化** | 时间（min）	0	1	2	3	4	5	6	7	8
---	---	---	---	---	---	---	---	---	---
温度（℃）	-6	-4	-2	0	0	0	1	2	3	 由表可见，该固体的熔点是，它可能是____。 4. 在南极长城站附近，气温常达-40℃以下。在那里测量气温应该选用水银温度计还是酒精温度计？为什么？ 5. 下列事例中，能加快液体蒸发的是（　　）。 A．把盘子中的水倒入瓶子中 B．把湿衣服从树荫下移至阳光下 C．把湿毛巾挂在电风扇前吹风 D．利用管道代替沟渠输水 6. 电吹风机采取了哪些措施加速头发上水分的蒸发？ 7. 有一种粘木料用的胶，需要在100℃左右的温度下熬化后才能使用。但如果温度再高，胶就会熬焦，失去黏性。所以熬这种胶一般用图所示的两层锅。两层锅壁之间装着水，这样就不会把胶熬焦。你知道这是为什么吗？ 8. 有人在锅里煮鸡蛋，当水烧开之后，为了使鸡蛋快点烧熟，他加大火力，让水沸腾得更剧烈些。试用科学原理分析他的做法是否合理。 9. 冬天，人在说话时，可以看到口里呼出"白气"；夏天打开冰箱，可以看到从冰箱里冲出一股"白气"。这两种现象有什么相同和不同？ 10. 戴眼镜的人吃汤面时，眼镜的镜片常常会变得模糊；过一段时间后，眼镜的镜片又会变得清晰了。这个现象中先后发生的物态依次是（　　）。 A．汽化—液化—汽化 B．液化—汽化—液化 C．汽化—凝固—汽化 D．液化—凝固—液化

续表

指向单元目标	课堂过程评价	课后评价
	当水壶里的水沸腾时，为什么靠近壶嘴的一段看不见"白气"，而在上面一段能够看见？ 为什么被100℃的水蒸气烫伤，要比被100℃的开水烫伤严重得多？ 电吹风器采取了哪些措施加速头发上水分的蒸发？ 玻璃容器里装有碘晶体。用酒精灯给容器加热时，容器中出现了什么现象？停止加热后，容器里的碘又发生了什么变化？ 在寒冷的冬天，气温即使在0℃以下，冰冻的衣服在没有阳光的地方也可以晾干。你能解释这个现象吗？	11. 如果我们能够闻到某种固态物质的气味，说明这种固态物质发生了哪种物态变化？ 12. 图说明仍是"干冰胡须"。你能解释干冰在空气中长出"胡须"的现象吗？ 13. 如图所示，在北方十分寒冷的地区，人在室外时，口罩、帽子、眉毛上都会长出冰霜。请你说一说这些冰霜是怎样形成的。 "干冰胡须" 冰霜是怎样形成的

表3-8 第八节：物理性质与化学性质

指向单元目标	课堂过程评价	课后评价
区分物质的物理变化和化学变化；探究物质的物理变化和化学变化（例如蜡烛的燃烧过程等）	电热丝在通电后一小段时间内发生了哪些变化？ 食物霉变时颜色会变化；木炭没燃烧时呈黑色，在氧气中燃烧时，呈红色甚至白色。食物霉变和木炭燃烧都只是物理变化吗？你能为自己的观点提供什么证据？	1. 下列变化中，属于化学变化的是（　　）。 A. 冰雪消融　　B. 云开雾散　　C. 燃放烟花　　D. 吹制泡泡 2. 拿一只小烧杯，将它靠近嘴边，张开口对着烧杯内壁哈气，如图甲，可以发现杯内壁出现了水雾。点燃打火机，并用一只干冷的小烧杯罩在火焰上，如图乙。一段时间后，同样可见烧杯的内壁出现水雾。这两个过程发生的变化（　　）。 A. 都是物理变化 B. 都是化学变化 C. 前者是物理变化，后者是化学变化 D. 前者是化学变化，后者是物理变化

· 83 ·

续表

指向单元目标	课堂过程评价	课后评价
	铁是一种十分常见的物质，请你说说铁具有哪些性质？在这些性质中，哪些不需要化学变化就能表现出来，哪些只有在化学变化中才能表现出来？	3. 炒锅通常是用铁制成的，这主要是利用了铁的什么性质？这些性质是物理性质还是化学性质？

2. 设计单元评价任务

设计单元评价任务的是学习过程的一个重要环节，是一种形成性评价，是为改进和完善教学活动而对学生学习过程和结果进行的评价。单元评价不仅能改进学生的学习、强化学生的学习，还给教师提供反馈，帮助教师了解学生掌握知识、技能的程度和能力水平以及达到教学目标的程度，为制定新的教学目标提供依据。

教师一定要清楚，学习的责任在学生，教师不能替代学生学习，也不能不让学生学习。教师要引起、维持和促进学生学习，要把反思支架和反思路径设计出来，以便学生自己去感悟、去思考已学的知识。只有拥有这样的经历，学生才能将所学的知识转化为素养。

独立任务也称为小任务，它是一个独立的内容，需要根据任务实施中的开放程度进行设计，建议在一两节课的时间内完成。

总之，单元教学设计是教学专业性的重要体现，是基于学生立场、对学生围绕某一单元开展的完整学习过程所做的专业设计，从期望学生"学会什么"出发，逆向设计"学生如何学会"的过程，为学科核心素养的落地指明了清晰的路径。

第二节 初中科学小节（规律）任务的设计

学生通过单元任务掌握的是大概念，在学习了一些相似的概念、原理后形成框架概念，最终形成观念。英国学者温·哈伦（Wynne Harlen）曾经在《科学教育的原则和大概念》一书中将大概念定义为"能够用于解释和预测较大范围自然界现象的概念"。她指出:"科学大概念是有组织、有结构的科学知识和模型,这些大概念能够解释大范围内的一系列相关现象。"[①]在《以大概念理念进行科学教育》一书中,她明确区分了小概念和大概念:小概念是适用范围比较小的,比如"蚯蚓能很好地适应在泥土中生活"就是小概念;大概念是适用范围比较大,比如与刚才那个小概念相对应的大概念就是"生物体需要经过很长时期的进化形成在特定条件下的功能"。选择大概念的四个标准如下:一是普遍性,是指能够解释较大范围的物体、事件和现象;二是全局性,是指能影响较大范围的人群,是比较重要的问题;三是相关性,是指与人们的生活息息相关;四是文化性,是指具有文化上的意义,符合人类科学探索的逻辑,可以融入科学史。[②]

在单元任务框架下,一些下位的小概念和原理也可以用任务驱动学生学习。在课堂上,学生通过任务驱动尽可能把一些相似的概念和原理区分开。

一、设计理念

教师还用 5E 教学模式进行任务设计,可以培养学生的科学探究能力,帮助学生实现概念转变和构建科学概念。教师恰当地运用该教学模式开展教学,将有助于科学课程理念和课程目标的落实。"5E 教学模式"结合任务教学可以作为促进概念转变的教学模式,如图 3-14 所示。

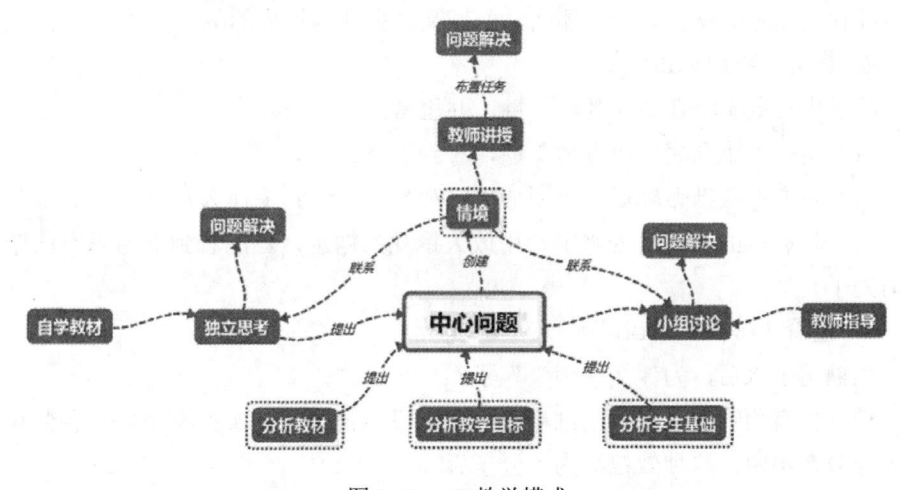

图 3-14 5E 教学模式

[①] 温·哈伦. 科学教育的原则和大概念 [M]. 韦钰,译. 北京:科学普及出版社,2011:8.
[②] 温·哈伦. 以大概念理念进行科学教育 [M]. 韦钰,译. 北京:科学普及出版社,2016:12.

在迁移（elaboration）这个环节，教师可以带领学生使用他们新获取的知识或者技能。教师在本阶段需要拓宽概念的内涵，通过转换问题情境，让学生完成新的任务。教师利用科学概念解决新的问题，可以让学生明晰其所学概念的内涵，从而广泛认识概念的外延。

二、小节（规律）任务的设计策略（5E）

本篇以浙教版《科学》（七年级上册）第四章第一节"物质的构成"为例，研究任务教学与好奇心、实事求是、追求创新、合作分享之间的关系。

"物质的构成"这堂课的教学目标有四个，分别是：①了解分子是构成物质的一种微粒，分子比细胞小得多；②理解分子之间存在空隙，能举例说明分子之间存在空隙；③了解扩散现象，知道固体、液体、气体都能发生扩散；④理解扩散的快慢与温度的关系，能叙述分子运动的剧烈程度与温度的关系。

这些文本素材可以营造一个从宏观世界到微观世界的探究情境，为本节的学习提供形象的物质构成知识。

（一）使用 5E 模式，强化任务

1. 引入（engagement）

针对第一个目标，笔者做了如下课堂教学设计，引导学生参与讨论。

蔗糖是人们日常生活中的常用食品，一般是由甘蔗压榨出的甘蔗汁加工而成，是组成甘蔗细胞的物质之一。那么，蔗糖又是由什么构成的呢？

2. 探究（exploration）

给学生布置实验任务：观察蔗糖，并思考：

（1）用放大镜观察一块方形蔗糖，看到了什么？

（2）将方形蔗糖碾碎后，再用放大镜观察，又看到了什么？

（3）将碾碎的蔗糖溶入水中，用放大镜观察糖水，还能看到蔗糖吗？蔗糖是否消失了？

3. 解释（explanation）

蔗糖溶于水后，为什么"消失"了？

糖水仍有甜味的事实说明蔗糖在水中并没有消失，其实蔗糖是以一种微粒的形式分散在水中，这种微粒称为"分子"。

4. 迁移（elaboration）

分子是构成物质的一种微粒。

迁移：不同的物质是由不同的分子构成的。

补充：构成物质的微粒除了分子，还有原子和离子。

5. 评价（evaluation）

针对蔗糖溶于水后为什么"消失"这个话题，有的学生说蔗糖变得更小了，有的学生说蔗糖躲起来了，有的学生说蔗糖变成糖水了，也有的学生说蔗糖变成蔗糖分子了。教师要对在课堂上积极参与讨论的学生从不同角度进行正面评价，并将讨论结果认真记在黑板上，分成两类：一类是蔗糖小颗粒真的没有了，另一类是蔗糖小颗粒真的太小了，导致它虽然存在，但我们却看不见。然后，教师就可以顺利地引出"蔗糖分子"这一说法：糖水仍有甜味的事实证明蔗糖在水中并没有消失，而是以一种微粒的形式分散在水中，这种微粒称为"分子"。学生之间要互相尊重，要认真倾听他人的看法；同时，教师对学生发表的意见要及时给予鼓励，这样可以使学生敢于发表意见并且勇于对自己的观点进行维护，这是对学生的好奇心的一种保护。

（二）使用 5E 模式，周而复始

这堂课的第二个目标是理解分子之间存在空隙，并能举例说明分子之间存在空隙。如果对这个问题直接进行讨论，则不仅没有办法深入，还可能会引发学生思维的混乱。因此，教师要预先做铺垫，创设合适的情境。

在物质中，分子是一个个紧密排列的，还是相互之间有一定的空隙？

1. **教师演示实验：水和酒精的混合**

（1）向一根玻璃管内注入约一半的清水，再沿管壁缓缓注入无水酒精至酒精液面距管口约 5cm 处，标出酒精液面的位置。

（2）用手指封住管口，将玻璃管反复颠倒几次，使酒精和水充分混合。待混合液稳定后，观察液面的位置有何变化？

学生讨论：为什么水和酒精混合后，总体积会变小？

2. **教师解释**

这个实验证明了分子之间有一定的空隙，水分子和酒精分子之间都存在着空隙。当酒精和水混合时，不同分子相互进入到分子的空隙中，所以总体积会变小。

3. **布置学生实验：黄豆和芝麻的混合**

（1）先向一只量筒中倒入黄豆，再倒入芝麻，记下黄豆和芝麻的总体积。

（2）将量筒反复摇晃几次，使黄豆和芝麻混合均匀，再记下它们的总体积。

学生举例说明固体分子、液体分子、气体分子之间的空隙大小。

如果任务过于简单，大多数学生经过简单的思考即可回答，缺乏价值，就会导致学生觉得课堂无聊，没有学习动力；但如果任务过难，大多数学生经过思考和讨论也无法解决难题，那么学生的学习兴趣极易被抑制，并不利于学生形成实事求是的态度。"为什么水和酒精混合后总体积会减小"的情境来自演示实验，难度适中，留给了学生一定的想象空间，学生对此比较容易实事求是地开展讨论。

（三）使用 5E 模式，关注生成

任务教学最大的优势是可以提高学生合作分享的参与程度。在小组合作探究模式下，学生的学习积极性高涨，增强了科学课堂学习的效果，全面提高了教学效率。

对于"物质的构成"这堂课的第四个教学目标，即理解扩散的快慢与温度的关系，教师在教学过程中应先设计讨论。先由教师演示红墨水在水中扩散的实验：在两只烧杯中分别装入等体积的热水和冷水，将红墨水利用注射器同时缓慢注入两杯水中。教师提出问题：过了一段时间后，同学们观察到了什么现象？两杯水中发生的现象有什么不同？然后，教师可以抛出"为什么红墨水在热水中扩散得较快，而在冷水中扩散得较慢？"的问题。

1. 提出问题

分子是静止不动的，还是不停运动的，还是停停动动？

2. 探究任务

教师在讲台上打开一瓶香水，一段时间后，问学生闻到了什么气味？

为什么在很远的地方就可以闻到香水的气味？我们之所以在很远的地方就可以闻到香水的气味，是因为香水分子从瓶中"跑"到了周围空气中，然后又进入了我们的鼻子，这种现象称为"扩散"。扩散现象证明分子处于不停地运动之中。

气体物质能发生扩散，那么固体和液体物质能发生扩散吗？教师可以再举几个生活中的类似例子。

教师可以让学生在两只烧杯中分别装入等体积的热水和冷水，将红墨水通过注射器同时注入两杯水中。学生可以观察到扩散现象。在观察一段时间后，两杯水中发生的现象又有了什么不同？

3. 学生讨论

为什么红墨水在热水中扩散得较快，而在冷水中扩散得较慢？这种问题可以采用 2~3 人的小组实施讨论。组内学生性格各异，有的性格活泼，喜欢与同学交流，讨论时抢着发言；有的性格沉闷，不善于与同学交谈，讨论时沉默不语。针对这样的情况，为了保证合作分享有序进行，教师要制定一些有效的基本准则。例如：第一，在别人发言的时候要学会聆听；第二，每位同学的发言机会均等；第三，小组内一位同学在发言后，小组的其他成员可以补充。

即使有了分享规则，教师也要加强引导，对一些不良现象要及时纠正。例如：有的学生不发言，不参与；有的学生在分享中随意抢话、插话；有的学生没有考虑清楚就开始表达；有的学生会跑题，导致效率低下等。教师要时常关注这些现象。

4. 回忆之前所做的实验

在两只烧杯中分别装入等体积的热水和冷水，将红墨水通过注射器同时注入两杯水中。思考出现这些现象的原因。

扩散是由于分子活动引起的，而分子活动的快慢与温度有关，温度越高，分子活动越剧烈，扩散自然就越快。

5. 学生评价

气体、液体、固体物质扩散的快慢。

6. 教师评价

其实，分子的运动与分子之间存在一定的空隙是有联系的，正因为分子之间存在一定的空隙，就为分子的运动提供了"空间"。而气体分子间的空隙较大，液体和固体分子间的空隙较小，所以气体物质扩散较快，而固体和液体物质扩散较慢。

"5E 教学模式"结合任务教学可以促进概念转变。"5E 教学模式"可以周而复始地循环使用，达到小步子、快节奏，教学效果明显。

第三节 初中科学分支（概念）任务的设计

完成小节任务，需要完成一个分支任务群，往往需要学生经历一个较长的思维和训练过程。在"选择制造材料"主干任务中，教师要设立分支任务群，引导学生学习解决问题需要的知识和方法。在分支任务中，要关注概念的形成过程。例如，在"选择制造材料"这个主干任务中有以下几个分支任务：

（1）探究汽车中各物质的质量与什么因素有关。

（2）探究汽车中木块等六种物质的质量与体积的比值，得出结论。

（3）根据结论给密度下定义。

在第二个分支任务中，教师应为学生准备六种不同的物质，每种物质都要有大、中、小三种体积，要求学生分别测出它们的质量与体积，并求比值。教师可以让先做完的学生到黑板上记录数据，然后大家一起对数据进行分析，如表 3-9 所示。

表3-9 探究木块等六种物质的质量与体积的比值

组号	物质	质量（g）	体积（cm³）	质量与体积的比值（g/cm³）
1	木块（铁块，铜，石）			
2	木块（铁块，铜，石）			
3	木块（铁块，铜，石）			

单元任务、小节任务和分支任务的联系是紧密的，缺一不可，呈树状。一个单元任务由小节任务群来支撑，一个小节任务由一个分支任务群来分解。初中阶段的科学课程内容较多，教师根据不同内容可以设计不同的单元任务、小节任务群和分支任务群。

初中阶段的科学课程包含诸多形式的内容，不同内容有着不同的发展要求以及发展目标。基于真实情境的学习任务的设计与实施具有一定的适用范围。完成分支任务有许多策略，在当前课堂教学中，现代技术可以更好地为初中物理实验服务，解决物理实验动态过程研究中存在的问题。[①]

一、设计理念

（一）基于 STSE 的任务设计

STSE 以科学、技术和社会的相互关系为研究的出发点，把科学和技术看作是一个渗透着人文精神和价值观念的复杂社会系统，其研究内容涵盖了科学技术与社会及其子系统，如政治、教育等之间的互动关系；此外，对科学、技术和社会的整体性质、特点等亦有所涉及。

STSE 教育的目的是引导人们正确认识科学、技术和社会的有机联系，在满足当代人的需求同时，不损害后代人的发展，维护并合理使用自然资源，坚持可持续发展，做出目光长远的规划。

（二）任务中的应用 ARCS 动机策略

ARCS 是 attention（注意）、relevance（关联）、confidence（信心）和 satisfaction（满足）四个英文单词的首字母的缩写。在任务实施过程中，学生主要从上述四个方面获得动力。这是四类主要的动机策略。

---

① 葛元钟. 借助技术改进物理实验动态过程探究[J]. 中小学数字化教学，2021（02）：17-20.

二、分支（概念）任务的设计策略（案例8）

分支任务是否能顺利布置和完成，根据 ARCS 动机策略，要做到以下几点：

（1）任务要通过使用新奇的、与以往不一致的或不确定的事件和教学情境来吸引和维持学生的注意力，通过变化各种教学要素来维持学生的兴趣。

（2）教学要与学生的知识背景、个人需求和生活经验联系起来。这是因为与其相关的事物，更容易引起学生关注。教师使用与学生的经验相关的明确的语言、事例、概念、价值观等，能够帮助学生把新学习的知识整合起来。

（3）教师应通过各种方式来增强学生的学习信心，维持学生对成功的渴望，允许学生确定个人的学习目标和成绩标准，让每个学生都能体验到成功。

（4）要让学生有满意感。也就是教师要让学生感受到学习的价值、学习的快乐，让学生在学习中获得满足，让学生在一种真实的或者模拟性的情境中运用新习得的知识或技能。它旨在激发学生的内在学习动机，对学生的学习结果提供反馈，采用表扬、激励等强化手段，维持学生的后继的学习动机，使学生保持良好的学习行为。

由于信息技术的发展，信息技术与课堂教学的融合已成为趋势，这种融合不仅促进了教师教学方式的改变，还让学生的学习方式变多。DISLab（digital information system laboratory）是一种全新的实验手段体系，它整合了传感器、数据采集器和计算机三者的功能。其中，传感器替代测量仪器完成多种物理量数据的采集，数据通过采集器处理后传到计算机，计算机对处理后的信息进行实时处理与分析。数字化实验使传统物理实验中的动态由快变慢，再到静止，最后达到人眼可以观察的效果。

在 DIS 实验中，教师可以有充足的时间对物理现象和物理规律进行深入的分析和讨论。DISLab 系统使得实验动态过程由快变慢、动态过程的数据记录更便捷、动态过程的数据分析即时化，较好地解决了目前传统实验存在的一些不足之处。

（一）吸引并维持学生的注意力

在通电的瞬间，电动机转子处于静止状态，所有的电能转化为内能，转子线圈相当于一个定值电阻，电动机的启动电流比较大。然而，对于电动机的启动电流和正常工作电流究竟相差多大，学生并没有感性的认识。

利用朗威 DISLab 技术对电动机的启动电流进行研究，可以对两种电流的大小有一个大约的判断。利用朗威 DISLab 技术做出的启动电流随时间变化而变化关系，如图 3-15 所示：A 点是电动机启动时的最大电流，BC 线段所在的纵坐标值是电动机的正常工作电流。电动机的启动过程是很快的，在这个实验中大约

0.5s，如果电动机功率大些，则启动时间可能还要更久一些；启动电流是正常工作电流的 3~5 倍。图像直观，学生比较容易理解。

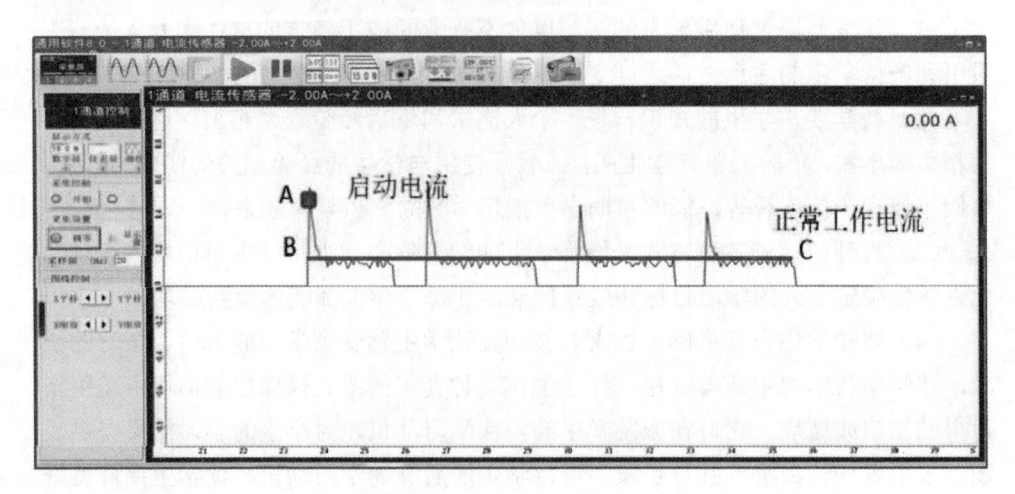

图 3-15　电动机的启动电流

利用朗威 DISLab 还可以对电动机转子不动时所造成的危害进行研究。在实验中，实验人员紧紧握住电动机的转子，转子的电流将始终是正常工作电流的 3~5 倍，如图 3-16 所示。这时转子线圈就是一种短路状态，电动机相当一个纯电阻，所有电能都转化为热能。在进行安装电动机的学生实验时，如果发现通电后转子不动，见要立即切断电源，再去寻找不动的原因。

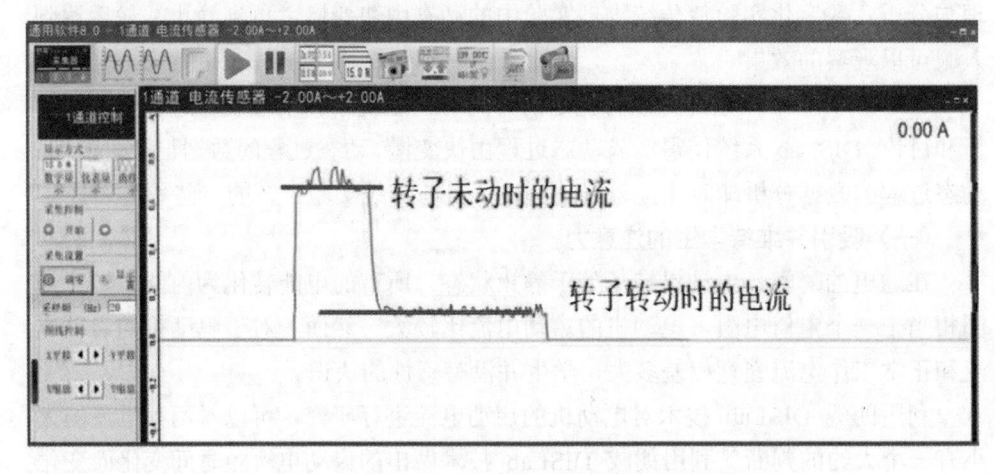

图 3-16　转子未动与转子转动时的电流比较

（二）研究切身相关的问题

在蹦极过程中，当人体落到离地面一定距离时，橡皮绳会被拉开、绷紧并阻止人体继续下落；人体到达最低点时，橡皮会再次弹起，如图 3-17 所示。

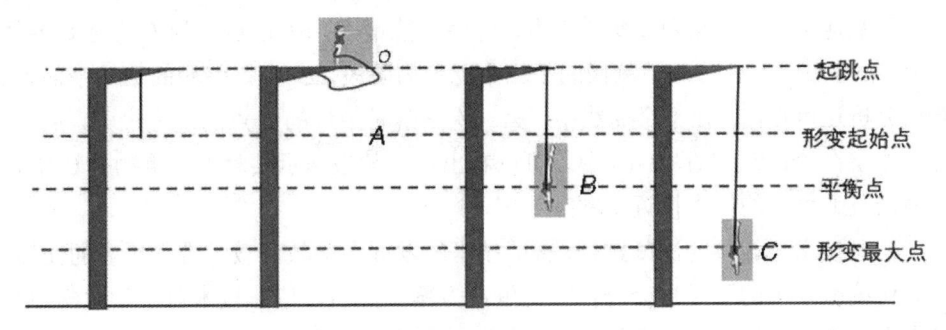

图 3-17 蹦极运动关键点示意图

为了更好地研究物体的受力情况，教师可以在课堂上用一个砝码和一根有弹性的绳子来模拟蹦极过程，但往往是教师讲得很辛苦，学生听得似懂非懂。其中，一个关键的难点是：对于砝码在下降过程中哪一点的速度最大，在传统课堂中很难得到有效突破。

在弹性绳子的一端接上拉力传感器可以进行蹦极过程的模拟实验。传感器记录在砝码下降和上升过程中橡皮绳的拉力情况，并在计算机屏幕上形成了一条力随时间变化的曲线。由于选择的橡皮绳比较细，导致钢球不受橡皮绳拉力的滞空时间很短，与实际的蹦极过程有差别。通过分析，可以在线上标出过程中的几个关键点 O、A、B、C，如图 3-18 所示。

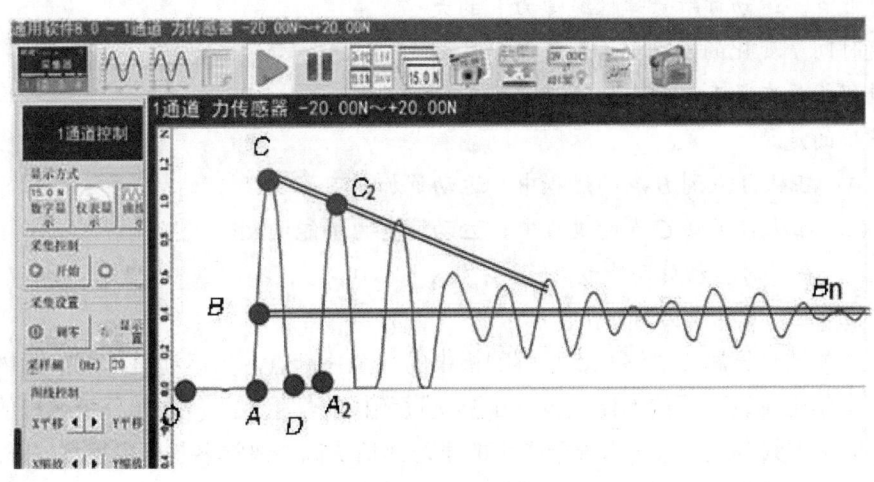

图 3-18 拉力随时间变化的曲线

· 93 ·

从图 3-19 可知：蹦极有一段无弹力阶段，即在从 O 点下降到 A 点的过程中，绳子上没有拉力；在从 A 点到 B 点的过程中，拉力逐渐变大，在 AB 阶段拉力始终小于重力，钩码处于加速阶段；在从 B 点到 C 点的过程中，拉力大于重力，钩码处于减速阶段；C 点为形变最大点，弹性势能最大；从 C 点回到 D 点还是要经过 B 点，其中，DA_2 阶段是蹦极的第二个无弹力阶段，C_2 点是蹦极的第二个低点。通过分析还可得出：在整个曲线中，第一次下落时经过的 B 点的速度最大，最后，钩码停留在 B_n 点。从图 3-18 中还可以看出，在蹦极演示实验中，重物是 0.4N，在最低点弹力绳的拉力接近 1.2N。

信息技术与教育的深度融合，智能技术的发展会给教育教学带来更多的便捷，针对传统教学中的不足也会有很好的解决方案。然而，信息技术对于学生学习来说也有其不足之处，教师不能过分依赖。

信息技术对数据处理虽然足够迅速，但其隐蔽性对于学生来说，有时会造成理解困难。例如，有关蹦极过程的数字化模拟，教师还是要花一定时间进行铺垫的，要在学生对蹦极有一定了解的基础上再进行数字化模拟，才能达到比较好的效果。在实际课堂上，笔者进行了三次铺垫，最后再用信息技术进行点拨。

第一次铺垫是让学生解决一个题目。

【举例】某运动员做蹦极运动，如右图甲所示，从高处 O 点下落，A 点是弹性绳的自由长度，在 B 点运动员所受弹力恰好等于重力，C 点是运动员第一次下落到达的最低点。运动员所受弹性绳弹力 F 的大小随时间 t 变化的情况如右图乙所示（蹦极过程视为在竖直方向上的运动），下列判断正确的是（　　）。

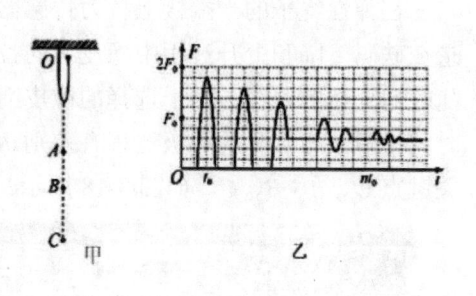

A. 在从 A 点到 B 点的过程中，运动员加速下落
B. 在从 B 点到 C 点的过程中，运动员重力势能增大
C. 在 t_0 时运动员动能最大
D. 运动员的重力等于 F_0

学生通过解题，能够初步理解蹦极中的几个关键点，为后续学习进行铺垫。

中学生玩过蹦极的人比较少，虽然玩过蹦极的学生也不一定能分析蹦极的过程，但由于其有过体验，这部分学生的学习热情更高，课堂参与度也很高。因此，第二次铺垫是播放蹦极的视频，如图 3-19 所示。

第三章 任务型学习的框架设计（参考第九章案例2）

第三次铺垫是对几个关键点进行受力分析，主要是对开始形变的点 A、形变时合力为 0 的点 B、形变最大点 C 这三点进行分析，通过分析为蹦极时速度和能量的变化奠定好基础。

在教学过程，教师一定要注意综合考虑，信息技术是融合在传统实验中而不是完全取代传统实验。教师在实际教学过程中不能让信息技术排斥传统实验，而要让信息技术给传统实验带来便捷。有的物理实验要考虑学生的学习特征和心智发展规律，有的数据需要学生一个一个去获得。学生只有亲自处理数据、亲自建立模型，才能真正理解物理本质。

图 3-19 蹦极

（三）深度学习让学生更自信

弹簧测力计可以比较粗略测得滑动摩擦力的大小。在实验中，实验人员用弹簧测力计钩住小木块并匀速直线拉动小木块，使小木块在长木板上滑动，操作有一定难度。在实验中，实验人员的眼睛需要时刻注视弹簧测力计，待其示数稳定后读数，而示数稳定的阶段往往比较短，读数难度较大。

弹簧测力计的拉力逐渐增加，达到一定数值后，木块开始滑动。由于弹簧测力计的变化较快，相比于滑动摩擦力，最大静摩擦力的观察难度更大。教师使用 DIS 进行最大静摩擦力实验，可以让学生在计算机屏幕上看到拉力变大的全过程，如图 3-20 所示。从平衡条件可知静摩擦力大小也是如此。图线的峰值显示了最大静摩擦力的大小，图线还显示了最大静摩擦力出现后摩擦力变化并趋于常数的规律。依靠这段图线，学生能够对最大静摩擦力产生深度理解。

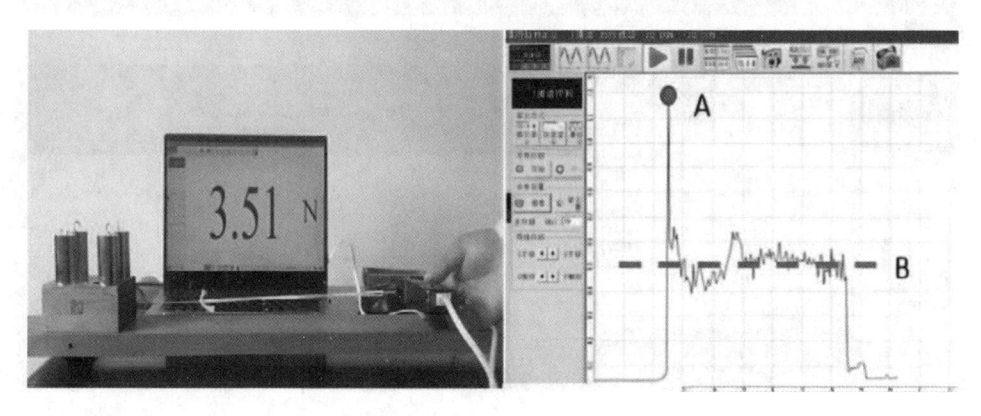

图 3-20 最大静摩擦实验

（四）实验探究让学生更满意

在探究重力和质量的关系时，教师一般会在课堂上准备弹簧测力计和钩码以定量探究重力大小和质量的关系，每小组有 4 个固定质量的钩码和 1 个弹簧测力计。学生用弹簧测力计依次测出 1 号至 4 号钩码受到的重力，并把测量结果记录在表 3-10 中；然后以质量为横坐标，重力为纵坐标，建立平面直角坐标系，得出物体受到的重力与物质的质量成正比。

表 3-10　重力和质量之间的关系

钩码数（个）	1	2	3	4
质量（g）	100	200	300	400
弹簧秤读数（N）				
重力与质量的比值				

传统实验得到的数据点虽然只有 4 个，但这 4 个数据的记录和分析已经耗费了学生许多时间。学生借助 DIS 实验设备中的力传感器，可以将非电物理量力转化为电信号传输到计算机中，DIS 实验设备中的力传感器在探究重力和质量的关系实验中充当了弹簧测力计的角色。

此"弹簧测力计"不需要人工读数，也不需要人工记录实验数据，甚至不需要人工处理数据，实验人员只需进行将钩码挂在力传感器的挂钩上这一步操作，计算机会完成传统实验要做的后续所有操作。DIS 实验不用为处理数据而耗费大量时间，可以用更多的钩码得到更多的数据来说明重力和质量的关系，12 组数据得出后自动进行描点，做出物体受到的重力与物体的质量成正比的函数线，如图 3-21 所示。

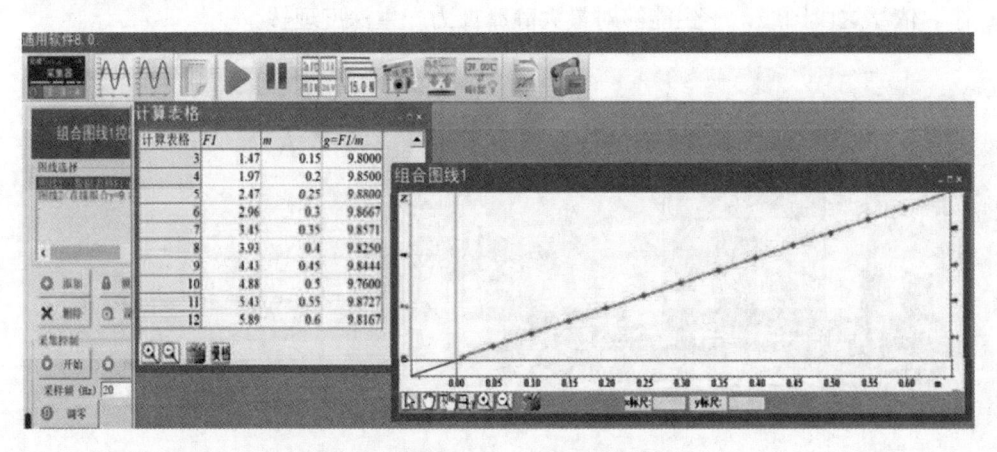

图 3-21　物体受到的重力与物体的质量成正比

三、分支（概念）任务的抛锚式教学设计

教师先要创设情境，让学生的学习在与其生活情形基本相同或相似的情况下进行。

在情境创设后，教师可以选出与当前内容密切相关的事例或者问题，这些事例或者问题就是"锚"，在该节课学生的学习将会围绕着"锚"进行。

在明确了本节课需要解决的问题后，学生就要运用分析设法解决问题。在学生解决问题的过程中，教师要在适当的时间为学生提供相关素材或线索，推动学生独立思考并解决问题，要注重学生自主学习能力的发展。

学生围绕问题如何解决发表不同的观点，形成学生之间的互动与交流、探讨与合作的学习环境，促使学生全面理解问题。

抛锚式教学模式为学生提供了更多自主学习的机会，使学生能够充分参与课堂教学并解决问题，更加注重学生在整个教学过程中的表现情况，包括学生对知识的迁移情况、分析问题的能力和合作学习能力等。教师可以通过采用多元化的评价方式尽可能全面评价课堂教学效果。

第四章 任务型学习的设计流程

第一节 把科学素材打造成真实情境

任务型教学要求教师不能照本宣科地"教教材",而应创造性地"用教材教";要求教师理解情境开发的理论,领会情境设计是一个值得重视的问题,从而把握情境选择的方法,掌握情境设计的策略,进而充分利用和挖掘教材资源,开发教材以外的情境资源。

一、情境创设存在的问题
(一)情境只有部分学生可以看懂
情境的设置要考虑绝大多数学生,情境要有典型性。如果教师料定有部分学生可能会因为情境的陌生和误会而对设置的问题不能解答,那就会失去了考试的公平性。因此,无论是课内还是课外,无论是城市还是乡村,如果情境只考虑真实性,但不考虑典型性,那么考查的信度就会降低。有的老师说:"学校的录播教室被一种单向透视玻璃分隔成上课和观摩两个功能区。"在这句话中所设置的录播教室的情境就是真实而非典型的。

(二)任务设置的情境与实际不符
情境描述形式化,教师对其没有进行仔细推敲,难以对学生产生启发或引导。核心素养的落实强调基于真实的情境。真实的情境必须来自现实情景、真实案例和现实素材等。有的老师设置了这样的情境:
小敏家住某 5 层公寓楼中的 4 楼,当他在 1 楼按下楼道灯开关时,5 盏"220V12W"的楼道灯全部点亮,然后延时 60s 均自动关闭。他正常每登一层楼所需时间为 12s。

……

真实的情境是在学与用之间搭建的桥梁,不能偏离学生的生活经验和情感体验。现代公寓楼道灯都是声控或光控,即便稍微落后些的楼道灯也是一层一触摸控制开关,一般不会出现如题情境中的楼道灯。

(三)情境和所设问题相关度不大

情境的创设是为了学生运用所学知识解决科学问题提供背景、活动场景和资源条件,情境不适切是指试题所创设的情境和所设置的问题关联度很小,如在课堂上有的老师引入情境:据报道,21世纪初已有467个物种灭绝,2020年我国珍稀物种长江白鲟也灭绝了。长江白鲟是一种用鳃呼吸、靠鳍运动的动物,它在长江流域少有天敌。栖息地被破坏、过度捕捞、河流污染,是造成它灭绝的主要原因。提出的问题是:长江白鲟在动物分类上属于哪一类。情境和设问之间相关度低,存在为情境而情境的问题。

二、科学教材提供的素材

"素材"是在现实生活中搜集到的、未经整理加工的感性且分散的原始材料。教学素材是指教材中的文本、图片、物体及一切可以利用来为教学服务的材料。在教科书中,探究任务的情境按其真实程度可分为真实情境、模拟(类真实)情境和虚拟情境。"真实情境"就是社会、生活中具体、存在的事物和现象。"模拟情境"就是在教学过程中,人为创造出来的类真实情境。"虚拟情境"指的是社会、生活中不存在的,人为虚构的事物和现象[1]。素材经过加工可以创设出有利教学活动的各类情境。

(一)PISA 中的情境分类

PISA 中的情境包括个人、地区/国家、全球三个层面;三个背景类别标识了可能会出现测试问题的生活的广泛领域。其中,"个人"是指与学生和家庭的日常生活相关的;"本地/国家"是指与学生所居住的社区有关的环境;"全球"是指世界各地的生活所定义的背景。

PISA 科学的情境结合了科学的几个主要运用领域。这些领域分别是健康、自然资源、环境、灾难和科技前沿。

---

[1] 叶德伟,肖龙海. 真实的发生探究学习——中美初中物理教科书"电学"单元探究学习比较研究[J]. 上海教育科研, 2019 (12): 54-58.

表4-1 PISA2012科学测评的情境分类[①]

情境	个人的	社会的	全球的
健康与疾病	健康的维系，意外事故，营养	疾病控制、社会传播、饮食选择、社群健康	流行病、传染病的扩散
自然资源	个人消耗的物质和能源，人际关系、个人财务、居住状况和保险有关的材料	人口数量的保持，生活质量、安全、食品的生产和分配，能源供应	可再生和不可再生能源，自然系统，人口增长，对物种的合理利用
环境质量	环保行为、材料的使用与处理	人口分布，废物处理，环境影响、当地气候	生物多样性，生态可持续性，人口控制，土壤的生成与流失
危险	自然的灾难和人为的灾难、有关住房的决定	急速变化（地震、恶劣气候），缓慢变化（海岸侵蚀、沉积），风险评估	气候变化，现代战争的影响
科学技术前沿	对自然现象进行科学解释的兴趣，与科学有关的兴趣爱好，运动与休闲，音乐与个人技术	新材料，设备及处理，转基因，武器科技，运输	物种灭绝，空间探索，宇宙的起源和结构

PISA的科学情境也对教学有所启发，情境维度和主要领域都是联系人们的生活的，这样的情境更具体、形象、生动，更有利于考查学生在真实情境中运用所学知识的能力。

（二）教材中的文本素材

以《科学》（七年级上册）第四章第一节"物质的特性"为例，研究教材所提供的素材。在学习这一章前，课本提供了日月星辰、高山流水、飞禽走兽、苍松翠柏、习习清风、生物和非生物、动物、植物和微生物、人自身等名词，并归纳出物质这个概念，提出"物质由什么构成""物质有怎样的特性""物质状态会发生怎样的变化"这样三个问题[②]。在第一节中还有这样一些文本素材，见表4-2。

表4-2 教材中的知识素材[③]

知识素材	安排意图
沙雕作品造型各异，由沙粒构成	类比：物质构成是否与沙雕一样，由粒子构成
扫描隧道显微镜，观察碳60（C_{60}）	解释：小粒子用工具可见

[①] OECD（2013），PISA 2012 Assessment and Analytical Framework: Mathematics, Reading, Science, Problem Solving and Financial Literacy, p. 124, 160, 103.

[②] 朱清时. 科学七年级下册[M]. 杭州：浙江教育出版社, 2014: 82-86.

[③] 同②.

续表

知识素材	安排意图
铅片和金片紧压在一起，放置5年后，铅和金结合在一起，金原子和铅原子互相渗入	类比：固体粒子也在不停运动
电子元件晶体管在制造时就用到了固体扩散的原理	

这些文本素材可以营造一个从宏观世界到微观世界的探究情境，为本节的学习提供了形象的物质构成知识。

（三）教材中的活动素材

为了说明物质是由很小的微粒构成的，构成物质的微粒间存在空隙，微粒不停息地进行无规则的运动且温度越高运动越剧烈，以及分子间存在斥力和引力等知识点，在第一节中设计了 7 个探究素材，见表 4-3。

表 4-3　教材中的活动素材

探究活动素材	安排意图
观察三种条件下的蔗糖，观察结果记录	两种方法让粒子逐渐变小
酒精和水的混合	模型法说明分子间有空隙
黄豆和芝麻的混合	类比法帮助理解酒精和水的混合
喷香水	说明分子不停息运动
二氧化氮气体的扩散实验	说明分子不停息运动
冷水和热水中红墨水的扩散速度	温度越高，运动越剧烈
将两块铅紧压在一起，不容易被拉开	分子间有引力

为了巩固知识点，考查学生是否理解课堂中的活动，第一节设计了 4 个思考题，其所含情境分别对分子间有空隙、温度对分子运动的影响、分子间有斥力和引力等知识点进行了讨论和解释，见表 4-4。

表 4-4　教材中的讨论素材

思考与讨论素材	安排意图
构成固体和液体的分子之间的空隙大，还是构成气体的分子之间的空隙大？	说明分子间有空隙
腌菜要很长时间才能使菜里面变咸，但烧菜为什么只需一两分钟就可以使菜里面变咸？	说明温度越高，运动越剧烈
热菜总是香味四溢，但对于冷菜人却只有在靠得很近时才能闻到它的气味。	说明温度越高，运动越剧烈
如果你要撕破一张纸，只需要稍稍用点儿力；但如果你要拉断一张纸，则需要用较大的力	说明分子间存在斥力和引力

这些活动和讨论素材可以在课堂上营造一个个真实的任务情境，学生可以在这样的真实任务情境中思考和讨论。教师在课堂上利用"现象"或"讨论"进行刺激，可以激发学生的学习兴趣，激活学生的思维活动，促进学生学习能力的形成和发展。

（四）教材中的习题素材

情境创设的意图主要是让学生认识科学与社会、生活的密切关系，了解情境素材中的科学问题，并能解释日常生活、生产中的现象，解决可能遇到的问题。因此，除了课堂上的 4 个思考题之外，本节课最后设立的 3 个习题也采用了大量的情境素材，方便学生检测和巩固，见表 4-5。

表 4-5　教材中的习题素材

课后练习素材	安排意图
能说明分子在不停地做无规则运动的是：_____。 A. 柳絮飞扬　B. 槐花飘香　C. 黄沙扑面　D. 雪花飘飘	说明分子在不停运动
将一根细线松松地系在一个铁丝框架的相对的两边上，把框架浸入肥皂液里再取出来，框架上便会出现一层液膜；用针刺破线的一侧的液膜，肥皂膜会把细线拉到另一侧	说明分子间存在斥力和引力
一个厚壁钢瓶内盛有一定质量的油，对油施加高压后，虽然瓶壁没有裂痕，但瓶内的油会从钢壁渗出	说明分子间有空隙

学生要在真实情境中发现问题，掌握知识、方法，用所学的知识和方法精准解释生活中相关的科学现象，在新的情境中也要能灵活应用相关知识和方法。

三、从素材到真实教学情境

教学中的真实情境应该有质量指标。这些指标应该指向真实的教学问题，指向教学内容和方法。首先，真实情境须镶嵌有本单元或本课时的基础知识和技能，这是创设真实情境的基础；其次，真实情境必须能产生需要学生思考、学习、参与研究才能解决的任务或问题[①]；最后，真实情境要能提高学生的思维能力。

教材提供的情境素材比较多，教师要对教材中已有的素材进行整理，形成几个有利于学生学习的情境。有些情境是针对一个素材进行加工，营造出一个比较好的教学环境；有些情境需要几个素材共同形成一个非连续文本，然后在这个文本中产生要研究的问题。从教学素材到教学情境有以下几个加工策略：

---

① 沈旭东. 从"为情而境"到"由境生情"化学教学中真实情境创设概论[J]. 化学教学，2019（7）：25-29.

（一）以能否提炼真实问题为依据

为了更好地适应社会，学生所解决的问题先要面向社会。教师要把素材整合成教学情境。这个情境是否对教学有帮助的最重要指标就是其能不能提炼并设置一些真实的、有价值的问题，以供教学过程围绕这个真实的问题展开。

以《科学》（七年级上册）第四章第一节中知识点"分子之间是否有空隙"为例：课本上安排了两个实验、一个思考题、一个习题，共四个素材，通过对四个素材进行研究和提炼，可以营造一个从宏观到微观的解决真实问题的情境。

先通过冰糖和水混合后总体积变小、酒精和水混合后总体积变小、针筒里的气体被压缩三个实验现象建立起一个真实的"体积变小"情境，在这个情境中用到了教材中的一个素材，也增加了固体和液体混合，以及气体分子之间混合两类素材。在这个情境中可以提炼出一个问题：分子之间有没有空隙？由于素材的选择有一定的指向，对这个问题还可以进行深入挖掘：固体分子之间有没有空隙？液体分子间有没有空隙？水和水混合为什么总体积不能变小？分子本身的大小会不会变？等一系列问题。有了真实的问题，教学过程就有了真实的意义。

在解决问题的过程中，教材提供了一个素材：黄豆和芝麻的混合实验，类比帮助理解"体积变小"情境。这个素材也可以举一反三，如黄豆和黄豆进行混合、芝麻和芝麻混合、黄豆和水混合等。针对"体积变小"情境，根据实验中体积变小的容易程度，能较好地解释是构成固体和液体的分子之间的空隙大，还是构成气体的分子之间的空隙大。

在解决问题的过程中，可以得出三种状态的分子之间都有空隙这样的结论，并用这个结论解释课后的具体问题：一个厚壁钢瓶内盛有一定质量的油，对油施加高压后，虽然瓶壁没有裂痕，但瓶内的油会从钢壁渗出。

课堂教学中的思路和程序如图 4-1 所示。

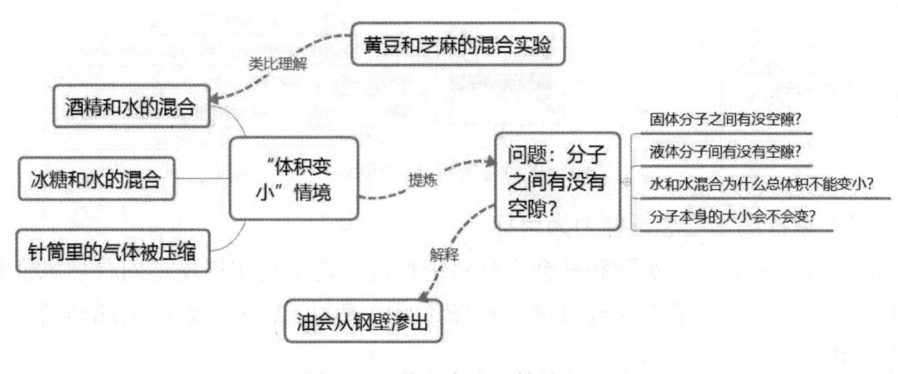

图 4-1 "体积变小"情境创设

（二）以重要知识技能为精确指向

情境与核心教学内容密切相关，情境的创设要精确指向教学过程的知识技能目标，并能促进学生对知识和技能的掌握。

情境的设计要精确地指向这个知识点：分子是在不停地无规则运动的，且温度越高运动越剧烈。针对这个知识点，教师可以精心创设一个"扩散"情境。

对教材中的四个素材进行整合：铅片和金片紧压在一起，放置5年后观察，发现铅和金结合在一起了，切开可以看到金原子和铅原子互相渗入；在教室中间喷香水，前排和后排的学生都会闻到香味；红墨水滴在水中几秒钟后水整体变红；二氧化氮气体的扩散实验。这四个方面的素材整体形成了一个"扩散"情境。这个情境可直指研究的知识点：分子是在不停地无规则运动的，且温度越高运动越剧烈。

在掌握了知识后，学生还要进行迁移和应用，对已学的知识进行巩固。例如，提出问题进行讨论：腌菜要很长时间才能使菜里面变咸，但烧菜为什么只需一两分钟就可以使菜里面变咸？热菜总是香味四溢，但对于冷菜人却只有在靠得很近时才能闻到它的气味。不仅如此，学生还要对机械运动和分子运动进行比较，找出异同点，如课后的题目中有柳絮飞扬、黄沙扑面、雪花飘飘三种机械运动与槐花飘香进行对比，加深学生对分子运动特征的理解。

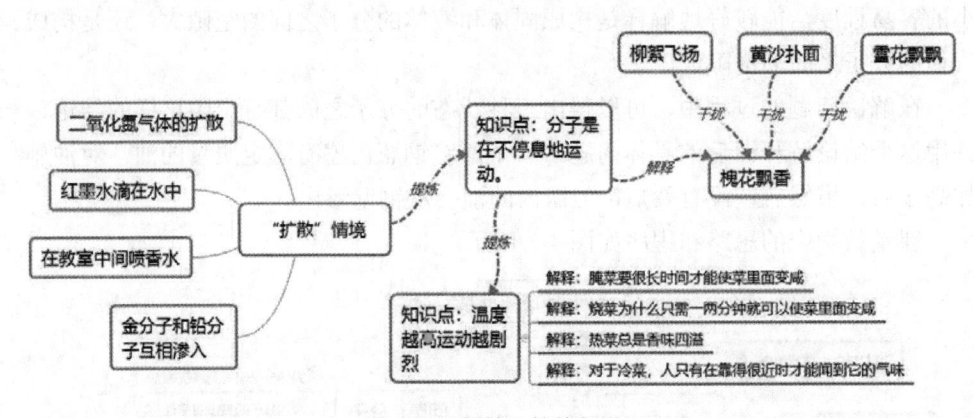

图 4-2 "扩散"情境创设

（三）以提高学生思维能力为目标

情境与学生的生活实际和社会实际紧密相连，这个真实情境指向科学思维和方法，通过对真实情境中的现象进行解释和对出现的问题进行解决来起到举一反三的效果。

教材的最后设计了一个题目来考查学生对现象的解释能力：将一根细线松松地系在一个铁丝框架相对的两边上，把框架浸到肥皂液里再取出来，框架上便会出现一层液膜；用烧热的针刺破线一侧的液膜，肥皂膜会把细线拉到另一侧。

教师要创设一个真实且有效的情境，并从情境出发扩展到知识点，并用知识点对现实中的客观事物做出一个好的解释，这需要如图4-3所示的情境。

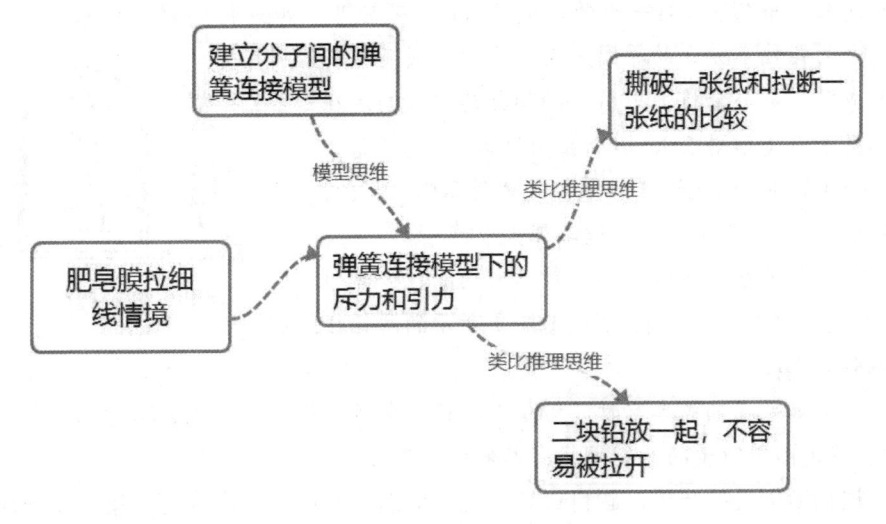

图4-3 "肥皂膜拉细线"情境创设

在一开始，教师要向学生介绍实验，并让学生进行猜想——针刺破液膜后细线会怎样移动。之后，教师再展示实验过程。学生在观察到肥皂膜会把细线拉到另一侧后，他们的大脑就会思考为什么、怎么解释等等一系列的问题。

这时，教师可以建立一个分子的引力和斥力模型帮助学生理解：用两头都系铁球的弹簧来演示分子间的斥力和引力。当分子之间的距离大于弹簧的自由伸长量时，弹簧表现为拉力使两个铁球相互吸引；当分子之间的距离小于弹簧的自由伸长量时，弹簧表现为斥力使两个铁球相互排斥。学生可以通过想象肥皂膜的分子间都由这样小型的弹簧连接来理解该现象。

用这个模型也可以解释如果一个人要撕破一张纸，只需要稍稍用点力；而如果这个人要拉断一张纸，则需要用较大的力的现象。学生用类比推理的方法可以这样理解：拉开1个弹簧和同时拉开100个弹簧所需要的力是不同的。

这个模型可以用来解释将两块铅紧压在一起，不容易被拉开，也可以让学生理解不是两块铅随意接触就能连在一起。根据模型可进行类比推理：只有两块铅的原子间距达到一定的值时，才会有足够大的斥力和引力出现。这样，教师在实验过程中对铅块的压、挤和旋转的动作就能被学生理解和接受。在2020年浙江省初中学业水平（杭州市卷）科学卷第三十一题中以"铅和铅放一起，不容易被拉开"为背景情境进行设问，考查学生对知识点和对类比推理思维的掌握[①]。题目如下：

（6分）（杭州2020）用力将端面已锉平的两块铅柱紧压在一起，然后将它们悬挂起来，并在下方挂一重物，发现两铅柱不分开（如图甲）。对此现象，小金有疑惑：两铅柱不分开的原因是大气压力造成还是其他引力造成？于是小金将图甲所示的铅柱与重物固定在一个玻璃钟罩内（如图乙），逐渐抽出钟罩内的空气。

（1）在抽气的过程中钟罩内气体的压强__（选填"逐渐变小""一直不变"或"逐渐变大"）

（2）如果在抽气过程中，钟罩内两铅柱分开了，则__（选填"能"或"不能"）确定图甲所示的两铅柱间有其他引力存在。

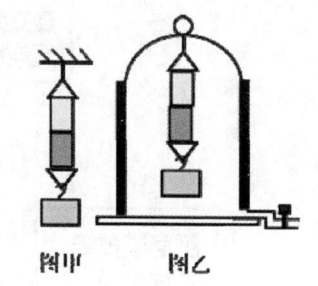

（3）如果在抽成真空时，钟罩内两铅柱也不分开，则__（选填"能"或"不能"）确定图甲所示的两铅柱间有其他引力存在。

根据所创设的情境，题目设置了三个问题，其中第二个问题和第三个问题可以用推理法解决。解决过程如图4-4所示。

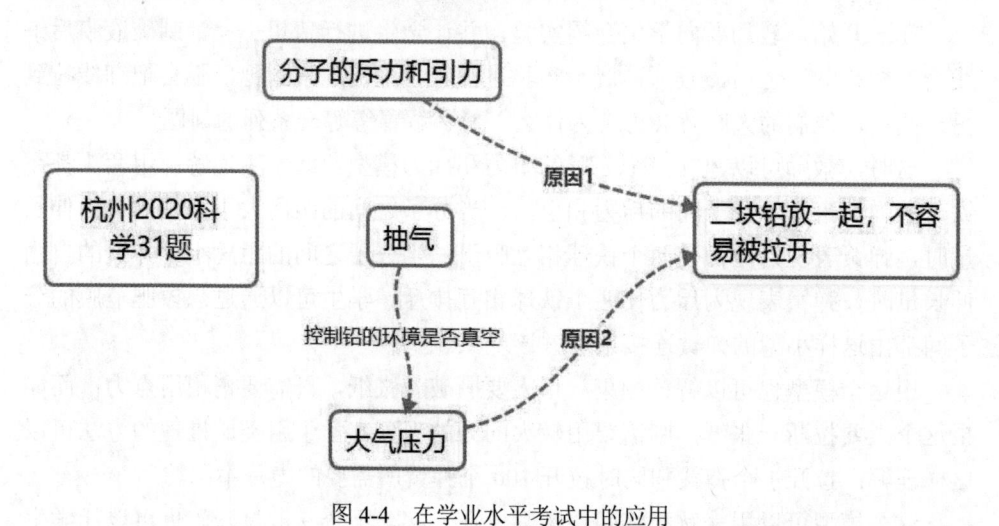

图4-4 在学业水平考试中的应用

[①] 2020年浙江省初中学业水平考试（杭州市卷）科学试题卷。

总之，在教学情境创设的过程中，教师一定要考虑学生的主观感受，情境是为学生而设的，也是为学生的学服务的。因此，情境的设计要有一定的标准。在设计过程中，教师要考虑是否能挖掘真实问题，是否指向重要知识技能，是否可以提高思维能力等问题。当然，情境创设的目的不只是为了教学的引入、学生注意力的集中，还要让学生更多地感受科学在生活和社会中的应用。真实情境最好贯穿教学的整个过程。

第二节　基于真实情境进行问题设置

学者们普遍认为，需以真实情境激发学生综合运用学科大概念解决问题的多种能力的发展，而这里的问题是指从真实情境中产生的真实问题；解决"真实问题"所需的学生"关键能力"与上一轮课程改革中的"能力"相比，范围更广，内涵更深，并非学科基础知识、基本技能、基本思想和基本活动经验的叠加，所以在"真实情境"中能更切实地测评到学生的核心素养。

《浙江省初中学业水平考试科学试卷质量评价报告》（2020年版）指出：2020年试卷编制突出了学以致用，显化从生活走向科学，从科学走向社会的课程理念。试卷关注科学观念、科学思维、科学探究、科学态度和责任等科学核心素养的考查。重视实验、突显探究、联系生活，考查学生在真实的情境中运用科学知识和技能，分析问题和解决问题的能力。注重考查科学地解释现象、设计和评价科学探究以及科学地解释数据和证据的能力。

真实任务情境是推动科学素养落地的有效手段之一。从2020年浙江省初中学业水平考试科学试卷来看，浙江省内各市都致力于情境化试题编制的探索，将考查内容融入真实的情境中命制试题；依据科学素养的不同水平特征，合理设置真实任务情境；设置针对性问题，将知识纳入任务与问题解决的过程中；让学生体会从做题到做事，从解题到解决问题的转变。各市都在积极开展借情境引出话题、借情境考查知识点、解决情境中的问题的实践探索。

一、以教材内容为情境设计问题

依据课程标准科学命题。各地要将义务教育课程设置方案所设定的除综合实践活动外的全部科目纳入初中学业水平考试范围，促进学生认真学好每门课程，完成国家规定的义务教育学业。考试具体方式由省级教育行政部门依据学科特点确定。取消初中学业水平考试大纲，严格依据义务教育课程标准命题，不得超标命题[①]。

2020年浙江省初中学业水平考试科学试卷中大多数试题情境丰富、立意新颖、角度多元、视野开阔，将测试目标置于合适的真实情境中，凸显了对科学学科关键能力和必备品质的考查。试卷中部分试题情境或命题素材出自教材文本、图片、活动、实验、探究、阅读材料和小制作等环节，设置了跨学科、科普性、生活化、科技热点、科学研究等多元情境试题，具有时代性、真实性、可读性、原创性、教育性。初中学业水平考试科学试卷试题的命制以课程标准为依据，大量试题命题的素材源自教材，导向教学要回归课堂，切实减轻学生学业负担。这样的命题能有效引导师生回归课本，摆脱以题海战术、机械训练为特征的复习模式，从而切实减轻教师与学生的负担。

教材虽不是教学的唯一资源，但作为科学教学最重要的资源，应在广度上进行拓展、在深度上进行挖掘，从而引导课堂教学关注教材，体现课程标准和教材的重要地位，体现评价的公平和公正。

例：2020衢州卷第二十五题[②]：

利用加热高锰酸钾的方法，验证化学反应中质量守恒定律。如图，小科将适量高锰酸钾装入试管，塞入一团棉花并测出试管、棉花与药品的总质量为m_1。加热使之充分反应后，测得量筒中气体体积为V，再次测得反应装置与物质总质量为m_2，已知常温常压下氧气密度为$ñ$。

（1）实验中用量筒收集气体的好处是____。

（2）实验中，试管口内壁附着紫红色小液滴，请解释产生该现象的原因____。

（3）根据实验数据计算发现：$m_1-m_2 \neq ñV$，与质量守恒定律不符。造成这一实验结果的原因分析正确的是____。

a）试管中高锰酸钾没有完全分解

b）导管口连续均匀冒气泡时才收集气体

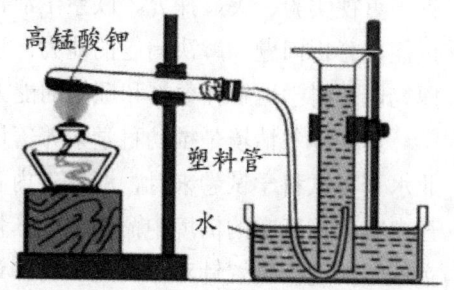

[①] 中华人民共和国教育部. 教育部关于加强初中学业水平考试命题工作的意见[S]. 教基〔2019〕15号.
[②] 2020年浙江省初中学业水平考试（衢州市卷）科学试题卷及参考答案和评分标准.

c）未调节量筒内外液面相平就读数

d）停止加热时，先将导管移出水面，再熄灭酒精灯

【评析】2020 衢州卷第二十五题以科学八年级下册第三章第二节"氧化与燃烧"和第三章第三节"化学方程式"为基础，以高锰酸钾制取氧气为载体，考察化学反应中质量守恒原理的应用，以及设计实验的能力和解决问题的能力。该情境背景包含了个人层面消耗的物质和能源（氧气的制取），社会层面的设备处理（实验过程里出现的紫红色小液滴来源，与结论不符的实验现象），全球层面的自然系统规律体现（质量守恒定律应用）。这道题注重对核心知识原理的考查，重点考核核心概念的理解，并能应用核心知识原理解释、解决实际问题。

（1）真实性分析：本题作为一道化学探究题，其情境源于教材但不拘泥于教材，在课本实验的基础上融合了多个实验（如高锰酸钾制氧，排水法收集气体，质量守恒实验探究）重新创设新情境，进行深入挖掘，给出学生会在实验过程中遇到的真实问题，从多角度考查学生不同的探究技能与能力，体现了科学探究的本质。

（2）典型性分析：本题综合性强，融合多个课本实验，取其重点考查核心原理。但又不仅限于此，比如在第一问中提问量筒收集气体的好处，考查学生对于实验操作的理解和评价；在第二问和第三问中挖掘学生在实验中会出现的真实问题，考查学生对实验现象的观察、异常现象的思考、数据分析等。

（3）适切性分析：这道题最大的亮点是把学生在实验中常会遇到的问题作为真实情境融入题目中，真实情境不仅仅是生活中的体验，更是学生在学习探究过程中出现的多样化的实际问题。这也同时引领教师重视实验教学，重视概念和原理的深层次理解，以发展学生的科学思维。

二、以生活热点为情境设计问题

教育部《关于加强初中学业水平考试命题工作的意见》指出：拓宽试题材料选择范围，丰富材料类型，确保材料的权威性，杜绝政治性和科学性错误。充分考虑城乡学生学习和生活实际，增强情境创设的真实性、典型性和适切性，提高试题情境设计水平。规范试题语言文字，防止出现表述错误和歧义。客观性试题要有确定的答案[①]。

---

① 中华人民共和国教育部. 教育部关于加强初中学业水平考试命题工作的意见[S]. 教基〔2019〕15 号.

2020浙江省学业水平考试科学试卷中有大量的与生产、生活和社会时事热点、传统文化、科学发展、科学史等有关的试题情境，让学生在答题的过程中体会到生活中处处有科学，在考查知识与技能的同时渗透科学态度与责任的考查，使学生在解题的过程中了解生活、了解社会，以及产生积极的情感体验，落实生命安全教育、健康教育、环保教育，让学生体会到科学的价值。

试卷中较多的试题以生活、生产、自然现象和科技成果为背景，设置有意义的问题，考查学生在实际情境中综合运用知识、解决问题的能力。

例：2020杭州卷第32题：

为了解决人们在野外生活和工作时的饮水问题，小金开展了便携式野外净水器的设计和制作。设计方案如图甲所示（其中箭头表示预设的水流方向）：

（1）为了确保水流按预设方向，原水进口和净水出口需要安装单向阀，单向阀类似于人体心脏中心房和心室之间的__（填写结构名称）。

（2）为了使水质符合饮用水标准，小金选择了三种滤料去除原水中的杂质，三种滤料的用途如表所示，则滤料甲、乙、丙分别为__（按序填写编号）。

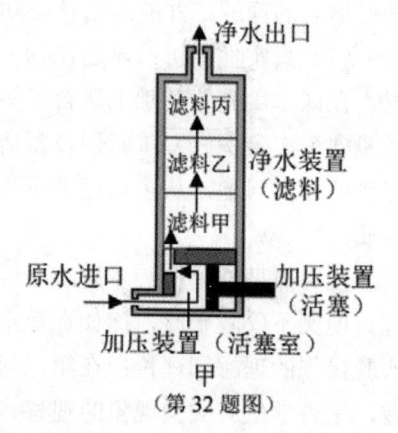

滤料编号	用途
①	去除水中的泥沙、悬浮物等大颗粒污染物
②	去除大分子有机物、重金属离子和细菌等
③	去除残留的细菌、小分子有机物、重金属离子和异味等

（3）为了使净水器出水快，需要通过加压装置吸水和压水。下列设计中手柄均可带动活塞作直线往复运动，其中能达到人推拉手柄省力这一目的的是__（选填字母）。

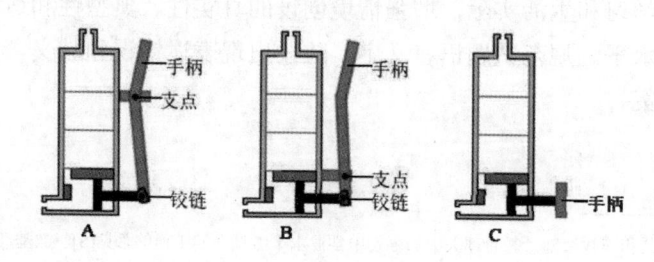

（4）小金按其设计方案完成了净水器的制作，并对净水器的净水效果进行检测。已知随着滤料内污染物增加，净水流速会降低，当其低于250mL/min时，需对滤料进行处理。图乙为净水器对三种地表水体进行净水实验，得到的净水流速随净水量变化的图像。据此判断，在不处理滤料的情况下，此净水器＿＿（选填"能"或"不能"）从以上三种地表水体中获取30L净水。

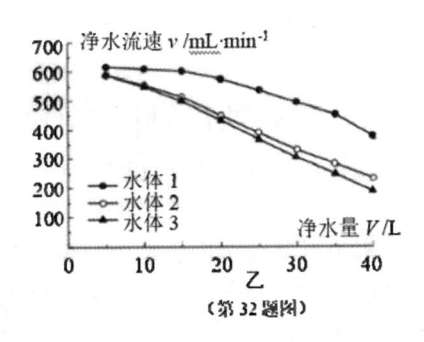

（第32题图）

【评析】2020年杭州市卷第三十二题是一道综合性题，基于科学大概念，考查知识点包括心脏结构、水资源的净化、杠杆分类；考查学生是否能对物质分离方法加以运用，对图表进行解读、了解心脏结构功能和杠杆分类。该情境背景包含了个人层面在野外生存时健康的维系、材料的使用处理等；在社会层面的社群健康、废物处理、设备及处理等；在全球层面的生态可持续性。这道题以野外净水为情境主题，联系生活、生产实际整合材料，使理化生知识基于同一主题进行融合，实现了同一主题下科学知识、科学方法、科学与社会关系的综合。

（1）真实性分析：本题以野外生存时的饮水、净水问题为背景，创立模型，从化学、物理、生物等角度设问，体现学科的综合性。该试题情境真实，有一定新颖度，以生活生产、科学技术作为背景，设置有意义问题，涉及的信息量和知识点数量适中，综合性强，繁简度合理。

（2）典型性分析：本题使用的模型来源于真实生活，且教材中也有类似净化水的插图。在第一问中，以单向阀为模型类比，一方面考查基础知识——心脏结构，另一方面考查学生对于原理和模型的迁移运用的能力。在第二问中，从水的净化这个真实情境出发考查核心问题——物质的分离。最后一问对能力要求最高，它不仅要求学生扎实掌握科学原理，具备在情境中提炼关键信息的能力，还强调了科学与数学在工程设计思维中的应用；对于学生的创新精神和实践能力都有较高要求，考查了学生的"分析、评价和创造"等高阶思维。

（3）适切性分析：这道题在真实情境的基础上体现了多学科的交叉融合，利用核心知识原理解释并解决实际问题，渗透以科学原理为依据，创新制作生活化的模型，强调科学知识在工程设计思维中的应用体现，体现了STEM的理念，考查了学生非文本性阅读能力。这道题不仅有生活化的科学，更体现了科学原理的创新应用。设置这一类题希望能引领教师在教学中培养学生应用大科学概念解决实际问题的能力。

三、以科学史作为情境设计问题

科学技术发展史是反映科学的孕育、产生和发展演变规律的历史。科学史是自然科学与人文学科之间的桥梁，它能够帮助学生获得自然科学的整体形象、人性的形象，从而全面地理解科学、理解科学与人文的关系。试题命制既要注重考查基础知识、基本技能，还要注重考查思维过程、创新意识、分析问题和解决问题的能力。要结合不同学科特点，合理设置试题结构，减少机械记忆试题和客观性试题比例，提高探究性、开放性、综合性试题比例，积极探索跨学科命题[①]。

例：2020年温州市卷第23题：

18世纪前后，人们把元素等同于一种在化学变化中不可再分的物质，即单质。"燃素说"和"燃烧的氧化学说"一度成为科学家争论的焦点。

材料一：1723年，施塔尔提出"燃素说"：燃素也是一种元素，燃素存在于一切可燃物中。如金属含有燃素，金属燃烧时金属释放燃素后成为金属灰（实际是金属氧化物）；金属灰与燃素结合又会重新变回金属。

材料二：1766年，卡文迪许制得氢气并认为它是燃素；1773年，舍勒研究发现，可燃物燃烧需要一种他称为"火空气"的单质参与；1784年前，人们认为水是一种元素；1796年，普里斯特利制得可在"脱燃素气"中燃烧的"可燃空气"，也把它当作燃素。

材料三：1777年，拉瓦锡建立了"燃烧的氧化学说"，认为可燃物中不存在燃素；1801年，克鲁克香克证明了普里斯特利所谓的"可燃空气"是一氧化碳，从而结束了"燃素说"与"燃烧的氧化学说"之争。

（1）用你所学的燃烧条件分析，材料二中的"火空气"是___。

（2）材料三中的"可燃空气"一氧化碳属于纯净物中的___，所以不可能是燃素。

（3）"燃素说"自提出后就引起争议。下列是当时科学家分析的事实或现象，用"燃素说"解释不合理的是___。（可多选）

[①] 中华人民共和国教育部. 教育部关于加强初中学业水平考试命题工作的意见[S]. 教基〔2019〕15号.

选项	事实或现象	用"燃素说"解释
A	金属成分比金属灰简单	因为金属燃烧时燃素从金属中逸出
B	加热金属灰通入氢气，金属灰变回金属	因为氢气是燃素
C	木炭与金属灰一起加热变回金属	因为木炭富含燃素
D	铜在空气中加热后质量增加	因为金属铜中含有燃素，加热后有燃素逸出
E	燃素（氢气）与脱燃素气（氧气）结合成为水	因为水是一种元素

【评析】2020年温州市卷第23题以《科学》（八年级下册）第三章第2节"氧化与燃烧"为基础，考查学生是否知道燃烧的条件和氧气的性质，能否根据组成元素的种类对物质进行分类，是否具备良好的信息理解与提取的能力，并在"燃素说"和"燃烧的氧化学说"科学发展史这一真实情境下对学生进行考查。该情境背景既是个人层面的科学技术前沿，了解科学家对物质变化本质的探寻过程，也是全球的元素认知科学史，但题目给出的情境是距离学生个人实际经历和实践较远的科学内容，没有聚焦学生现在或成年之后可能经常会遇到的科学问题，无法体现对学生实际操作和应用能力的考查。

（1）真实性分析：本题设置的情境基于科学史。学生在初中阶段初步接触物质是由元素组成的，并且要有物质燃烧需要氧气参与等基本化学常识。该情境展现了人类对元素和物质变化的认识发展史，能够引起学生的一定兴趣，但同时也需要学生具有较高的理解能力。

（2）典型性分析：本题通过展现科学家对元素和物质变化本质的探寻，可以准确考查学生是否知道可燃物在燃烧时需要氧气参与，以及氧气是一种单质，同时也可以准确考查学生理解信息的能力以及根据结论来寻找证据的能力。

（3）适切性分析：燃烧是生活中常见现象，燃烧需要可燃物、助燃剂和达到着火点。氧气是最常见的助燃剂，且由一种元素组成是单质。"燃素说"认为燃素是一种元素，存在于任何可燃物中，所以，金属成分比金属灰复杂，金属灰与燃素结合变成金属。本情境既考查了学生的基础知识，同时也考查了学生信息理解的能力，但本题情境没有出现需要解决的具体科学问题，所以学生的知识结构并未与要解决的问题相适应。

四、以未知事件为情境设计问题

发挥引导教育教学作用。考试命题要注重引导学校落实德智体美劳全面培养的教育体系，引导教师积极探索基于情境、问题导向、深度思维、高度参与的教育教学模式，引导学生自主、合作、探究学习，充分发挥考试对推动教育教学改革、提高学生综合素质、促进学生全面健康成长的重要导向作用[①]。

例：2020年台州市卷第二十五题：

春暖花开、燕雁北飞，秋寒叶落、燕雁南归。人们通常认为候鸟的迁徙与气温变化有关。据加拿大洛文教授14年的观察记录，有一种候鸟黄脚鹬，每年长途跋涉1.6万公里来往于北美洲的加拿大和南美洲之间，总是固定于5月26至29日在加拿大首次产蛋。根据上述现象，洛文教授认为气温不是引起候鸟迁徙的原因。他在1924年9月捕获了若干只某种候鸟，分两组进行实验，实验的过程与结果见下表。

	所捕候鸟的处理	3个月后放飞的所捕候鸟情况
第一组	置于日照时间逐渐缩短的本地自然环境中	留在原地
第二组	置于日光灯下，用灯光模拟日照，并一天天延长光照时间	多数往同一方向飞

（1）洛文教授根据黄脚鹬的首次产蛋日期都是在每年的5月26至29日，推测气温不是引起候鸟迁徙的原因，因为每年同期的气温是__。

（2）根据洛文教授的实验设计，你认为他的猜想是__。

（3）若洛文教授据此实验就对候鸟迁徙的原因下结论，这种做法是否合理？并说明理由__。

【评析】本题的选材主题是学生不熟悉的内容，同时又与学生认知水平相当，有一定的趣味性，有助于激发学生的答题兴趣，实现试题的教育功能。同时文字与图表搭配合理、简洁精炼，不在学生阅读上设置障碍，避免了冗余或干扰信息的出现，更好地实现了试题的考查功能。这样的试题开阔了学生的视野，激发了学生的学习兴趣，培养了学生终身学习和面向未来解决实际问题的能力。

2020台州卷第二十五题以《科学》（七年级上册）第一章第五节"科学探究"为基础，考查科学探究的基本环节，如学生能否规范地制定计划设计方案，能否分析获取的事实和证据并进行解释，能否根据结论描述状态或预测变化等，旨在通过"候鸟迁徙的原因"这一探究情境对学生进行了相关考查。该情境背景包含个人层面的对现象进行科学解释，所给出的情景是候鸟迁徙，距离学生个人实际经历和实践（大雁南飞等）较近，探究情境的设置能够较好地考查学生运用科学思维解决真实科学问题的能力。

（1）真实性分析：本题设置的情境来源于生活，与客观事实相符合。学生在

[①] 中华人民共和国教育部. 教育部关于加强初中学业水平考试命题工作的意见[S]. 教基〔2019〕15号.

实际生活中能够了解候鸟迁徙，可以对该情境有更加真实、确切的感受。但是，该情境较难引起学生的共鸣和兴趣。

（2）典型性分析：本题所使用的情境是候鸟迁徙的影响因素，能够准确地考查学生是否知道实验设计的原则，是否能够准确解释科学结论并用科学语言交流，能否根据所设计实验推测出探究问题，是否具备一定的科学探究能力。

（3）适切性分析：科学探究是学生重要的科学能力。学生要关注探究目的，在设计实验时需要注意避免实验的偶然性，能用科学的语言对事实和证据进行解释评价和交流，能根据结论进行预测和推断。本题情境出现了学生需要解决的具体科学问题，学生的知识结构与要解决的问题相适应。

第三节 基于问题进行学生任务设计

学生学会了测量固体液体的密度，根据密度公式，通过质量和体积就可以计算出物体的密度。如何测量气体的密度呢？基于这个问题，可以设计一系列的学生活动。

一、任务一：探究物质的质量与体积的关系

① 观察、测量和比较相同体积的立方体铁块、铝块、铜块的质量。②得到结论：铜块比铁块质量大，铁块比铝块质量大。③推导出一个结论：物质可能隐藏着一个特性。④探究木块的质量和体积到底是否成正比，每个组测量一次，先做完的同学，到白板上记录数据。⑤测不同的物质，得出物质的质量与体积成正比，见表 4-6、表 4-7 和表 4-8。

表 4-6 探究木块的质量与体积是否成正比

物体	质量（g）	体积（cm^3）	每立方厘米物体的质量（g）
木块			
木块			
木块			
木块			

表 4-7 探究铁块的质量与体积是否成正比

物体	质量（g）	体积（cm³）	每立方厘米物体的质量（g）
铁块			
铁块			
铁块			
铁块			

表 4-8 探究铝块的质量与体积是否成正比

物体	质量（g）	体积（cm³）	每立方厘米物体的质量（g）
铝块			
铝块			
铝块			
铝块			

可以发现，不同物质的单位体积所含物质的质量不同，这是物质的一个特性；隐藏着比气味、颜色更加隐蔽的特性，这个特性就是密度。

二、任务二：测量未知纯净物的密度，判断物质种类

准备一些石蜡，以及准备天平、量筒等实验仪器，要求测出石蜡的密度。学生根据任务一复习了测密度的原理，测量质量、体积，计算密度，并根据密度表判断物质种类。为了减小误差，多测几次最后求平均值。

表 4-9 测量质量、体积，计算密度

物体	物质	质量（g）	体积（cm³）	每立方厘米物体的质量（g）
1				
2				
3				
4				

三、任务三：设计测量未知气体密度的方案

通过任务一和任务二所得出的结论可以用于测量固体密度和液体密度，然而测量气体密度却不能顺利进行。因此，要搭好台阶，让任务顺利进行。

（一）分析难点：气体的体积、质量都不易测量

1. 解决方案

考虑气体可以被压缩，压缩后的气体还是可以测出质量的。

2. 实际操作

教师展示测量体积的一种方法，学生仔细观察如下图所示步骤。

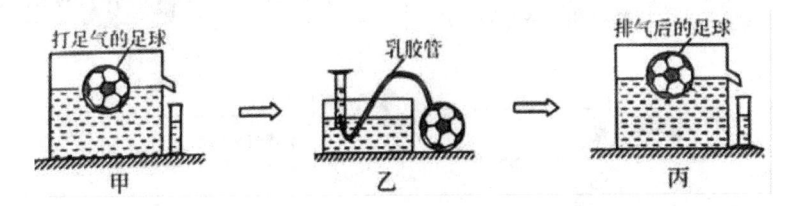

（1）图甲，将一个打足气的足球放入装满水的容器中，测得溢出水的体积。

（2）图乙，将装满水的 500mL 量筒倒置于水槽中，用气针和乳胶管将足球中的气体慢慢排入量筒中，同时调整量筒的位置，当量筒内外水面都与 500mL 刻度线相平时，停止排气，共排气 10 次。

（3）图丙，拔除气针和乳胶管，把排气后的足球放入装满水的容器中，测得溢出水的体积。

（二）消化吸收：分析气体质量和体积的测量方法

这个测气体密度的设计方案相较于平常的设计方案有一些改进：气体的质量是用排水法测量获得的，用二次排水法测得足球的浮力差，从而算出重力差和质量差；气体的体积是用量筒排水法测得的，每次 500mL，一共 10 次，气体的总体积就是 5 000mL；最后，可以通过密度的计算公式求得气体的密度。

为了更好地提高学生分析、综合、归纳和概括的能力，可以将学生的思维进行可视化处理。思维的关联用圆圈表示。

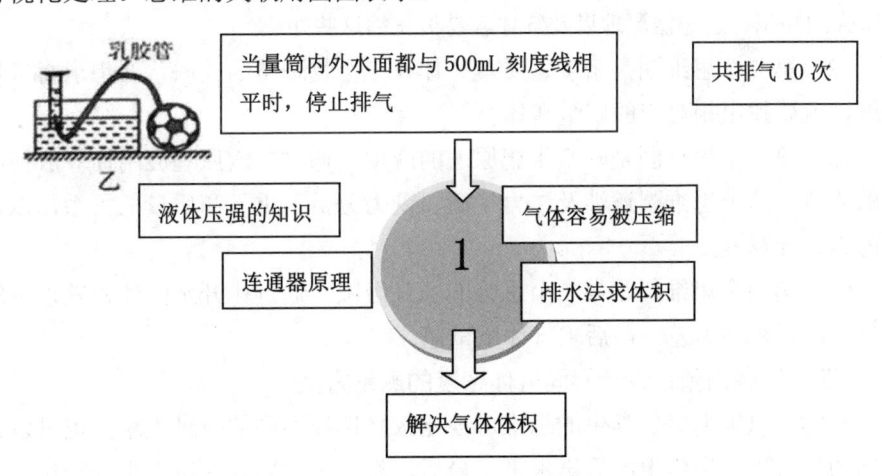

图 4-5　解决气体体积问题过程的思维可视化

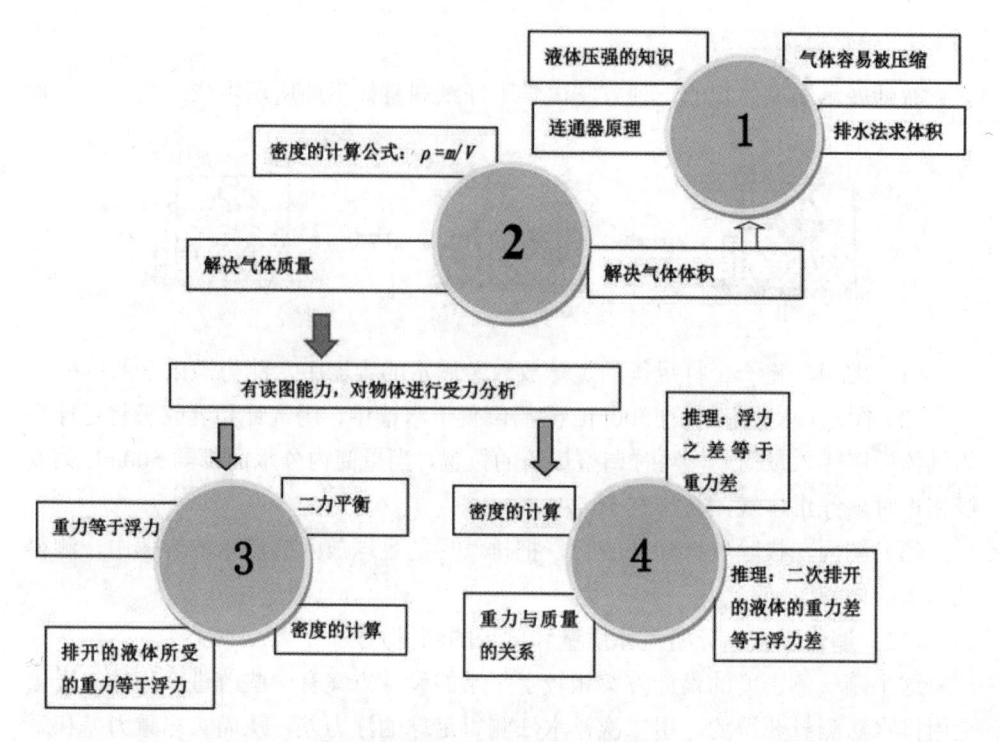

图 4-6　测量气体密度的思维可视化

（1）第一个思维圈是求体积。一般的排水法常用于测量不溶于水的固体的体积。本题是测量气体体积，每次排水 500mL，一共排了 10 次。然而，要回答"当量筒内外水面都与 500mL 刻度线相平时停止排气的目的"，这个思维圈就要增加液体压强的知识、连通器原理以及气体容易被压缩这些知识。

（2）第二个思维圈是密度、质量、体积三个物理量的关联，要想求得气体的密度，就要找出相对应的质量和体积。

（3）第三个思维圈是阿基米德原理的应用，通过二次原理应用计算放掉的气体的质量。这个思维圈还涉及二力平衡、受力分析、重量和质量的关系，以及读图能力、计算能力等。

（4）第四个思维圈是第二个思维圈的升级版，通过排开水的体积差求水的质量差，而后求浮力差，最后求气体质量差。

（三）迁移创新：设计不同气体密度的测量方案

教师可以根据每位学生的思维可视化水平选择不同的改进策略，也可以设计不同的任务来改进学生的思维水平。最后，教师可以要求每位学生分别设计一个测量气体密度的方案。不少学生根据此方案进行了气体密度的测量方案的优化。

第四章 任务型学习的设计流程

有的学生建议将篮球改成玻璃瓶或者金属筒，因为篮球会随着压力变大而发生较大的形变；相比之下，玻璃瓶或者金属筒的形变明显较小。有的学生建议用天平来测量气体的质量差会更简便、更精确。有的学生建议用烧瓶来测量排出气体的体积，比量筒会更简便、更准确。

第四节 基于 SOLO 理论设计评价

教育部《关于加强初中学业水平考试命题工作的意见》指出：考试命题对学校教育教学具有重要引导作用，是健全立德树人落实机制、扭转不科学教育评价导向的关键环节，对于全面贯彻党的教育方针和发展素质教育具有重要意义[1]。关键能力和必备品质的考查是核心素养考查的重要方面。

在任务驱动教学法的实施过程中，评价是非常重要的环节。评价能够使学生从多方面获得启示，让他们发现同伴的优点，看到自己的不足；能够把原理性知识技能与操作性知识技能进行有效整合，形成综合知识能力的提升。教师在评价时应注意以下几点：注重对学生学习过程的评价；多角度进行评价，引导学生进行反思；注重学生在完成任务中的非知识技能素质的评价，不仅仅是对知识与技能的评价，对合作态度、创造性问题的提出等进行评价同样重要；采用自评、小组内成员评价、教师评价等多元化评价方法，对学生的学习行为给予科学公正的评价[2]。

浙江省 2020 学业水平考试各市在填空题、实验探究题、解答题中都渗透了对学生科学解释能力的考查。2020 年学业水平科学卷中各市解答题都设计了真实的情境，其信息和数据很丰富，回答这些问题要求学生要有很强的科学素养。浙江全省多个地区（市）积极采用 SOLO（可观察的学习成果结构）分类评价评分方法，使得学生的思维层次能得到有效区分，其高层次的思维活动有了表现的空间，从而能全面地考查学生所具备的科学知识与技能、逻辑思维及语言表达能力。

研究证实，SOLO 理论能有效地用于评价学生学习的质量、诊断课程和教学中的问题。学生的思维水平及其产生的原因各不相同，SOLO 分类有利于教师精

---

[1] 中华人民共和国教育部. 教育部关于加强初中学业水平考试命题工作的意见[S]. 教基〔2019〕15 号.
[2] 郭绍青. 任务驱动教学法的内涵[J]. 中国电化教育, 2006（7）: 57-59.

准施教。

一、SOLO 理论的概述

目前，在科学课堂上，分析、评价、创造等高阶思维活动难以开展。在教学过程中，学生常常是通过低阶思维活动来获得知识的。在教学活动中，除了研究知识点，研究学生的学法和教师的教法之外，教师还要研究学生知识、能力和思维水平的形成过程。在教学过程中，教师要了解学生的思维方式和思维水平，将学生的思维可视化，分析并提高学生的思维水平。

（一）SOLO 理论中的五种思维方式

研究表明，一个人回答某个问题时所表现出来的思维方式和思维水平是可以检测的，比格斯（Biggs）称之为 "structure of the observed learning outcome（可观察的学习成果结构）"，英文缩写为 SOLO。SOLO 分类本质上是一种认知发展的理论，它以两种方式来描述认知发展：第一种是个体认知发展的功能方式（称为思维方式），具体见表 4-10；第二种是认知结构复杂性的层次处理相关线索的能力（称为思维的结构水平）。

表 4-10　个体认知发展的功能方式及相应的知识类型

认知发展的功能方式	年龄	产生相应的知识类型	举例
感觉运动方式	开始于出生后	隐性知识，难以言述的	运动技能的发展
形象方式	开始于2岁后	直觉知识，没有经过分析推理的	行动内化为表象；口头言语代表物理世界
具体符号方式	开始于6岁至7岁	陈述性知识，能直接加以回忆和陈述的	回答事物"是什么""怎么样"的问题，可用来区别和辨别事物
行事方式	开始于15岁至16岁	理论知识	某一"学说"或"学科"的全部具有解释性的陈述
后行事方式	可能开始于22岁左右	理论知识，不过层次更高，抽象性更强	质疑和挑战理论或原理

（二）SOLO 理论中的五种思维水平

研究表明：一个人回答某个问题时所表现出来的思维方式和思维水平是可以检测的。SOLO 分类本质上是一种认知发展的理论，是认知结构复杂性的层次处理相关线索的能力（称为思维的结构水平）。按照其性质和抽象程度，SOLO 理论中的思维水平可以划分为五种类型：前结构水平、单点结构水平、多点结构水平、关联结构水平、抽象拓展水平。

1. 前结构水平（P）(如图 4-7 所示)

学习者的大脑中是有各种知识和信息的，为学习者解决各种问题做准备。为了更好地研究思维的可视化，比格斯借鉴了信息加工理论的概念和方法，将这些知识和信息分成三类：第一类是与解决问题无关的知识或错误的知识；第二类是与解决问题有关的且比较明显的知识和信息；第三类是有关的，但不明显的信息。

× = 无关的或错误的信息
● = 有关的明显给出的信息
○ = 有关的假定的不明显给出的信息

图 4-7　思维的前结构水平

如图 4-7 所示，学习者参与到学习任务中，研究问题 1，但被学习情境中的无关知识信息和错误信息所迷惑或误导，得出了无意义的结果。

2. 单点结构水平（U）(如图 4-8 所示)

学习者找到了一个解决问题的思路，但只使用一个相关的线索或资料，找到一个线索就立即跳到结论上去。就好像学习者在阅读一整篇文章时并没有完全读懂，但有的简单的问题在原文也能找到答案。这一水平有两个特点，一是快速回答问题的愿望，二是思考问题不全面。在课堂上，教师的问题一经提出就会有人举手要回答，但是其答案往往并不全面。

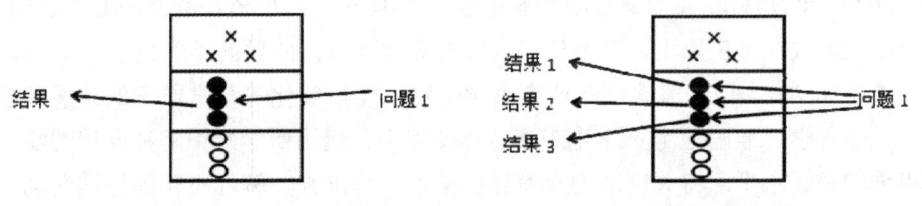

图 4-8　思维的多点结构水平　　　图 4-9　思维的单点结构水平

3. 多点结构水平（M）(如图 4-9 所示)

学习者使用多个孤立的知识信息来解决问题，但缺乏有机整合能力，没有建立知识信息之间的联系。在初中科学的学习中，学生在简单的串联、并联电路计算上并没有问题，但一遇到混联电路、可变电路等复杂情况就会出现差错。

4. 关联结构水平（R）（如图 4-10）

学习者整合对所有相关知识信息的理解，建立所用知识信息之间的联系，形成一致的知识结构或意义，以便解决较为复杂的具体问题。思维有关联结构可以应对复杂电路和可变电路，学习者对知识已经有了整体感觉，基本能够做到融会贯通。

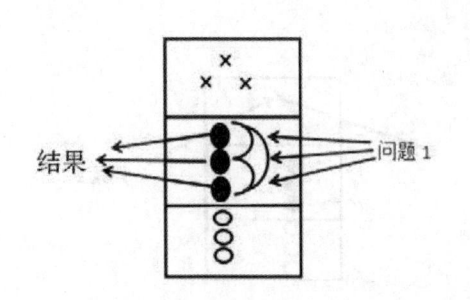

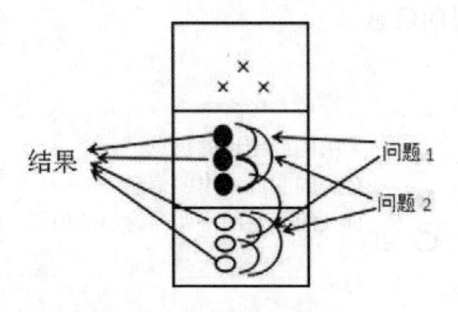

图 4-10　思维的关联结构水平　　　图 4-11　思维的抽象拓展水平

5. 抽象拓展水平（EA）（如图 4-11 所示）

学习者在关联的基础上，对问题进行更全面地思考；能归纳问题，在归纳中概括出更抽象的特征；能拓展问题本身的意义，生成一般性的假设并将其应用到新情境中，拓展问题本身的意义，这一反应水平的学生有更强的钻研精神和创造意识。

二、基于 SOLO 理论的表现性评价实例[①]

（一）2020 年温州市中考题"斯特林发动机"

2020 年温州科学卷的解答题共 6 小题，共 44 分，难度值在 0.25～0.75 之间，区分度大多数在 0.6 以上，难度值和区分度非常合理，此题的难度系数为 0.65，区分度是 0.70[②]。这些解答题既能考查学生对于能量转化等科学原理的理解和应用，又能科学、准确地考查学生观察、读图能力、运用所学知识解释原理的能力及思维的关联水平，将关键能力有差异的学生区分出来。解释飞轮能持续转动的工作原理是一个比较开放的题目，教师可以用 SOLO 分类的方法来评价学生的思维层次。

[①] 葛元钟. 思维可视化：基于 SOLO 理论的初中科学教学探索[J]. 教育考试与评价，2020（2）：84-85.
[②] 黄鹏飞，蔡呈腾. 2020 年温州市科学初中学业水平考试分析报告［R］. 2020：9.

举例：2020 年温州市中考题"斯特林发动机"

英国物理学家斯特林于 1816 年发明了"斯特林发动机"。斯特林发动机气缸内工作介质易汽化、易液化。该介质经过吸热膨胀、冷却压缩的循环过程输出动力，因此斯特林发动又被称为热气机。某工程师按照"斯特林发动机"原理设计了如图甲所示的模型机，工作过程中飞轮持续旋转如图乙。请结合所学知识解释飞轮能持续转动的工作原理。

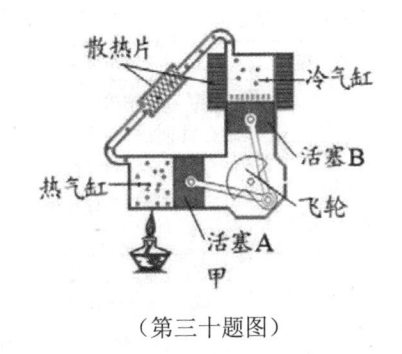

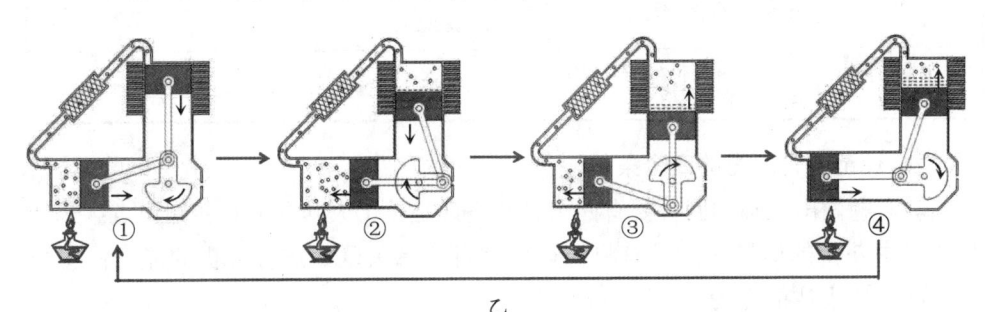

（第三十题图）

乙

1. 所需的知识和能力要求

学生要解释飞轮能持续转动的工作原理需要掌握的知识有：①化学能转化为内能；②气体对热气缸活塞做功，内能转化为机械能；③工作介质汽化和液化；④利用飞轮惯性；⑤工作介质的循环。

此题考查的能力主要包括信息获取、比较分析、原理迁移、逻辑推理等。信息获取体现在学生能够看懂图中的信息，如热气缸、冷气缸，以及飞轮、散热片结构；比较分析体现在学生能够看懂四张气缸和活塞的运动过程图；原理迁移、逻辑推理体现在学生能够把气缸和活塞的运动过程、能量的转化与守恒关联起来，并与工作介质易汽化、易液化、吸热膨胀、冷却压缩关联起来。

学生除了掌握科学知识、领会科学方法之外，还要善于科学地概括、表达和交流。学生在搞清楚飞轮能持续转动的工作原理后要将过程进行细致说明，不同思维层次的学生会有不同的回答。运用学科术语科学地表述探究或实验的过程和结果需要学生具备知识关联能力。本题在评价上应用了 SOLO 分类理论，见表 4-11。

表4-11　2020年浙江省初中学业水平考试（温州市卷）第三十题参考答案和评分标准[①]

回答等级	涉及要素	回答示例
高水平的回答（6分）	能完整地用能量转化、气缸内介质的物态变化、气缸内介质循环流动和飞轮惯性等知识对发动机工作原理进行解释，且逻辑合理	示例：酒精灯加热将化学能转化为内能，热气缸中的工作介质吸热汽化膨胀，推动活塞A向右运动做功，将内能转化为机械能；由于飞轮具有惯性，带动活塞A向左运动，活塞A将热气缸中的工作介质推入冷气缸并液化，活塞B又将介质推回热气缸；如此反复
中上水平的回答（4分）	能完整地用能量转化、气缸内介质的物态变化知识对发动机工作原理进行解释且逻辑合理	示例：酒精灯加热将化学能转化为内能，热气缸中的工作介质吸热汽化膨胀，推动活塞A向右运动做功，将内能转化为机械能，工作介质在冷气缸里液化
中下水平的回答（2分）	能用能量转化对发动机工作原理进行解释	示例：酒精灯加热将化学能转化为内能，热气缸中的工作介质吸热膨胀，推动活塞A向右运动做功，将内能转化为机械能
低水平的回答（0分）	不能运用相关科学知识作出解释或同义反复	示例：发动机运动，飞轮转动

2. 规范回答所需的四个条件

对本题做出正确的回答要有四个必要条件是：①大脑中应具备知识点；②能从题目中获得的信息；③具有将知识和题目信息关联后进行分析的能力；④科学、准确地表达的能力。

如图4-12所示，背景用云朵符号表示已知知识点，背景用矩形符号表示题目信息，背景用圆形符号表示分析过程。试题中的图片详细介绍了斯特林发动机转动一周，包括气缸内工作介质的吸热膨胀、冷却压缩的循环过程。在SOLO分类理论中，本题对学生的考查层次为关联结构层次。

在2020年温州市科学初中学业水平考试分析报告中可以发现学生答题情况主要存在这样一些问题：看不懂图解意思，动力源头不清晰，能量转化不清楚；混淆汽化和液化的吸热和放热关系，不清楚飞轮惯性在持续转动中的意义；只说活塞和飞轮动的方向，而没有解释它们为什么会转动，个别学生认为是重力作用压动B活塞向下运动带动飞轮转动。通过分析主要存在的问题可以发现，部分学生还没有想明白就开始说理，自然得不到高分。

3. 一般说理题的回答步骤

首先，学生要捕捉题目中给出的有用信息，要看懂图中的信息，如热气缸、冷气缸、飞轮、散热片，以及气缸和活塞的运动过程。题目中还提到气缸内工作

---

① 2020年浙江省初中学业水平考试（温州市卷）科学试题卷及参考答案和评分标准。

介质易汽化、易液化，介质经过吸热膨胀、冷却压缩的循环过程输出动力。学生还要能够判断出介质在哪里膨胀，在哪里冷却压缩，判断出工作介质从热气缸推入冷气缸并液化，在关联结构分析的方框中显示。

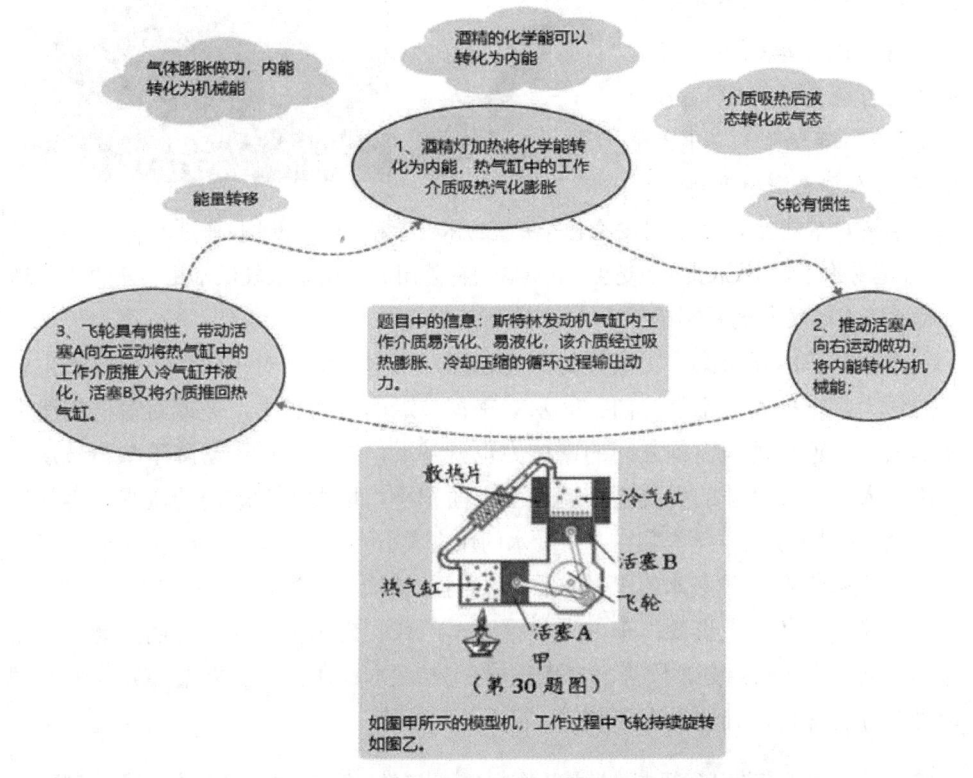

图 4-12 斯特林发动机原理的关联结构分析

其次，本题设问是解释飞轮能持续转动的工作原理，有持续、转动、原理三个关键词。学生要根据题目的要求，回忆解题所需的必要的知识，如酒精灯的作用（能量来源），飞轮具有惯性（可以连续做功），能量的转化、转移和守恒，掌握物态变化的知识，在关联结构分析中的云朵中表示。

再次，学生要将题目中的信息和大脑中的已有知识结合起来进行关联，并准确表达。三个步骤的表达在关联结构分析中的圆圈中表示。可以发现，评价示例中最高水平对这三个关键词一一作出了回应。

（二）2020 衢州中考题"落水车辆的自救"

学生的思维关联水平低，反映出教师的教学策略有偏差。教师在教学过程中没有在学习策略上给予指导，没有对学生的逻辑推理能力进行指导和锻炼，会导致学生只理解知识点,而不能够解决实际问题。以2020年浙江省学业水平考试(衢州市)的开放题为例进行教学策略研究[①]。

有经验的司机驾驶车辆经过跨江大桥时,会提前打开车窗,以防车辆不慎落水时错失自救良机。在门窗紧闭的情况下,车辆坠入水中较深时,车内人员无法打开车门和降下车窗玻璃逃生,可选用安全锤等尖锐物体砸碎窗玻璃,让水快速进入车内,待水较多时就容易推开车门或爬出车窗逃生。请解释门窗紧闭的车辆坠入较深水中,车内人员逃生时所遇上述现象的原因和采取相应措施的理由。

本题的答题要点有:①液体的深度越深,压强越大,对车门和车窗会产生较大的压力,车内人员不易开门;②水对车窗玻璃的压力越大,玻璃对窗框的压力就越大,车窗玻璃与窗框之间的摩擦力也就越大,车内人员不易降下车窗玻璃;③车内人员用安全锤的尖端砸玻璃,受力面积小,增大了对玻璃的压强,容易砸碎玻璃;④水进入车内,车门内外所受水的压力大小相接近,车内人员容易推开车门;⑤砸碎车窗玻璃时,窗外水的压强大于车内压强,水会快速进入车内;⑥玻璃被砸碎,说明力能使物体发生形变;车内人员推开车门或爬出车窗逃生,说明力能改变物体的运动状态(共4分,只答出一点也给1分)。本题在评价上根据SOLO分类理论进行分层评价,具体见表4-12。

表4-12　2020年浙江省初中学业水平考试(衢州市卷)第三十题参考答案和评分标准[②]

回答等级	涉及要素	回答示例
高水平的回答(4分)	答出4个要点,且逻辑关系合理	车辆沉入水中越深,水的压强越大,水对车门和车窗产生较大的压力,车内人员无法将车门推开(1分);水对车窗玻璃的压力越大,玻璃对窗框的压力就越大,玻璃与窗框之间的摩擦力也就越大,车内人员就越不易降下车窗玻璃(1分);用安全锤或其他尖锐物品砸玻璃时,受力面积小,增大了对玻璃的压强,容易砸碎玻璃(1分);较多的水进入车内,使得车门内外所受水的压力大小相接近,车内人员容易推开车门而逃生(1分)

[①] 2020年浙江省初中学业水平考试(衢州市卷)科学试题。
[②] 2020年浙江省初中学业水平考试(温州市卷)科学试题卷及参考答案和评分标准。

续表

回答等级	涉及要素	回答示例
中上水平的回答（3分）	答出3个要点，且逻辑关系合理	车辆沉入水中越深，水的压强越大，水对车门和车窗产生较大的压力，车内人员无法将车门推开（1分）；用安全锤或其他尖锐物品砸玻璃时，受力面积小，增大了对玻璃的压强，容易砸碎玻璃（1分）；较多的水进入车内，使得车门内外所受水的压力大小相接近，人容易推开车门而逃生（1分）
中下水平的回答（2分）	答出2个要点，且逻辑关系合理	车辆沉入水中越深，水的压强越大，水对车门和车窗产生较大的压力，车内人员无法将车门推开（1分）；用安全锤或其他尖锐物品砸玻璃时，受力面积小，增大了对玻璃的压强，容易砸碎玻璃逃生（1分）
低水平的回答（1分）	答出1个要点	用安全锤或其他尖锐物品砸玻璃时，受力面积小，增大了对玻璃的压强，容易砸碎玻璃逃生（1分）

本题取材于"车辆入水自救"的现实话题，从车辆入水遇到的现象和自救措施切入命制试题。题干提供了关键科学现象和自救措施等有效信息，旨在让学生去挖掘蕴含其中的科学知识、原理和规律。本题从解释现象和阐述自救措施的角度进行设问，考查包括液体压强大小的影响因素、压力与摩擦力的关系、力的平衡、固体压强大小的影响因素、力的作用效果等相关联的核心知识考点。本题是基于能力立意的题目，意图考查学生运用科学知识能力和科学思维能力，解题时需要学生厘清有关知识点及其相互联系，能清晰、规范地表达出先后逻辑和因果关系。题目强化学生关注科学现象、生活生产和自觉运用知识原理和规律，同时强化生命教育并传递自救意识，体现科学是说理更是有用的学科，与科学教育教学的功能价值相吻合，于教于学都能起到很好的示范和导向作用。

三、基于SOLO评价的任务驱动教学策略

SOLO分类诊断出学生现有的思维水平，就能确定教学的目标思维水平，这两者之间的差距正是维果斯基所说的最近发展区。本书针对三类不同的思维水平指出不同的改进策略。

（一）加强大脑中的知识储备

在日常的教学过程中，教师要关注课程标准。在备课时，教师要先看一下课程标准中知识点的要求、活动建议、教学建议；在备课时，也要看一下课后的练习，辅导资料中的练习及各市学业水平考试中的相关题目。在进入课堂前，要做到心中有标准，更要做到标准有评价工具。

以第三十题为例，题目中的知识点有学生要掌握的科学观念，这些科学观念在课标上都能找到并有层次要求，有些知识点还有活动建议，见4-13。

表4-13 科学课程标准（2011）[①]

具体内容目标	活动建议
列举能的多种形式（机械能、热能、电磁能、化学能、核能等）；举例说明化学能与内能的转化，认识燃料的热值，初步了解能量的转化与传递有一定的方向性	考察各种玩具中的能量转化；探究相同质量的不同物质和不同质量的同一物质吸收热量与温度升高的关系
了解能量转化与守恒定律；通过对能量转化与守恒定律发现史的学习，领悟科学思想和科学精神	
了解物质主要的物理性质和化学性质的含义，如密度、比热容、熔点、沸点、导电性、溶解性、酸碱性等，能解释自然界和生活中的有关现象；了解牛顿第一定律，能用惯性解释有关的常见现象	

如果思维水平是前结构水平，学生完全无法理解题目，就无法从中获取有效的相关信息，完全处于无知识、无逻辑状态，不清楚密度计算的原理，对问题的反应没有任何有效的反馈。

对于这类学生，类似综合程度高、思维水平高的题目在目前的阶段还不适合他们。教师的任务教学建议是：重新学习一些他们未能很好掌握的概念，强化核心知识，单独做一些密度、浮力、重力和质量关系的相关题目。他们应先把基础打扎实了，只有牢固掌握知识点，才能提高思维水平。

通过测试可以发现，相当一部分学生读题不明，对于要点回答不到位；表达不清，关联点之间的逻辑混乱。教师使用低水平的"题海战术"是无法对学生思维能力进行培养的，反而会让学生产生厌学的心理。教师要说清楚一些复杂问题，就必须在课堂教学中关注学生的学科思维品质。

针对这类学生，教师不仅要强化课内知识点，还要关注课外的生活中的常识点。有这样的情况：问题A的解决需要三个知识点，其中两个是课内知识，另一个是生活知识，如果学生只读书、不劳动、不关心生活环境、不与人沟通，那么他解决问题的能力就会弱一些。

（二）关注细微提升关联水平

根据SOLO分类理论，学生回答的问题可以分为以下几类：

（1）概念不清，表现在大脑中找不到解决问题的知识点。

（2）读题不明，题目信息与知识点没有有效准确的关联。

（3）表达不准，回答时东拉西扯，关联点之间的逻辑混乱。

[①] 中华人民共和国教育部. 初中科学课程标准（2011版）[S]. 北京：北京师范大学出版社，2012：16.

假设要解决 A 问题需要两个知识点，但大脑中有两个知识点是相似的，如果学习者选择了错误的知识点进行关联，那么最终得出的结果就将会有偏差。因此，概念掌握不扎实、不关注概念细微差别的学习者也容易失分。针对这类学生，教师的任务教学建议是：把这名学生的相关知识结构化并提升关联水平，整理出知识点，配上典型例题；增加审题、读图训练；把想法写出来，进行思维的可视化操作；看到题目多讲一讲思路，如果学生的思路清晰，就可以换一个题目。

要提高学生的思维关联水平，教师有以下几个教学策略可以尝试：

1. 用思维导图辅助关联

近年来思维导图逐渐被人们接受，成为一种很好的思维工具，如图 4-13 所示。

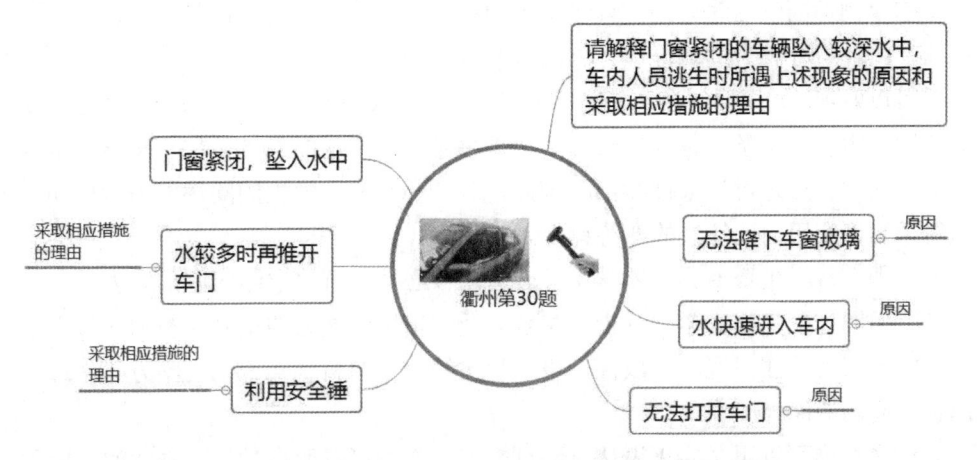

图 4-13　用思维导图表示现象的原因和采取措施的理由

2. 用表格表达知识关联

在初中科学课堂上，教师会请学生回答一些比较简单问题。对于难一点儿的问题，教师会采取自问自答的形式进行讲解，有时没有留下痕迹。在平时的教学过程中，教师可以尝试用表格的方式厘清思路。教师利用表格可以轻松看出学生在科学学习过程中是哪个环节不明白，方便进行精准教学。教师制作一个简单的表格，将现象和已经采取的相应措施找出，然后在表格中填空即可，见表 4-14。

表 4-14　用表格法表示现象的原因和措施的理由

现象	导致现象出现的原因	采取相应措施	采取相应措施的理由
无法降下车窗		安全锤等尖锐物体砸碎窗玻璃	
无法打开车门		水较多时推开车门	
水快速进入车内		推开车门	

3. 用语言文字强化表达

教师在平时教学中要有"说理意识"，通过教材中的思考与讨论、课后练习等素材，引导学生说理，以便增加学生的说理能力，给学生充足的时间，给讨论、点评和交流创造更多的机会。

（三）熟能生巧，提高迁移能力

科学思维的最基本特征是思维与观察、实验的结合。21世纪的科学教育研究特别重视科学思维，认为科学思维是核心素养的重要成分。在日常教学过程中，在解决实际问题的过程中，经常会有观察和实验，教师要多给学生思考的机会，以学为中心，提高学生的迁移水平。

初中物理的学习时要用到许多基本的科学思维方法，如分析与综合、抽象与概括、比较与分类、逻辑推理、类比思维等。

可以发现，如果要解决A问题，则需要三个已知条件和两个需要掌握的知识，但在题目中有一个条件是需要学习者认真审题才能发现的隐含条件，需学习者读懂题目的"言下之意"才能得出，因此，教师还要提高学生的阅读能力，增加学生对于知识应用问题解决的熟练程度。

教师在教学中要着力培养学生综合应用核心知识解决实际问题的能力，在解决实际问题过程中促进学生分析、综合以及逻辑思维能力的提升。教师在教学中还一定要着力关注问题的开放性，培养学生综合运用科学知识、科学方法创造性地解决问题的能力。

许多思维可以用文字来表达。通过文字，教师可以明白学生要表达的内容和思维过程，可以考查学生对知识点的掌握情况，也可以判断学生的逻辑思维推理能力。说理题能让学生应用学到的知识、规律、原理来解释生活中的现象，更能使学生的表达思路清晰、逻辑严密。思维可视化的优越性是显而易见的，思维可视化可以明确地告诉教师：学生知道、理解和能做什么，它能让教师看到最有益的教学指导在哪里。

思维可视化能让教师不仅能够理解学生所掌握的知识，而且能理解学生如何思考、如何关联知识、如何用知识解决问题。然而，基于SOLO分类的思维可视化在初中科学教学实践操作上还要注意以下几点：①题目设置要有一定的思维难度，知识点要有一定的综合程度；②对学生回答进行思维层次可视化要费一定的时间，最好能有模板；③应设计具有针对性的任务驱动学生向高层次思维迈进。

总之，教师要关注课标，平时依标教学；教师要注重培养学生的思维品质，在文本中寻找知识点的关联，增强学生寻找信息、关联信息的能力；教师还要改进自身的教学策略，善用思维导图、表格等工具，在平时多强化，多让学生说，从而培养学生的思维能力和关联水平。

第五章 "科学观念及应用"学习任务的设计与实施（参考第九章案例2、案例4）

第一节 科学观念及应用的内涵

任何一个研究领域的知识都是由科学事实（经验要素）、科学理论（理论要素）、科学观念（观念要素）三种成分组成，如图 5-1 所示。科学事实是对经验现象的描述；科学理论是对经验现象的解释，包含了科学概念、科学规律；科学观念是科学知识体系中最深层的东西。

如果一个研究领域的知识体系表现为一个球状体，那么科学观念就是这个知识球的硬核，科学理论和科学事实则相应地构成了它的"地幔层"和"地壳"。

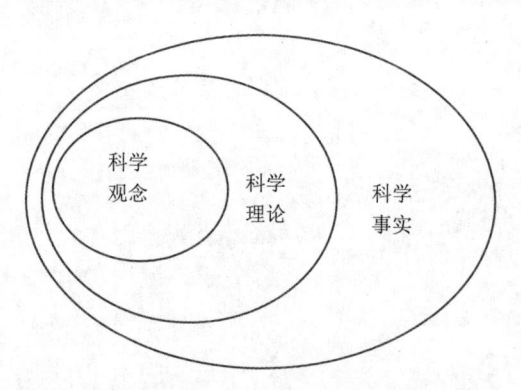

图 5-1 科学观念、科学理论和科学事实的关系

在初中阶段，"科学观念与应用"是学生形成的关于物质、运动、相互作用、

能量等的基本认识；是科学概念、规律、原理等在学生头脑中的提炼和升华；一方面反映了客观事物的不同属性，另一方面又具有主观化的理解色彩。正确的科学观念可以帮助人们解释自然现象和解决实际问题。

在自然科学的发展过程中，形成了一些统一的概念和原理，它们反映了自然界内在的统一性。通过科学课程的学习，学生将逐步加深对物质、运动与相互作用，能量、信息、系统、结构与功能，演化、平衡、守恒这些观念的理解。通过学习，学生能从这些概念和原理的视角来审视、分析乃至解释自然世界，这就说明他们对整个自然界形成了一种正确且深入本质的看法。

一、科学观念与科学理论、科学概念

（一）科学观念对于科学理论、事实的依赖

科学事实是经过对经验事实的科学整理和鉴定后获得的，关于客观存在的事件、现象和过程的真实描述或判断。如果没有客观事件的发生，就不会有科学事实。对同一客观事件，可以因为认识条件设置的合理而描述得较精确，也可因为认识条件设置的不合理而描述得较粗糙甚至歪曲了事实[1]。从内涵上讲，它是指人们通过感官获得的以感觉、知觉、直觉、表象形式描述出来的外经验知识；从外延上说，它主要分为观察事实和实验事实。科学认识中的经验事实也就是科学事实。

科学观念并不单独存在，它总是寓于具体的科学理论之中，并通过科学理论表现出来。科学观念与科学理论的关系本质上是内容与形式的关系，即前者是后者的本质内容，后者是前者的表现形式。一种科学观念常常对应着多个科学理论。例如，现代地理学革命中的活动论地球观是一种科学观念，是因为它涉及魏格纳的大陆漂移说、霍姆斯的地幔对流说、赫斯和迪茨的海底扩张说、摩根等人的板块构造说、20世纪80年代的地体构造说等许多学说，它们基于大陆的位置在地质史上曾变动过这一观念。

（二）科学观念对于科学理论、事实的指导

科学观念对科学理论具有自上而下的指导性作用。科学观念为科学理论的产生提供了启示，同时又为它们以后的修改充当着向导。

科学观念对科学理论的指导本质上是一种定向作用，表现在鼓励与科学观念相一致的理论思维，从而使得有关自然界这一方面的科学研究得到较为充分的发

---

[1] 彭漪涟. 逻辑学大辞典 [M]. 上海：上海辞书出版社，2004：12.

展。一个科学发展时期只能解决相对集中的一些主要问题，因此科学观念的这种定向作用应该说是有一定合理性的。

1. 生命科学领域中的科学观念

生命科学领域中的科学观念包括：生命系统的构成层次，生物体的基本构造、生命活动的基本过程，人、健康与环境的相互关系（平衡），如图 5-2 所示。生物体结构与功能的统一、生物体与环境的统一和进化，（体现出）生命系统是一个复杂的开放的物质系统。

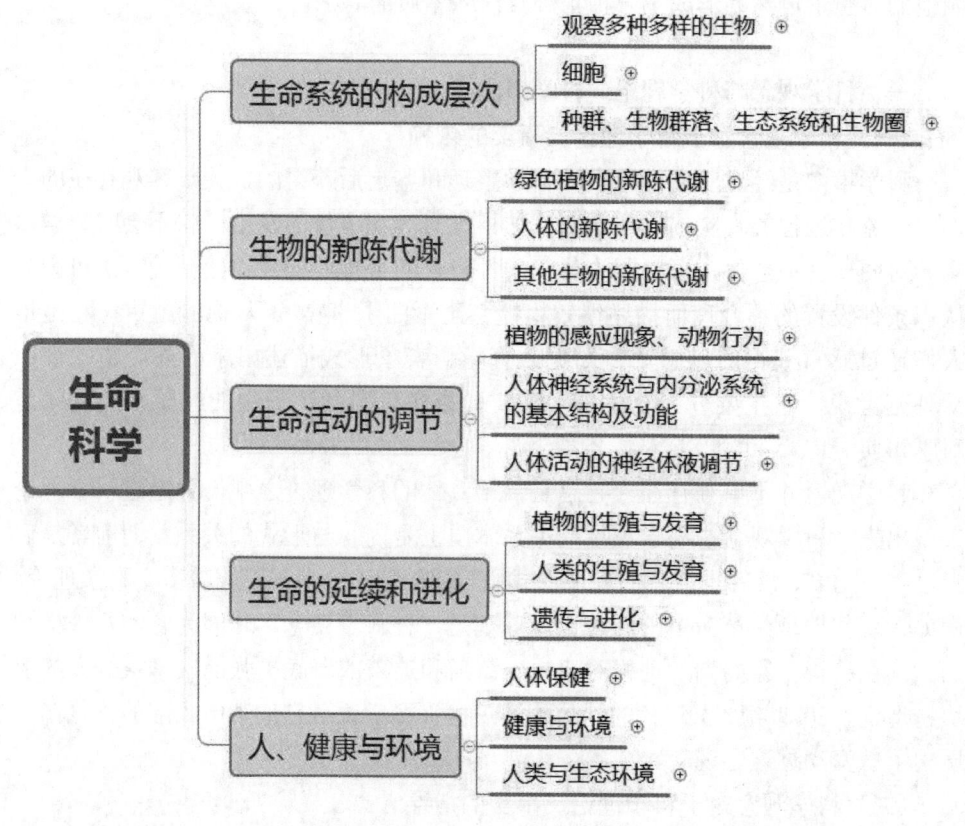

图 5-2　生命科学领域的主要主题

2. 物质科学领域中的科学观念

物质科学领域中的科学观念包括：物质的基本性质、物质运动形态、物质运动及其相互作用过程中的基本概念和原理，物质结构，用简单的模型解释物质的运动和特性，能量转化与守恒，如图 5-3 所示。

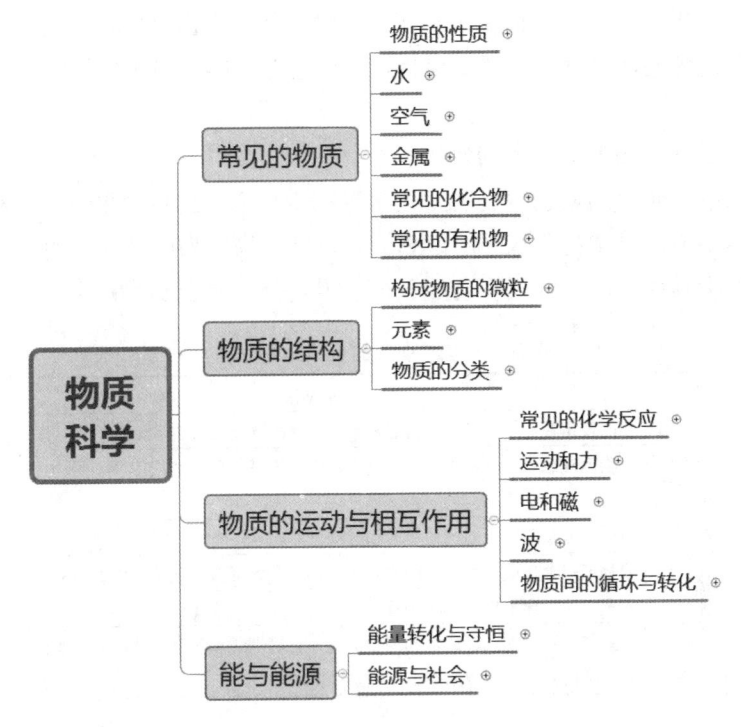

第五章 "科学观念及应用"学习任务的设计与实施（参考第九章案例2、案例4）

```
物质科学
├── 常见的物质
│   ├── 物质的性质
│   ├── 水
│   ├── 空气
│   ├── 金属
│   ├── 常见的化合物
│   └── 常见的有机物
├── 物质的结构
│   ├── 构成物质的微粒
│   ├── 元素
│   └── 物质的分类
├── 物质的运动与相互作用
│   ├── 常见的化学反应
│   ├── 运动和力
│   ├── 电和磁
│   ├── 波
│   └── 物质间的循环与转化
└── 能与能源
    ├── 能量转化与守恒
    └── 能源与社会
```

图 5-3 物质科学中的主要主题

3. 地球、宇宙和空间科学领域中的科学观念

地球、宇宙和空间科学领域中的科学观念包括：地球、太阳系和宇宙的基本情况及其运动变化的规律（演化），人类在空间科学技术领域的成就及意义，如图 5-4 所示。在人类生存的地球环境中（系统）阳光、大气、水、地壳、生物和土壤等是相互联系、相互影响、相互制约的整体（平衡），人与自然要和谐相处。

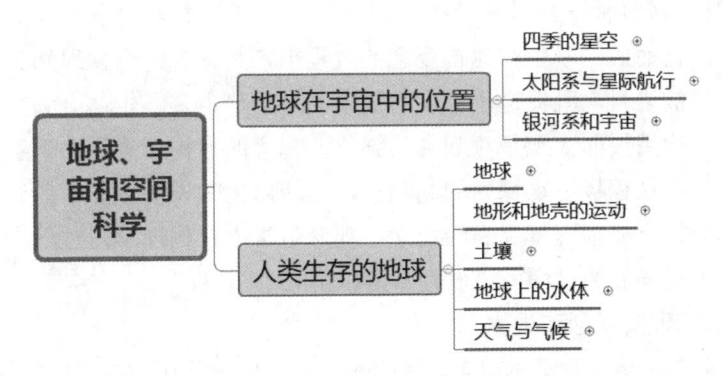

```
地球、宇宙和空间科学
├── 地球在宇宙中的位置
│   ├── 四季的星空
│   ├── 太阳系与星际航行
│   └── 银河系和宇宙
└── 人类生存的地球
    ├── 地球
    ├── 地形和地壳的运动
    ├── 土壤
    ├── 地球上的水体
    └── 天气与气候
```

图 5-4 地球、宇宙和空间科学的主要主题

· 135 ·

由于核心素养是在真实情境中解决问题时才能表现出来的，因此，不仅要重视对于科学观念的深度理解，还要重视这些观念在真实情境中的应用。

二、科学观念的水平层次划分

科学课程的研究领域包含物理、化学等物质科学，也包含生命科学和地球宇宙科学。本小节的科学观念水平层次划分就以高中物理为例进行说明。

新版课标具体提出了物理观念的五个水平划分，如表5-1所示。

表5-1 物理观念的五个水平划分

水　平	物理观念
水平一	能从物理学的视角解释一些简单的自然现象，具有将物理学与实际相联系的意识
水平二	形成初步的物理观念，能从物理学的视角解释一些自然现象，能应用所学的物理知识解决简单的实际问题
水平三	具有物理观念，能从物理学的视角描述和解释自然现象，能应用所学的物理知识解决实际问题
水平四	具有清晰的物理观念，能从物理学的视角正确描述和解释自然现象，能综合应用所学的物质知识解决实际问题，能指导工作和生活实践
水平五	具有清晰、系统的物理观念，能从物理学的视角正确描述和解释自然现象，能灵活应用所学的物理知识解决实际问题，能有效指导工作和生活实践

可以发现，观念的形成和发展不是一蹴而就的，是通过对概念、规律等基础知识的学习逐步形成的。可以这样说，概念清楚、规律明确的学生往往具备较高水平的观念。

三、科学观念的形成路径

观念的建构并不是由大量知识叠加而成的，而是在各种探究活动中，通过深刻理解、把握基础知识，进一步整合基础知识而形成的核心概念，在对广泛的现象的应用中内化而成。学生在建构观念的过程中，必须有恰当体现知识内容、能引起学生兴趣的素材，既促进了学生对概念的理解，也使学生体会到知识的实际意义，从实际应用层面实现了对观念的强化；观念的建构必须调动学生探究的积极性，学生只有在积极主动探究的基础上，才能内化知识的本质，促进知识的迁移，内化形成抽象概括程度更高的观念。观念是学生在物理学习过程中循序渐进形成的，是进阶发展的过程，该过程分为以下三个阶段：

（一）深刻理解概念和规律

在这一阶段，学生对基本概念、规律的形成过程展开在微观层面的深刻理解。此阶段是学生对基本知识开展学习的阶段，达到对知识的深刻理解。

(二) 内化后形成核心概念

核心概念在学科各主题中处于核心地位，是以基础概念为支撑，整合概念的内在逻辑联系而形成的，是从基本的概念规律向物理观念形成的过渡。核心概念的意义在于即使其遗忘了非本质内容，也仍然可以用来解释现象或解决问题的概念。以核心概念组织教学，学生头脑中的知识不再只是对相关的公式、规律、事实进行简单罗列，而是使学生能够用知识指导生活和工作实践。

(三) 抽象后建立科学观念

在这一阶段，学生在形成核心概念的基础上，抽象出更为本质的认识，对核心概念进行提炼和升华，形成观念下的各子观念；形成能够从科学的角度灵活分析问题的能力，对各子观念整合建立起科学观念。建立系统完善的观念的最终指向是形成善于处理实际生活情景问题的能力，可以将知识广泛迁移于多个方面，持久地指导生活实践，通过在实际问题中的迁移应用，逐步使学生内化形成观念。以物理领域为例，科学观念的建立路径如图5-5所示。

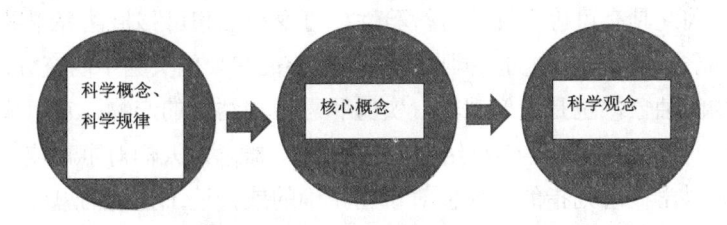

图 5-5　科学观念的建立路径

第二节　"科学观念及应用"学习任务的设计

心理学认为，概念是人脑对客观事物本质的反映，这种反映是以词来表示和记载的。概念是思维活动的结果和产物，同时又是思维活动借以进行的单元。表达概念的语言形式是词或词组。概念都有内涵和外延，及其含义和适用范围。概念随着社会历史和人类认识的发展而变化。

明确概念就是要明确概念的内涵和外延。定义是明确概念内涵的逻辑方法，划分是明确概念外延的逻辑方法。

"概念是能够反映事物及该事物特有属性的思维形态。概念既是抽象的，概念也是普遍的。因为概念的内涵会忽略事物的一些差异，而将事物存在的共性抽取出来，所以概念是抽象的；同时概念在一定程度上能够等同地适用于在其外延中的所有事物，所以概念也是普遍的"[1]。

概念作为反映对象本质的思维形式，是科学与实践长期发展的结果，是历史的暂时的产物，而非固定与永恒。由于概念是人们认识、分类事物的心理基础，历来都为心理学家所关注，许多著名学者如维果斯基、奥苏贝尔、布鲁纳、加涅等分别从自身理论出发，对概念予以界定、区分和水平划分。尽管学者划分概念的标准不同，但对概念定义还是存在共识的，即认为概念是一种基于经验和认识而高度概括、抽象而成的对事物特征或属性的指认形式，体现了认识主体对客观事物的一般特征和本质特征的把握。

科学概念与"日常概念"相对，是个体在有计划、有目的的教学过程中形成的概念。科学概念的意义在于通过抽象思维，以明确的概念形式表达科学发现的深层结构和内在规律，使之成为不同认识主体间交流的普遍而专门的语言，它具有明确的特定含义和可供检验的逻辑特性。科学概念因科学进步和学科交流而发展、变化，因此具有可确定性、可检验性、可变动性和可移植性等逻辑特征。

"科学概念是科学事物的共同属性和本质特征在人们头脑中的充分反应，其是对科学事物的抽象，也是人们观察、实验和思维相结合的产物，它组成了科学知识的基本单元，是形成科学学科结构的基础"[2]。概念是人们对事物或正确或错误的认识，而科学概念则指的是人们对事物正确的或接近于正确的思考。人们只有掌握了事物的科学概念，才能对世界有正确的认识。

一、转变科学概念的学习任务设计

学生在接受正式的科学教学前就已经了解了许多能解释自然世界的概念。这些概念与科学概念存在一定差异，学生在课堂上要进行概念转变。这里以《科学》（八年级下册）第九章"大气的压强"教学为例，从分析学生已有概念，解构学生已有迷思概念，重建科学概念三个步骤讲述任务驱动合作教学在概念转变中的做法[3]。

在日常教学中，概念的掌握和理解是学生获得知识、积累知识的重要手段和过程，是科学教学中的重要环节。学生在学习科学课程之前头脑中并不是一片空

---

[1] 胡卫平. 科学概念教学中思维能力的培养 [J]. 中国教育学刊，2004（9）：48-51.
[2] 朱永海. 基于知识分类的视觉表征研究 [D]. 南京：南京师范大学，2013：15.
[3] 葛元钟. 利用任务驱动合作教学进行概念转变——以初中科学"大气的压强"教学为例 [J]. 教学月刊，2017，（4）：21-25.

第五章 "科学观念及应用"学习任务的设计与实施（参考第九章案例2、案例4）

白的，学生在接受正式的科学教学前就已经了解了许多能解释自然世界的概念，也就是所谓前概念，或称迷思概念。

学生在建构自身知识和概念的过程中，是以已有的知识经验为基础的。由于每个人掌握的知识、积累的经验、认知能力和生活环境存在差异，对同一概念的理解会有所不同。因此，科学教学必须以学生原有的认知为基础，帮助学生逐步建构科学概念。

为了让学生更好地建构科学概念，教师应尽量针对学生的迷思概念设计安排教学，实现学生的概念转变。这里以《科学》（八年级下册）第九章"大气的压强"教学为例，探讨如何利用任务驱动教学，利用合作教学，使概念转变更有效地进行。

（一）科学概念

一个科学概念一般具有五个基本要素，分别为科学概念的词语、内涵、外延、例证及其前科学概念。学生只有正确掌握科学概念的五个基本要素，才能说明其正确掌握了科学概念。这五个基本要素中一旦有哪个部分发生偏差，学生的头脑中就可能形成关于事物的前科学概念，从而影响学生对真实事物的认知。

1. 科学概念的语词

概念与语词是密切联系的。概念的存在必须依附于语词。

杨盛春在《知识表征研究述评》中提道："表征是指信息记载或表达的方式，能把某些实体或某类信息表达清楚的形式化系统以及说明该系统如何行使其职能的若干规则。因此，我们可以这样理解，表征是指可以指代某种东西的符号或信号，即某一事物缺席时，它代表该事物[1]"。

同一概念可以用不同的语词来表达。语词是民族习惯的产物，不同的民族用来表示同一事物的语词可以是不同的，同一语词也可以表达不同的概念。例如，"速度"既可以表达物体运动的快慢和方向，也可以表达完成任务的效率；"能量"既可以指物理系统做功的本领的量度，也可以指一个人的影响力。另外，许多科学概念都有狭义和广义之分。如"质量"，狭义是指物体含有物质的多少，能量和质量是相互独立的；广义是指能量和质量是物体力学性质的两个方面的统一表征。

在界定和学习概念时，"命名"便于学习者学习和回忆某一概念。在概念学习中，学习者会基于自身经验的归类标准将一个新概念与概念体系中已有的类别对比、归类，由此形成对某一概念的初步理解。随着对概念重要属性认识的深化，

---

[1] 杨盛春. 知识表征研究述评 [J]. 科技情报开发与经济，2012，22（19）：145—147.

学习者对概念的理解也会逐渐深入。

2. 科学概念的内涵

任何一个概念都是有内涵的。在科学教学中，科学概念常常是通过对"事物的本质特征"或其内涵的"确切而简要的说明"来界定的，也就是概念的定义。定义是"揭示事物的特有属性的逻辑方法"。

"属加种差的定义，就是定义项是由属与种差组成的定义"。例如，"力"的定义"力是物体对物体的作用"，被定义项是"力"，定义项是"物体对物体的作用"，即被定义项（力）=属（作用）+种差（物体对物体的）。导体、单色光、动能等概念都是这样定义的。

科学概念是规定的语词定义。之所以要规定，是因为在科学研究中，有些词或词组太长了，说起来或写起来很不方便，人们就会用一个简短的词或词组去代替它；有时是造出一个词或词组，并给它规定一个意义，如"密度"的定义。

3. 科学概念的外延

概念的外延就是具有概念所反映的特有属性的事物，即具有概念所反映的本质属性的全部对象。外延是概念的量的规定性，表明概念所反映的对象"有哪些"。例如，生物群落指的是"同一时间内聚集在一定区域中各种生物种群的集合"。"生物群落"这个概念的外延就是具有这些特有属性的对象；"生态系统"这个概念的外延就是具有如下特有属性的所有对象，即"由生物群落与它的无机环境相互作用而形成的统一整体"。要使概念的外延明确，特别是当一个概念的外延有很多甚至无穷的事物的时候，就不能一一列举这个概念所表示的事物了。

不是所有的概念都有外延。例如，虚假概念，由于其在客观世界中不存在相应的事物，它们是没有外延的。

4. 科学概念的例证

内涵和外延是概念的两个重要方面。概念的内涵规定了概念的"质"，概念的外延规定了概念的"量"；但是，在概念教学中，通过对概念的"质"和"量"两方面的学习，常常难以形成科学概念。学习者对于科学概念的掌握，还需要概念的例证的支持。概念的例证包括正例、特例和反例。

（1）概念的正例指的是包含概念所反映的本质属性的具体事物是概念所反映的具体对象，即包含概念的本质特征的肯定例证。在概念教学中，教师列举概念的肯定例证，有利于学生分析和概括。以"力"的概念为例："力是物体对物体的作用"，"力"的正例有人推轮椅、压路机压路面、磁铁吸螺钉、风吹树木、人捏瓶子等。"绝缘体"的正例有塑料、橡胶、陶瓷、玻璃、琥珀等。

第五章　"科学观念及应用"学习任务的设计与实施（参考第九章案例2、案例4）

（2）概念的特例指的是特殊的例子，属于概念的外延这一集合，不具有或不完全具有概念所反映的本质属性。例如，一般物质具有受热时膨胀、遇冷时收缩的性质。"热胀冷缩"的特例就有锑、铋、镓、青铜、0℃～4℃的水。这些都是实际生活中存在的物质，但它们不遵循一般物质热胀冷缩的性质。又例如，绝大部分金属在常温下是固态，但水银呈液态。

（3）概念的反例指的是不具有某种属性的具体事物，即其不在某一概念的外延中。反例属于与某一正概念相对的负概念的外延。教师运用反例可以加深学生对正概念的准确把握，提高科学概念的教学效率。例如，竞争指的是利用共同资源的两种生物因为争夺食物和空间等而发生的斗争，"鹊巢鸠占"是其正例，"两狗争骨"是其反例。

5. 前科学概念

前科学概念指的是个体拥有的概念的内涵、外延及其例证与科学概念不尽一致的概念。前科学概念又称为错误概念、相异概念、迷思概念。学习者是带着各种各样的前科学概念来到科学学习中的，其科学概念的建构并不是从零开始的。

学生在日常生活中，凭直观感觉形成了许多前科学概念。例如，"两个人相撞，体重较小的人摔倒在地，原因是其受到的力大"；"重心一定在物体上"；"摩擦力一定阻碍运动"。日常生活经验还使学生认为"绿光是植物最喜欢的光""月亮本身发光""所有动物都用嘴发声"等。

学生通过对语词的理解来理解科学概念，由此形成了许多前科学概念。例如，"只有发生了摩擦，才有摩擦力"；"热量是表示物体所含有热的量"；"沉在水底的物体不受到水的浮力的影响"；"小孔成像中成的像是小孔的形状"；"电流是电在导线中流动""凸透镜的所有面都是向外凸出的"等。

（二）科学概念的学习任务设计

1. 通过访谈，弄清学生已有概念

教师通过访谈和问卷等多种形式可以了解到，学生对大气压强的概念有一定了解，但都属于一知半解，对于大气压强的应用，以及用大气压强解释生产生活中的现象还存在比较多的疑惑：

例如，在一个玻璃杯里盛满水，杯口覆盖一张硬纸片。教师用手托住纸片，把杯子倒转过来，即"覆杯实验"。学生会认为是杯中的水吸住了硬纸片。

再例如，我们经常可以看到苍蝇在玻璃上爬行却不会掉下来。学生会认为是苍蝇的弯曲的爪很尖，抓住了光滑的玻璃表面。

· 141 ·

如图 5-6 所示，离心式水泵在动力机的带动下，叶轮高速旋转时，泵壳里的水会随叶轮一起旋转。水被甩出时，转轴附近就形成了一个低压区，外面的水就在大气压的作用下，推开底阀通过进水管进入泵壳。学生对"底阀"，"滤网"的功能不清晰；有部分学生认为水是靠水泵吸上来的。

有一些错误的概念是在新课上完后才形成的。例如，学生先学习了液体压强，就可能在学习大气压强时，认为大气压强与液体压强是相同的，而用液体压强的算式计算大气压强。

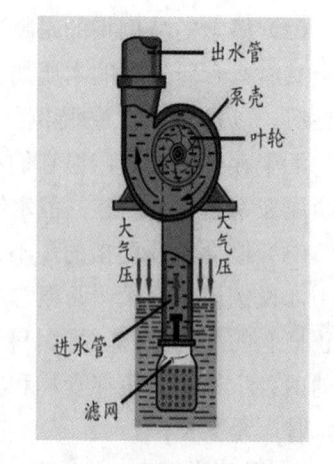

图 5-6 离心式水泵结构

如图 5-7 所示，部分学生认为用打气筒向封闭烧瓶里充气是为了研究大气压与沸点之间的关系。其实，这种理解是错误的。图 5-7 所展示的实验研究是气压与沸点之间的关系。之间差了一个"大"字，反映出学生对概念的理解存在问题。大气压是指大气对浸在其中的物体产生的压强，而气压是指任意气体对物体产生的压强。

瑞夫（Reif）认为：学生在学习科学概念时产生的迷思概念是由于其在日常生活中对概念理解的要求和对科学概念理解的要求不一致引起的。日常生活概念对现象的解释要求以满意为主，允许概念的模糊、不准确或不一致。而科学概念追求的是对现象的完美解释和预测。[①]

图 5-7 向瓶内充气时出现的现象

要转变学生的迷思概念，先要了解他们形成了哪些迷思概念，以及这些迷思概念是怎么形成的。通过对学情的充分了解和分析，教师可以对这些迷思概念进行有的放矢地解构，最终帮助学生形成科学概念。

2. 任务驱动，解构已有迷思概念

任务驱动教学法是一种建立在建构主义学习理论基础上的教学法，它将以往以传授知识为主的传统教学理念，转变为以解决问题、完成任务为主的多维互动

---

① 陈坤,唐小为.国外迷思概念研究进展的探析及启示[J].教育学术月刊,2019(06):17-24.DOI:10.16477/j.cnki.issn1674-2311.2019.06.003.

第五章 "科学观念及应用"学习任务的设计与实施（参考第九章案例2、案例4）

式的教学理念。

戴维·梅里尔提出了"首要教学原理"，他认为"学习只有在学习者从事解决真实世界里发生的问题时，只有当学习者能够通过论证或应用而激活已知知识，并将其作为理解新知识的基础时，新知识才会被整合到学习者的世界当中"。[1]

结合任务驱动教学法和梅里尔提出的"首要教学原理"，笔者及团队对"大气的压强"这节课设计了典型任务，在任务驱动中激活学生的已知知识，使学生获得新知识，并解决真实世界里发生的问题。"大气的压强"中的"典型任务"包含以下几个要素：①任务中有学生掌握的核心知识点；②任务中蕴含着科学学科的学习方法；③任务是根据学生在生活情境遇到的真实问题进行设计的。

典型任务一：用教师提供的吸管吸饮料

如图5-8所示，要求学生用以下吸管吸饮料，并思考以下几个问题：

（1）为什么吸管吸不起饮料？

（2）吸管如何改进才可以吸起饮料？

利用这个实验和两个提问尝试解构"水是靠水泵吸上来的"这个迷思概念。

实验中学生用力对吸管吸气，但并不能将水吸上来，就已经很好地证明这观点的错误。

教师应该让学生知道，水是从高压区流向低压区的，而不能简单地说水是被吸上来的或者说是被压上来的。

图5-8 吸管模型

吸管开了孔与大气相通，形成不了低压区，吸管顶端的压强等于大气压，水不能流动。如果要让水流动，那么可以从两个方面进行考虑：一是在嘴里制造了一个低压区，使得大气压将水压向嘴里；二是在饮料上方制造一个高于大气压的高压区，也可以使水流动到嘴里。

这个实验及讲评可以很好地解构学生"水是靠水泵吸上来的"这一迷思概念，并帮助学生建立相对正确的科学概念："水是从高压区流向低压区的"。

核心知识是教师在每个教学活动单元中必须让学生掌握、理解、探明的主要知识，是一个单元教学或一节课教学的主体内容和知识主干，是整个教学活动链条中的关键链环。在这个实验中，"水为什么会流动"是一个核心知识，教师如果抓住了核心知识，就等于抓住了教学主线。

典型任务二：动手做覆杯实验并判断大气压的方向

---

[1] M. 戴维·梅里尔, 盛群力, 马兰. 首要教学原理 [J]. 远程教育杂志, 2003（4）：20-27+60.

教师可以让学生用放在他们面前的实验材料（水、玻璃杯、塑料片），做一次覆杯实验。学生可能会产生这样两个迷思问题：一是覆杯实验没有让杯子横过来，如图 5-9 所示，大气压只是向上的；纸片之所以不掉下来是因为水把硬纸片弄湿后沾在杯口了。

覆杯实验是一个非常经典的力学实验，在实验中，教师应要求学生将杯子横过来并指向四面八方，指导学生观察硬纸片并没有掉下来，让学生体会周围存在大气压，且各个方向都存在大气压。对于第二个问题，可以建立一个对照组实验，将硬纸片弄湿后看看能否沾在空杯的杯口。教师将演示实验改成学生实验，并用任务驱动学生思考，可以让学生在失败中寻找原因，并在成功中享受喜悦。

图 5-9 覆杯实验

典型任务三：验证大气压强存在的实验设计

在课堂上，教师提供以下实验材料：小型真空收纳袋、迷你抽气装置、吸盘、一杯水、胶头滴管、吸管、瓶子、保鲜袋、橡皮筋等。利用实验器材要求学生设计一个验证大气压强存在的实验，并解释实验的原理。

学生根据课前分好的小组设计实验方案，主要有以下几种方案：

（1）用迷你抽气装置抽走小型真空收纳袋中的空气，发现真空收纳袋变瘪了。

（2）用胶头滴管吸取杯中的水。

（3）将两个吸盘吸在一起，将吸盘吸在玻璃上。

（4）用吸管吸水。

（5）在瓶里放入保鲜袋，将瓶口用橡皮筋系紧，尝试将保鲜袋取出。

上课时，教师邀请小组代表上台介绍自己组的实验方案和实验原理，并给予补充和评价。

新课标指出："贴近学生的生活实际，创设真实的教学情境，精心设计与核心概念的建构相匹配的学习活动。"[1]学生在设计验证大气压强存在并解释实验的原理的过程中能够解构原有的迷思概念。对自己设计的装置进行解释，试图说服同学和老师，这个过程很重要，可以提高学生对知识的理解能力、运用能力和驾驭能力。

---

[1] 中华人民共和国教育部.初中科学课程标准（2022 年版）[M]. 北京：北京师范大学出版社集团，2022:129.

3. 合作学习，重新建构科学概念

在任务驱动过程中开展合作学习可以帮助学生更好地建构科学概念。维果斯基强调，儿童认知的发展，除了成人的指导作用外，儿童与同伴之间相互探讨问题，共同完成任务，同样可以提高学生的认知水平。教师与学生、学生与学生之间的合作比学生个体单独的学习活动更具有优越性，可以加速认知水平向更高的方向发展。本书通过课堂实践，提出以下几个合作策略：

（1）制订目标，明确任务。要想让合作学习有实效，教师要在分析教学内容的基础上，确定合作学习的目标。在本课的典型任务三中，学生小组合作共同设计实验方案。有了目标，小组合作学习就更容易发生：有的小组设计用迷你抽气装置抽走小型真空收纳袋中的空气，发现真空收纳袋变瘪了；有的小组设计用胶头滴管吸取杯中的水或用吸管吸水；还有的小组设计出将两个吸盘吸在一起或者让吸盘吸在玻璃上的实验。小组有了共同需要完成的任务，小组成员的思维和注意力会更加集中，讨论也会更有效率。

（2）组内分工，人人有责。在实验的过程中，因为是小组合作完成，所以必须要进行组内分工，让每个小组成员都有事情可做。课堂上每个小组有6名成员，可以进行如下安排：

①组长：负责分配任务；②记录员：根据要求记录实验数据，画图；③汇报员：进行语言组织，负责得出结论，并负责小组间交流；④实验员2名：负责动手实验；⑤观察员：负责实验观察，指导。合理的组内分工将提高每一名学生的实验积极性，使整个实验过程有条不紊地展开。在课堂上，教师要根据学生的表现评出最佳组长、最佳实验员、最佳记录员等，以提高学生对这些角色的认可。

（3）师生对话，启发点拨。合作学习主要是围绕一定的任务来展开的，合作学习的任务一般是讨论或者探究问题。教师根据不同的教学内容设计具有开放性和挑战性的问题，如果学生之间的合作不能很好地解答问题，就要进行师生对话，使得学生依靠教师的启发点拨建立科学概念。

学生经常可以看到苍蝇倒立在天花板上爬行，从而有了"苍蝇的弯曲的爪很尖，抓住了天花板"这样的迷思概念。利用师生对话可以比学生合作更能够顺利地解构这个迷思概念。

师：我们可以看到苍蝇倒立在天花板上爬行，苍蝇也不会从天花板上掉下来。为什么？

生：苍蝇的弯曲的爪很尖，抓住了天花板。

师：为什么弯曲的爪很尖就能抓住了天花板？
生：天花板凹凸不平。
师：玻璃有凹凸么？
生：玻璃是平整、光滑的。
师：我们看到过苍蝇停在竖直的玻璃上吗？
师：我们再在小组内讨论一下苍蝇会不会从玻璃上掉下来。

合作学习问题如果有一定难度，则生生合作并不利于学生积极性的调动。如果用师生讨论对话法，对一些迷思概念进行解构，则会对学生科学概念的形成起到较好的促进效果。

本书以初中科学"大气的压强"教学为例，探讨了科学概念的转变的策略。教师通过在教学设计前对学情的充分了解，弄清学生已有概念，针对学生的迷思概念进行教学设计，并使用了两个策略：一是任务驱动，解构迷思概念；二是合作学习，重建科学概念。任务驱动的合作教学法在大气压强的课堂实践中取得了较好的效果，为科学概念的转变研究提供了又一研究案例。

二、形成科学规律的学习任务设计

（一）科学规律

美国探索通信公司旗下的著名科普网站 How Stuff Works，撰文列举了人们最应该首先知晓的十大科学定律。这十条内容将采取便于理解，也符合发展规律的倒叙形式，从宇宙大爆炸开始，理解行星、描述引力，再到生命进化起源，直至量子物理学。

这十大科学定律包括：①上帝掷骰子：海森堡测不准原理；②转变理解宇宙方式：广义相对论；③自身的探讨：进化与自然选择；④公元前大智慧：阿基米德定律；⑤热力学基础：热力学三定律；⑥物理学基本定理：牛顿运动定律；⑦大部分理论基石：万有引力定律；⑧改变整个天文学：开普勒三定律；⑨推算出宇宙年龄：哈勃定律；⑩众理论敲砖石：大爆炸理论。

科学定律是用科学的语言表述对自然界客观规律的认识，构成了科学理论的核心。科学定律反映了自然界的事物、现象之间的内在的、必然的、本质的联系。但这种联系往往被各种外在的、偶然的、非本质的现象所掩盖，需要人们运用各种科学方法将它们揭示出来。对这种联系的反映，只有经过反复验证之后，才能确立为科学定律。

科学定律具有普遍性，不同定律的普遍性的程度各不相同。有的科学定律只

第五章 "科学观念及应用"学习任务的设计与实施（参考第九章案例2、案例4）

是表述某一特殊领域内的规律，如力学中的牛顿定律，生物学中的自然选择规律等；有的科学定律则表述在许多不同领域中起作用的普遍规律，如能量守恒和转化定律等。所以，各种科学定律都有一定的适用范围，而且这种适用范围会随着科学认识的深化而发生变化。现代自然科学中的科学定律一般是用数学公式表达的，这也表明了认识的深化和精确化。数学公式便于人们对科学定律的内容作出准确的解释，从而在实际中得到有效的应用；同时，它还便于人们运用逻辑演绎和数学演算的方法进行严格的论证，导出新的结论，作出新的科学预言。

科学定律作为一种认识成果，是客观规律的本质反映，但又只是客观规律的近似反映，是随着实践的发展以及其他有关领域认识的深化而发展的相对真理。科学定律所设定的条件、适用的范围和它所揭示的数量关系，乃至科学定律本身的表述形式都会在实践中不断地被检验和被修正，更加准确地逼近客观的自然规律。

（二）科学规律的特性

科学规律及其思维特征规律就是自然界和社会诸现象之间必然、本质、稳定和反复出现的关系。科学规律是科学现象或科学过程在一定的条件下发生、发展和变化的必然趋势及其本质联系的反映。科学规律反映相关科学概念之间的必然联系，包括定律、定理、原理和定则等。一般科学规律有如下特性：

1. 科学规律的形成以概念为基础

科学规律的建立必须以概念为基础单元，以理想过程为中介。理想过程是一种高度概括，是一种多维的思维的形式，必须在大量感性材料认识的基础上，经过分析、综合、比较、概括和抽象等思维环节，构成相关科学概念之间因果的逻辑和必然的关系，这就是发现或建立科学规律最基本的思维过程。这也是学生学习科学的困难所在之一。在中学科学教学中，通常有运用两种实际的科学过程可以纯化为理想过程。一是研究对象的范围和条件很接近理想状态。例如，从真实气体到理想气体的气态方程，只要满足"压强不太大、温度不太低"的条件，真实气体的实际过程就与理想气体的理想过程一致。二是研究对象与理想状态有明显的差距。例如，实际的热机与理想的热机存在着巨大差别，实际过程的每一个环节都必须可以理想化，否则，研究将难以进行下去。

2. 科学规律的思维层次逐级上升

自然规律是相互联系的，一个科学规律牵涉许多科学过程和环节。科学规律建立所经历的思维过程往往需要分作多个过程或多个阶段；要经历分析、综合的多次转换，往复循环，逐级上升，即科学思维的多级性。

3. 科学规律的理想实验不可替代

在科学学发展过程中,理想实验在发现新规律、反驳谬论和建立新理论等方面具有不可替代的功用。从思维的角度,"理想实验"不是真实的实验,又称为"假想实验""思想实验"或"思维实验"。它是人们在头脑中按实验特点塑造的理想过程,是一种逻辑推理的思维过程,如牛顿第一定律。

(三)科学规律的学习任务设计

科学规律的建立是有条件的,表现了科学概念之间的因果关系。中学科学的规律教学重点在于引导学生关注科学规律的发现和建立的过程,同时要使学生感受到每一个科学规律的发现对科学发展的贡献。科学规律教学的一般过程包括提出问题、探索规律、讨论规律和运用规律四阶段。

1. 创设情境,提出问题

在教学开始阶段,在明确相关科学概念的同时,教师要创设便于学生发现问题的科学情境,使学生通过体验获得探索科学规律所必要的感性知识,实现从现实到科学的问题意识。具体途径包括运用小实验,利用学生积累的生活经验,按新旧知识的逻辑展开,讲述生动有趣的科学史实或故事,通过多媒体把学生不易观察的形象展示出来等。

2. 建立模型,探究规律

从科学教学的角度,可以把科学规律分为三种类型:实验规律、理想规律和理论规律。教师可以根据具体类型,选择恰当的方法展开探索。探索阶段要从两个方面入手:一是设计定性方案,这是规律教学的核心环节;二是进行定量探究,完成从科学到模型的转换。

教师要让学生领会定量探究的作用、建立规律的思路和过程。因此,一方面,教师创设的科学情境既要能提供探索科学规律的感性材料,又要有助于激发学生的学习兴趣和求知欲;另一方面,教师提供完备的基础材料能够帮助学生进行一系列的思维加工从而建立科学规律,完成从模型到数学的定量表征,从而建立规律。

3. 关注学法,讨论规律

对科学规律的讨论,一般从以下四方面进行:

(1)准确理解规律表述方式中的关键词是学生正确理解规律和运用规律的关键,因为这些关键词是相关科学概念的再现。

(2)明确公式的科学意义是应用公式的基础。

(3)不同的单位对应不同的数量。教师要在教学中强调单位重要性,让学生养成将科学量中数量与单位作为一个整体来处理的习惯。

（4）教师要使学生明确科学规律的三种表达方式，即文字表达、公式表达和图像表达。其中，图像表达包括物体运动轨迹曲线和科学规律函数图像，两者有本质差别，这也是科学规律教学的传统难点。

4. 运用规律，解决问题

科学规律往往都是在一定的条件下建立或推导出来的，只能在一定的范围内使用。如果超越了这个范围，则科学规律不成立，有时甚至会得出错误结论。这一点往往容易被学生忽视。如果学生一遇到具体问题就乱套用科学规律，或者盲目外推，那么就极易得出错误结论。运用和掌握规律的过程要有明确的目的性和针对性，还要有典型的代表性、启发性和灵活性。

科学规律教学具有阶段性。与概念教学认知目标的阶段性不同，科学规律教学过程的阶段性一般是指对该规律认知过程的阶段性。所以，切不可随意加深和扩展知识。根据科学规律的类型，其阶段性体现在：①实验规律都是经过多次观察和实验进行归纳推理得到的；②理想规律都是由大量的科学事实，经过合理推理而发现的；③理论规律是由已知规律经过理论推导而得到的新规律。

第六章 "科学思维与创新"学习任务的设计与实施（参考第九章案例1、案例9）

第一节 科学思维与创新的内涵

个体的思维会继承个体的生活经验的部分，在一定程度上反映个体接触的生活现实，经过人脑的加工后形成认识世界的观念，体现了人认识客观世界的方式、处理事务的策略和评判价值的标准。科学思维是人在经历科学活动的过程中有意识地将自然对象的本质属性和相互联系、运动过程的规律进行抽象并归纳总结后所形成的，科学思维的运用就是在科学方法的框架下建立、验证和修正理论模型并使知识与技能得到提升的过程[1]。科学思维是重要的科学素养之一，是"了解"和"掌握"，是从单纯的"知识与能力"提升到"凭什么这样想"和"如何想"，进一步提升到以什么为依据去思考、从哪个角度思考问题的层面上。

新课标从对自然界中的对象及其运动的抽象认识，对事物发展规律的归纳总结过程，对观点、结论的获得与解释，对已有理论的推陈出新四个方面将科学思维素养归纳为模型建构、科学推理、科学论证、质疑创新四个要素，这表明在对科学思维进行研究时，应当围绕这四个要素展开，将中学物理教学实践的目标、内容、评价手段等置于四个要素框架之下，寻找其中的侧重点。

---

[1] 李正福，谷雅慧. 论物理核心素养视野下的科学思维教育内容[J]. 课程. 教材. 教法，2018，38（02）：97-102.

第六章 "科学思维与创新"学习任务的设计与实施(参考第九章案例1、案例9)

一、模型建构

模型建构的实质是抓住研究问题的核心特征及其根本属性,将其抽象成属性有限的模型以代替实体,用特殊的要素或属性数值在一定精确度内对其进行描述,并找出这些要素或属性数值之间的正确关系的过程[①]。模型建构既是科学实践活动当中的一种重要研究方法,也是科学实践活动中的重要环节,是进行科学问题研究的根基。

(一)科学模型的概念

客观事物的状态和过程总是复杂和多变的,这给研究带来了困难。模型是人们对客观存在的对象进行抽象加工后形成的,能够帮助人们撇开次要因素、次要关系和过程,将主要因素、关系和过程突出地显示出来。

浙教版《科学》(八年级下册)第二章第一节"模型、符号的建立与作用"中提道:人们通过一定的科学方法,建立一个适当的模型来代替和反映客观对象,并通过研究这个模型来揭示客观对象的形态、特征和本质,这样的方法就是模型方法。[②]

在初中阶段,科学模型建构是学生应具备的核心素养之一,教师要关注培养学生的模型思维,培养学生忽略次要因素、突出主要因素的能力。

(二)科学模型的分类

科学模型是人们为了方便研究客观对象而研究出来的。依据不同的标准,就有不同的分类法。有学者认为科学模型可以分为对象模型、过程模型、条件模型;[③]有学者认为科学模型可以分为实体模型、系统模型和过程模型。[④]浙教版初中《科学》教材中提道:模型常常可以帮助人们认识和理解一些人们不能直接观察到的或复杂的事物。一个模型可以是一幅图、一张表或计算机图像,也可以是一个复杂的对象或过程的示意。

因此,在初中阶段,笔者针对自身的学科背景,以物理学科为例,认同将物理模型分为模拟式物理模型和理想化物理模型:模拟式物理模型形象、直观,有利于人们清楚地认识事物;理想化物理模型是指在研究对象的基础上,采用科学抽象的方法建立研究客体,又分为理想化实体模型和理想化过程模型。这样的分类有利于初中科学教师理解与使用科学模型。

---

① 张静,郭玉英. 物理建模教学的理论与实践简介 [J]. 大学物理,2013,32(02):25-30.
② 朱清时. 义务教育教科书《科学》[M]. 杭州:浙江教育出版社,2013:38.
③ 曹宝龙. 物理模型的建构与教学建议 [J]. 物理教学探讨,2016,34(05):1-5.
④ 阎金铎,段金梅,续佩君,等. 物理教学论 [M]. 南京:江苏教育出版社,1991:25.

（三）教材模型的举例

要研究初中教材中的科学模型，首先要了解建立科学模型的过程，然后梳理初中阶段学生可能要遇到的科学模型，最后对这些科学模型进行分类研究。

根据所研究对象的状态、结构、过程等特征，抓住主要因素、忽略次要因素去建立一种比较抽象的实体和过程，这个过程就是建模。所建立的这个实体和过程来源于实际，但又有别于实际，它所展示的主要特征有利于人们解决实际问题。

全日制义务教育阶段课程标准对模型的考查相对较少，本书对初中三年有关物理的具体模型进行梳理，见表6-1。

表6-1　全日制义务教育物理课程标准中的科学模型

分类		具体模型
模拟式物理模型		分子、原子结构；磁场模型，分子间存在空隙
理想化物理模型	实体模型	点光源，平面镜，薄透镜；杠杆，滑轮，斜面，电动机模型
	过程模型	光的直线传播，镜面反射和漫反射，光的折射；平面镜成像，凸透镜成像，物态变化，物体沉浮，匀速直线运动

1. 模拟式物理模型

初中阶段的模拟式物理模型包含原子结构、磁感线、分子间有空隙等。在教学中，教师通过讲授法认识原子结构模型的发展、通过实验引导学生发现磁体周围的磁场、用水和酒精分子混合实验模拟分子间存在空隙，从而更好地了解分子运动论。

2. 理想化物理模型

理想化物理模型是为了便于人们研究而建立的一种高度抽象的理想客体。实际的物体都是具有多种属性的，例如固体具有一定的形状、体积和内部结构，以及一定的质量等。当人们针对某种目的从某种角度对某一物体进行研究时，有许多与研究问题没有直接关系的属性和作用都可以忽略不计。理想化物理模型可以分为理想化实体模型和理想化过程模型。

对于比较复杂的物体或系统，为了方便研究可以进行抽象，留取其本质特性而忽略次要因素后形成的模型是理想化实体模型。例如，用一个点来表示发光物体，这就是点光源模型；用一根受力会转动的硬棒来表示杠杆模型；用统一规定的符号表示实际电路的电路图模型等。

对于比较复杂的过程，可以建立理想化的过程模型，即将一些复杂的过程经过分解、简化、抽象后分阶段性进行过程描述的语言或图表。理想化过程模型的建立，可以加深学生对有关概念、规律的理解，有利于培养学生思维的灵活性。如用分子之间的间隔变化来描述固、液、气三种状态之间转化的物态变化模型图；用速度随时间的变化的图来描述匀速运动过程；以及镜面反射、漫反射、折射、平面镜成像、凸透镜成像都可以用过程模型的方法来解释说明。

以上就是初中科学教学中所包含的两大类科学模型。大多数教学难点突破需要用科学模型的思维方法。在日常的科学教学过程中，教师应当运用一定的教学方法引导学生增强模型意识、培养模型思维。

二、科学推理

（一）推理

心理学角度对推理的解释主要包括两个内容：推理是合乎逻辑和连贯的一种思维过程；推理主要指问题解决的过程，即对假设进行检验，并且通过逻辑推理可以推断出解决问题的办法，在这一阶段中，最重要的是问题解决的过程，而不是问题解决的结果。[①]

林崇德主编的《心理学大辞典》中，推理的概念是"推理是一种思维形式。它包括演绎、类比、归纳等思维形式。[②]"

国外学者在《布鲁姆目标分类学：分类学视野下的学与教及其测评》中指出，推理是一种认知目标，推理是在一组事件中的发现模式，要求学生能找出事例中的相互关系，进而能够解释例子之间存在的观念或原理[③]。

彭漪涟等人编著的《逻辑学大辞典》指出，推理是一种思维形式，主要是由一个（组）命题推导出另一个命题的一种思维形式，推理体现的是思维的活动及过程，可以将推理划分为假设演绎推理、类比推理、归纳推理。[④]

（二）科学推理的概念

科学推理是科学思维的一种高级表现形式。它对于个体获取新知识和认识世界有重要的作用，也是学生必备的素养之一，是科学学科教学的重要目标之一。它是指以科学相关知识为基础，在问题情境下运用控制变量、比例推理、概率推

---

① 阿瑟·S.伯雷. 心理学词典 [M]. 李伯黍，等译. 上海：上海译文出版社，1996：701.
② 林崇德. 心理学大辞典 [M]. 上海：上海教育出版社，2003：1270.
③ 洛林.W.安德森. 布卢姆教育目标分类学：分类学视野下的学与教及其测评 [M]. 蒋小平，张琴美，罗晶晶，译. 北京：外语教学与研究出版社，2009.
④ 彭漪涟，马钦荣. 逻辑学大辞典 [M]. 上海：上海辞书出版社，2010.

理、相关推理、假设演绎推理等技能，进行提出假设、实验、评估证据和论辩等思考的建构过程。

科学推理是个体思维能力水平在发展到一定的高度后的一种推理类型，是在一个具有多变量的系统中个体进行推断时所展现出来的一种思维能力，也是从一个判断中推断出另一个判断的一种思维形式，并且每一个推理都包括前提和结论两个方面。

皮亚杰最先提出"科学推理"的概念，之后科学推理在教育学及其相关的各个领域都有所发展。在教育学领域中，学者们主要针对如何在教学中提升学生的科学推理能力进行研究。

（三）推理过程的表达

在教学过程中，教师的推理过程要向学生表达，对于学生的推理过程教师要进行评价以便更好地指导。将推理思维顺利且准确地外显是很有必要的。

心理学家邓克尔（Danker）在1945年提出了出声思维法，学生通过出声思维策略使自己的思维过程外显化并得以在一定程度上被教师直接观察，也可以称之为"思维可视化策略"。通过思维可视化，教师可以发现学生在科学推理过程中哪个环节出错了并找出原因。通过研究思维可视化过程，可以发现思维可视化的路径一般有以下几个：

1. 画图表达

思维导图于1970年由英国著名心理学家托尼·博赞（Tony Buzen）提出。思维导图不但形式活泼，颜色丰富，而且用途广泛，任何需要思考的地方都可以使用。建构主义理论的诸多观点都证实了思维导图是符合大脑特点的。

近年来，思维导图逐渐被教师们接受，成为一种很好的思维可视化工具。在初中科学课堂中，教师会指导学生用思维导图对知识点进行整理，学生应能够将学到的知识系统化、网络化。思维导图还可以比较清晰地展示演绎推理的过程，如初中科学九年级有 Cl^- 和 SO_4^{2-} 的检验，学生就可以尝试用思维导图中列表格的方式来完成推理过程。

2. 语言表达

在初中科学课堂中，教师常常会请学生讲一讲问题解决的思路，实验设计的原理和操作步骤，以及他们对实验数据的看法，这也是思维可视化的一种方法。教师也可以在课堂上组织学生围绕论点开展辩论，让学生的思维通过语言这一形式外显。教师通过聆听可以了解学生对知识的掌握情况，可以了解学生对问题的解决能力，同时也可以了解学生的思维水平。例如，在图 6-1 所表示的检验过程

第六章 "科学思维与创新"学习任务的设计与实施（参考第九章案例1、案例9）

结束后进行追问：在 SO_4^{2-} 的检验过程中要加 $BaCl_2$ 还是 $Ba(NO_3)_2$？加 HNO_3 沉淀不消失是排除什么离子的干扰？学生通过对这三个问题的回答，可以厘清推理思路，这也是思维可视化的外显过程。

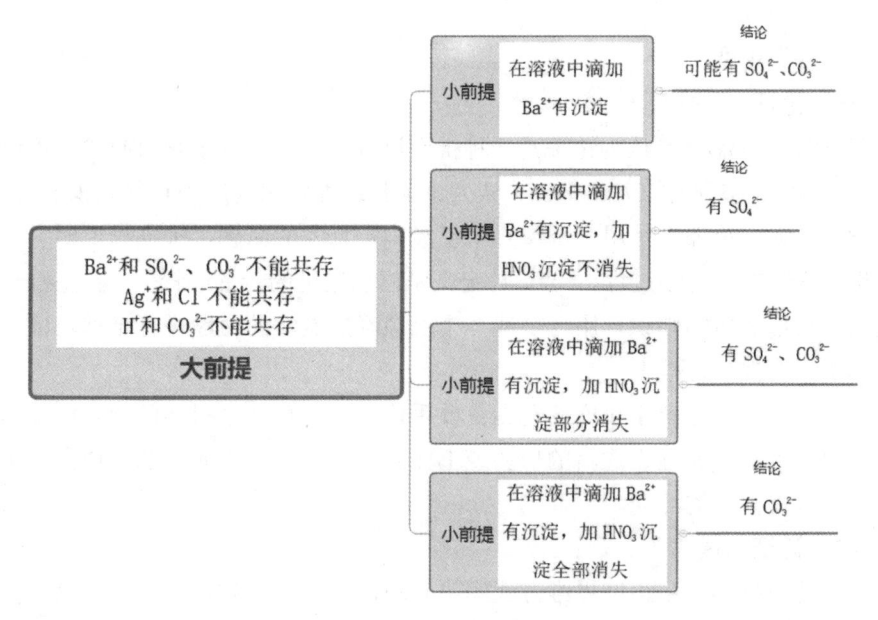

图 6-1 用思维导图来表示 SO_4^{2-} 离子的检验过程

由于时间关系，问题会设置的比较简单。对于有些难度的问题教师就会采取自问自答的形式进行，导致学生的思维过程很难在课堂上呈现出来。如果教师要了解学生对于科学学习过程的哪个环节不明白，并找出原因，就必须耐心听完学生的表达，用学生视角重新进行一次学习过程。语言表达能力与思维可视化密切相关，学生在课堂上可以围绕论点开展口头论证，论证能够使学生在头脑中重新理解知识点，并深入理解知识点之间的关系。

3. 文字表达

人的许多思维，特别是相对比较复杂的思维可以用文字来表达。通过文字，教师可以明白学生要表达的内容和思维过程，可以考查学生对知识点的掌握情况，也可以判断学生的逻辑思维推理能力。

文字表达是一条很好的思维可视化路径，适用于相对比较复杂的思维过程。初中科学中的总结性论述能让学生应用学到的知识、规律、原理来解释生活中的现象，更能使学生的表达思路清晰、逻辑严密。例如，论述检验 SO_4^{2-} 能否用 HCl

· 155 ·

和 $BaCl_2$，$BaCl_2$ 和 HCl 的加入顺序应该是怎样的；请学生论述检验 SO_4^{2-} 的几种方法，并分别论述它们的优缺点。在写作之前，教师要让学生理解离子检验的本质，注意离子检验的设计思路是根据需要检验的离子来确定加入试剂的离子。

三、科学论证

（一）论证

宾克利（Binkley）认为论证是一种推理过程，论证是为了解决问题与争论而发展出的方法。安徒生（Andersen）认为论证是理性解决问题和获得知识的过程。还有学者认为：论证则是用一个或几个已经确定真实的命题，来推导说明另一个命题也是真命题的思维过程。[1] 这三种定义是层层递进的，综合来看，论证应该是：解决问题与形成新的知识，用一个或几个已经确定真实的命题进行推理，证明其他命题的正确性的过程。

科学论证是进行科学研究活动的重要手段，是针对一个科学问题，利用科学证据提出符合科学原理、逻辑的口头或书面解释，并在科学研究的合作团体中分享交流和接受检验的活动。

（二）论证的模式

为了能更好地利用论证思维方式解决问题，英国哲学家斯蒂芬·爱德斯顿·图尔敏（Stephen Edelsto Toulmin）在 20 世纪 50 年代写的《论证的运用》中提出了一种论证模式，即基于法律论证的典型范例，认为符合规则的论证应该包括六类具有不同功能的结构要素，分别是论题、论据、推理、支持、限制条件和反驳，且这些结构要素之间应满足一定的关系，由此提出了图尔敏论证模式（Toulmin's argument pattern），下文中简称 TAP 模式。

图尔敏的论证模型作为最为经典的科学论证模式，在科学教学中应用广泛。陈颖和郭玉英老师在 TAP 模式的基础上，结合物理学科的背景和实践研究的可操作性对 TAP 模式进行一些调整，提出的物理科学论证结构模式，包含五个要素："观点""事实证据""理论依据""推理过程""反驳"。[2]

其中，"观点"是指对研究问题进行的描述、判断、预测或解释等，即论题；"事实证据"是指用来支持观点、解释观点的事实依据，可以是题目信息也可以是论证者自己寻找的已有经验，即证据；"推理过程"是指证据和观点的关系，即说

---

[1] 沈卫东，吴志明. 培养学生分析与论证能力的实践探索 [J]. 中学物理教学参考，2013（5）：9.
[2] 陈颖，郭玉英. 高中物理科学论证能力表现评价框架的构建 [J]. 中学物理教学参考，2017，46（21）：12-14.

明为什么能够由证据得到观点，一般包含演绎推理、归纳推理、类比推理等；"理论依据"是指对推理和证据的支持，一般情况下是指具有普遍意义的基本规律，包括学科知识和科学本质，一般是推理的大前提；"反驳"是指对他人提出的观点、引用的事实证据、进行的推理过程和理论依据有质疑和批判，是一种论证评价。基于 TAP 模式的论证结构模式如图 6-2 所示。

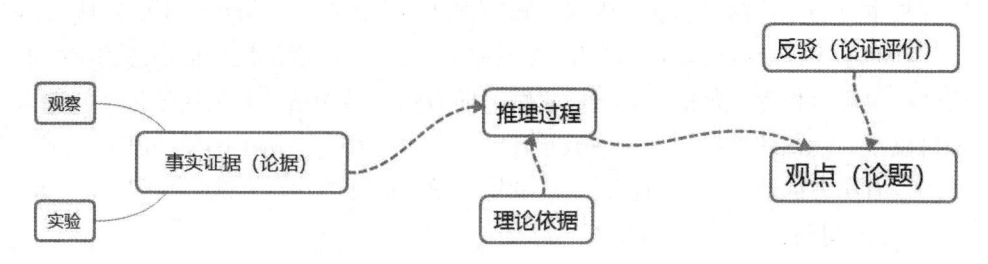

图 6-2　基于 TAP 模式的论证结构模式

论证过程是论点和论据之间建立联系的过程，一般要依靠推理这种手段。推理过程是论证过程的一部分，论证过程要考虑论据的真实性，要保证论据准确、真实。论证比推理更复杂，要求更高，许多论证要经过多次推理。因此，论证是推理的综合运用。可以用如图 6-3 所示论证能力的要素来表示论证能力与推理能力的关系。

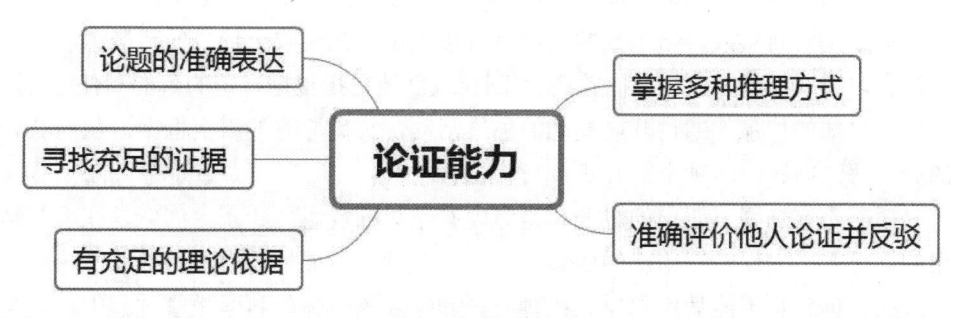

图 6-3　论证能力的要素

四、质疑创新

（一）质疑

古语有云：学起于思，思源于疑。可见质疑能力在学习过程中具有重要性。

《教育大辞典》将质疑解释为学习方式之一，即学生在课内外向教师提出疑难问题，要求解释或解答。同时，教师也可以向学生提出问题，进行反诘以促使学生积极思考，进一步学习。

一般而言，"质疑"与"答疑"是相对概念，"质疑"与"提问"是相反概念。答疑是指（教师）针对学生提出的疑难问题进行辅导；提问是指（教师）向学生提出问题。

质疑是对"未解、未知、未辨、未通"领域的发问，是探求新知的过程。质疑的根本目的是从熟悉的现象进入未知的领域，去伪存真，纠正不正确的认识。

在教学中，质疑可以作为学生的一种学习方式，即学生提出他们感到疑惑的问题；也可以作为教师的一种教学策略，即教师鼓励和指导学生在教学中同他人探讨疑难问题；还可以作为一种教学环节，即教师在课上留出专门的时间供学生针对没有明白的地方向教师咨询，三者均以学生质疑的学习方式为基础。

（二）创新

创新是人类语言中最具有魅力的词汇，是人类最美好的行为，是推动人类文明前进的、最高尚的、最重要的行为。

创新一般是指在初中科学教学中，提高学生探究能力，培养学生的创新意识和创新精神，主要包括以下几方面的要求：①能够改进实验的装置和实验的教学手段；②独立地进行实验操作和实验设计；③根据实验目的设计出新的实验方案，并能对实验方案的合理性、科学性进行分析；④在课外实践活动中，能运用学到的科学知识，独立地思考，设计出新颖的实验方案，并能动手操作。

创新是对新实践、新工具的发现或者接受由多元化成分形成的新概念，从而对社会习惯或行为产生轻微的改变。创新或创造是指根据一定的目的和任务，运用一切已知的信息，通过开展能动的思维活动，突破原有的事实框架，从而获得的分析解决问题的一种全新方式。

质疑带有怀疑、否定的成分，是对现有结果的反思、纠正；创新是在现有结果的前提下，发现、提出新的内容，具有创造性、发展性。但质疑并非一味地否定过去，创新也不能凭空想象。在融质疑和创新为一体的科学教学过程中，教师首先要让学生充分理解并掌握已有的内容，其次要解除学生思维的禁锢，最后才能推陈出新。

因此，在教学活动中，教师可以让学生通过以下途径参与质疑创新的活动：

1. 培养学生的批判性思维

批判性思维的培养目的是使学生具备理性、开放的精神，使其对客观事实具有辨析能力并学会自我纠正和勇于纠正他人。批判是客观的，是思辨的，也是有充分理由的。学生要能够意识到问题的两面性，辩证地看待问题，能够分辨正与误、主与次。同时，学生要能够清晰、有条理地说出正确的看法，秉持谨慎、谦虚的态度。

2. 培养学生的发散思维

俗话说：条条大路通罗马。解决问题的方法往往不止一个，学生在学习过程中通过举一反三，拓展思路，锻炼自己的变通能力，提高思路的流畅性，最终能够形成别具一格的思维方式。

3. 培养学生的创新性思维

创新的思维和创新的精神应当是每一名学习物理的学生不懈追求的。创新是进步的源泉，物理学的发展是在创新中进行的，尤其是当一个领域的发展遇到瓶颈或极限，似乎已经完备的时候，总有伟大的开拓者会利用创新打开新局面，将一片新天地展现在人们面前。历史上，从以托勒密为代表的形而上的古代哲学到以伽利略、牛顿为代表的实证科学，从传统力学时期到相对论、量子力学时代，处处都有创新的结果。但是，创新不是刻意追求的，创新的结果也不会唾手可得。"山重水复疑无路，柳暗花明又一村"正是创新艰难的真实写照。

第二节 "科学思维与创新"学习任务的设计

本节针对初中阶段学生模型思维培养中存在的问题进行研究。

一、模型建构学习任务的设计与实施

模型思维的价值是着力培养学生忽略次要因素、突出主要因素的能力，并用这种能力对客观事物的状态和过程进行思考。在课堂教学中，教师要发挥学生想象力，关注实体和模型之间的关联，用模型解释生活，从而培养并强化学生的模型思维[①]。

（一）科学模型思维培养存在的问题

1. 学生缺乏想象力

科学学习所需要的想象不是胡思乱想，而是必须有一定的现实背景做基础。初中科学学习主要采取的是直观教学方式，个体通过实际观察获得感性认识比较

---

① 葛元钟. 提高初中科学模型思维的教学策略研究 [J]. 中学物理，2020，38（14）：9-12.

多，这样做符合初中学生的认知特点。因此，在分子、原子结构和磁场模型的学习过程中，学生普遍感到困难。

2. 混淆客观实际和模型

在课堂上，学生在讨论科学问题时总是将复杂的实际情况与理想化的科学模型混为一谈，将在建立模型时已经忽略的因素在解决问题时又搬出来讨论。例如，在研究滑轮问题的时候，实际情况是动滑轮是有重量的，而在理想化的模型中动滑轮是不计重量的，学生必须根据研究需要在这二者之间进行切换，否则容易钻入牛角尖。

3. 不知道如何建立模型

学生在建模的过程中不能很好地分辨哪些是重要的不可忽略的，哪些是不重要的应当忽略的。有些建模类型的题目一般都很长，学生阅读题目后常常会找不到题目的关键点，想象不出题目所述的过程和情境，因而在头脑中无法建立起对应的模型。

由于科学模型思维培养中普遍存在以上几个问题，本书对模型分类进行研究，并针对浙教版科学教材中的模型提出一些教学策略。

（二）模型思维培养的任务设计与实施

在初中科学的教学过程中，教师应当让模型思维能力的培养成为教学内容的重要组成部分，在模型教学过程中应该注意以下几个方面：

1. 进行以实验为背景的想象，培养模型思维

在初中科学教学中，磁场这一章是引入抽象概念和进行抽象思维训练较为突出的一部分内容。"场"的概念是全新的，"线"的概念也是假想的，所以对于学生来说，在学习这部分内容时可能存在学习困难。模拟式的模型可以帮助学生理解概念，提炼事物的本质，认清事物的发展过程。在课堂实践中，教师可以通过启发性教学，以实验现象为基础，再进行猜测，最后形成可以准确表达磁场的磁感线模型。

由于磁场摸不着、看不见，为了便于学生感知，教师可以把小磁针放在磁铁的周围，让学生用眼观察，帮助学生感受"磁体周围存在磁场"。针对磁铁的周围可以使小磁针发生偏转现象，教师可以指出：磁铁周围有磁场，对放入其中的磁体产生磁力的作用；磁场有方向，针对磁场中某一点，小磁针静止时北极所指的方向就是该点的磁场方向。如何做到同时表达各个位置小磁针所受到的力，即表达各个位置磁场方向？在这个环节中，教师要启发学生用同时多摆一些小磁针的方法来解决。如果小磁针不能密集摆放，那么可以通过磁化铁粉使每粒磁粉变成

第六章 "科学思维与创新"学习任务的设计与实施（参考第九章案例1、案例9）

一个小小的磁针，通过铁粉的排列来显示磁场的方向。根据铁粉的排列情况，可以粗略地看出磁场中各点的受力方向是不相同的。

铁粉的排列是不连续的。为了解决这个问题，在课堂上，教师要向学生展示常见的条形磁铁、通电直导线、环形电流、通电螺线管磁场的立体分布，展示过程从平面到立体、从静态到动态。最后，教师要提出一个问题：如何描述磁体周围的磁场？

教师让学生思考用语言或者其他的方法来描述磁体周围的磁场的过程，就是根据实验现象建立模拟式物理模型的过程。教学设计示意图如图6-4所示。

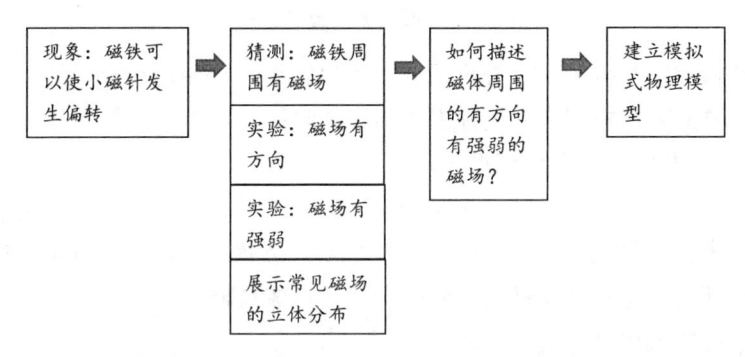

图6-4 根据实验现象建立模拟式模型教学设计

经过讨论、比较最后得出可以描述磁场的磁感线模型：根据铁粉的排列情况所构成的连接 N、S 两个磁极的虚线就是磁感线，磁感线上各点的切线方向就是该点的磁场方向。小磁针在磁体周围每一点都受到力，因此，磁体周围充满了磁感线。磁感线密的地方表示该点磁场强，即磁感线的疏密表示磁场的强弱；在空间中每一点只有一个磁场方向，所以磁感线不相交。

《科学》（七年级上册）第四章第一节"物质的构成"教学中有这样一个演示实验：向一根玻璃管内注入约一半的清水，再沿管壁缓缓注入无水酒精至酒精液面距管口约5cm处，标出酒精液面的位置；用手指封住管口，将玻璃管反复颠倒几次，使酒精与水充分混合。在演示实验完成后，教师要引导学生进行讨论并总结得出：这个实验证明了分子之间有一定的空隙。

50mL的水与50mL的水混合，总体积是不会减小的。在实际教学过程中，学生对理解分子之间有空隙还会存在一定的困难。为了解决这个问题，教师可以用模拟式模型来解释。由于酒精分子和水分子的质量比大约是 46∶18，50mL的水与50mL的水混合相当于芝麻与芝麻的混合，酒精与水的混合相当于黄豆与芝麻混合。用黄豆与芝麻模拟式物理模型很好地说明了不同分子相互进入到分子的空隙中，总体积会变小。教学设计意图如下图 6-5 所示。

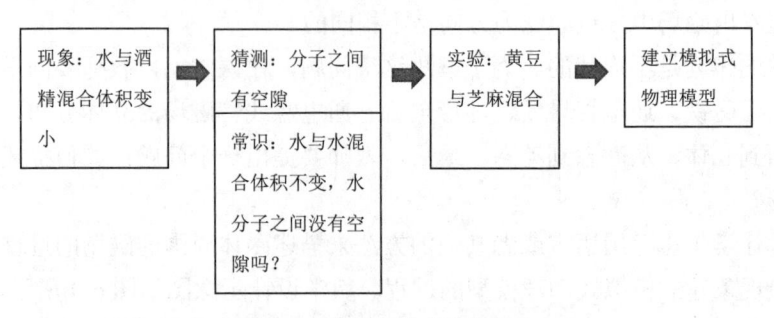

图 6-5 模拟式模型教学设计

学生通过对实验现象进行分析研究,可以得出描述磁场和分子间隔的模拟式模型,更重要的是在模型建立过程中让学生体验如何对客观现象进行概括。

2. 在客观和模型中自由切换,形成模型思维

在《科学》(九年级上册)第三章第四节"杠杆"的教学中,杠杆是一个抽象的对象模型。在日常生产、生活中,杠杆很多且形状各异,通过对这些杠杆进行抽象,留取其本质特性而忽略其次要因素即可形成杠杆模型。

建立杠杆对象模型分为三步。

第一步:观察。为了让学生观察日常生产、生活工具,教师可播放对应微视频,以引起学生兴趣和好奇心,并提出问题"这些工具在使用过程中有什么共同的特征"来激发学生深入思考。

第二步:抽象。通过对吃饭的筷子、用剪刀剪纸、开瓶器、扳手、老虎钳、撬棍、跷跷板等工具的分析,留取这些工具的本质特性。

第三步:建模。这一过程可以分解为说模、研模、释模,对抽象出来的本质特性描述,进行科学、准确地表达;研究杠杆模型的要素,以及各要素之间的关系;并用这些要素关系解释日常生产、生活工具给人们带来的便利。

杠杆对象模型的教学设计如下图 6-6 所示。

教师帮助学生在大脑中建模后,还应该培养学生的模型思维。对于日常生产生活的工具,教师要引导学生用模型眼光进行观察,用模型思维进行思考,鼓励学生进行创新并生产出各种新工具。

通过这堂课的学习,学生不仅应该掌握了知识,还应该提高了观察、抽象能力;在教师的指导下进行了说模、研模、释模的建模尝试,最终形成一定的模型思维。其他简单机械模型,如滑轮、斜面也可以运用这样的方法。

```
日常生产、生    1.对这些工具进    2.留取本质特性：    3.建立杠杆对象
活中的工具：    行抽象：                              模型：
             使用并体验这些    硬棒
吃饭的筷子、    工具在使用过程    受到力会转动         是一根受力会转
用剪刀剪纸、    中有什么共同的                        动的硬棒。
开瓶器、扳手、   特征
老虎钳、撬棍、                                      目的：为了方便研
跷跷板                                              究

6.用模型创新    5.用模型解释      4.研究杠杆模型
各种新的工具    开瓶器            五要素
              跷跷板            平衡条件
```

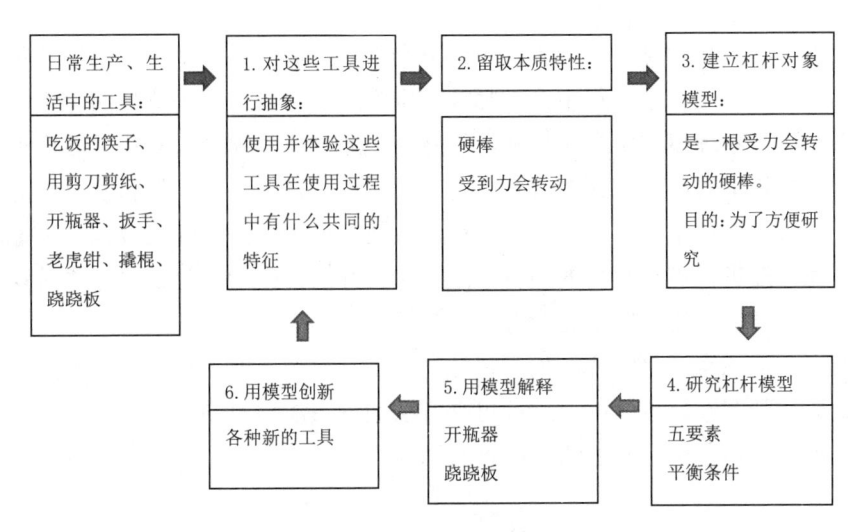

图 6-6 杠杆对象模型的教学设计

3. 通过模型解释生活现象，强化模型思维

在浙教版《科学》（七年级下册）第二章第四节"光和颜色"中，学生要掌握光在同种均匀介质中沿直线传播这一原理。光在同种均匀介质中沿直线传播是学生在初中阶段要掌握的一种比较典型的过程模型，相比于其他过程模型，直线传播模型是比较容易被理解和被接受的。

在课堂上，学生通过仔细观察光在空气、水和玻璃中的传播路线，总结抽象出光线传播过程中的两个主要特征：沿直线和同种介质。过程模型的形成很关键，如何在生活中应用过程模型更重要。在教学过程中，教师可以通过模型的应用，即用这个模型去解释生活中的实际问题，从而提高学生的模型思维。例如，通过课堂讨论，可以得出光在同种均匀介质中沿直线传播，从而解释激光准直原理，解释学生在做操站队时只看到前一名学生就表示队伍已经整齐；解释影子、皮影戏的形成原因、太阳伞遮阳的原因及日食月食等常见的天文现象；解释小孔成像现象，解释一叶障目、不见泰山、管中窥豹、坐井观天、如影随形、形影不离、立竿见影等成语。

基于上述可知，在学生在接受、理解过程模型后，教师提出相应问题，让学生列举可以利用所学模型解释或解决生活中常见问题，使学生能够将模型迁移到问题中，促进学生对过程模型的理解和掌握，并凸显物理知识的实用性，增强学生的物理求知欲和成就感。与光的直线传播相同，镜面反射和漫反射及光的折射也可以通过模型进行解释，强化学生的模型思维。

模型思维是科学学科核心素养中的一个重要组成部分，是科学思维品质、科学能力的表现。在教学过程中，教师要鼓励学生进行以实验为背景的想象，并能在客观实际和物理模型中自由切换，能熟练地通过所建模型去解释生活现象，也能理解科学模型对科学问题的解释和解决的作用。建模是一种创新性很强的高阶思维，对大多数学生而言都有难度。在课堂教学过程中，教师还应该多进行启发教学、循序渐进，当在教材的题目中遇到比较好的建模素材时，一定要对素材充分挖掘，提高学生建立模型的能力。

总之，认识客观事物的结构、特征的方法有许多，建立科学模型是其中的一种。如果教师在教学过程中对这种思维方法加以关注和引导，那么一定会有更多的学生能够掌握这种有效的认识世界的思维方法。

二、科学推理学习任务的设计与实施

《科学（7—9年级）课程标准（2011版）》指出：要深化对科学的理解，促进科学素养的发展，为认识和适应未来不断变化的世界做好准备[1]。学科核心素养是学生通过学科学习而逐步形成的正确的价值观念、必备品格和关键能力。科学推理是一种关键能力，是核心素养。初中生处在逻辑思维发展的关键期，在关键期培养学生的科学推理能力能达到事半功倍的效果。目前，初中生的科学推理能力薄弱，如果教师能找到合适的教学策略，则应该有较大的提升空间。

教师运用思维可视化可以发现学生在科学推理过程的哪个环节出错了，找出原因并进行改进。用说、写、画三种基本思维可视化方法来培养学生推理能力，通过教师先教、学生后练、规范表达等方法，将科学推理能力培养落实到实际教学行为中。

（一）科学推理能力培养存在的问题

大部分学者认为科学推理能力主要包含六个能力维度，它们分别是质量体积守恒推理能力、控制变量推理能力、概率推理能力、相关推理能力、假设演绎推理能力、比例推理能力[2]。1978年，Lawson教授设计了测量科学推理能力的试卷，测试卷总共有24道题，从不同维度对学生科学推理能力进行测量。

为了更好地了解学生科学推理能力的现状，从而寻找提高推理能力的教学策略，笔者采用了Lawson设计的试卷，对本地区一所初中的100名初二学生进行

---

[1] 中华人民共和国教育部. 科学（7-9年级）课程标准（2011版）[M]. 北京：北京师范大学出版社，2012：2.

[2] 梁美怡. 初中物理学习与科学推理能力相关性分析与研究 [J]. 物理教师，2014, 34（05）：37-39.

推理能力卷测量。以每题1分来计算，总分为24分，测量结果显示：在100名学生中科学推理能力最高分是19分，科学推理水平平均分是11.7分，中位分是12分，最低分是3分。数据表明初中生的科学推理水平普遍较低，学生推理水平差异较大。根据测量结果，笔者对部分学生进行了访谈，进一步了解学生推理能力的培养现状。学生目前的推理能力普遍较弱，主要存在这样一些不足：

1. 学生推理意识比较薄弱

调查显示：在初中科学学习中，许多学生对于知识靠死记硬背、听教师讲授、自己大量刷题来掌握。尽管这些做法能使学生在目前的考试中取得好成绩，然而，这种知识获得的过程如果成为一种习惯，就会影响学生推理能力的形成。测量结果显示，初中科学部分知识的学习需要学生进行推理的。有一些问题之所以得不到解决，是因为学生缺乏推理意识和缺少最基本的推理能力。

2. 推理能力培养缺少策略

通过对部分学生进行访谈，以及与初中部分科学教师交流进一步了解得出，教师对相关推理的理论知识缺乏研究，不太清楚如何有效培养学生的推理能力；在平时的教学过程中，学生的许多推理是在学生的脑子里进行，没有好的可视化工具，导致教师很难判断学生的推理过程是否合理。教师在课堂上没有刻意培养学生的推理能力，也没有将培养学生的推理能力与日常的教学过程有机地结合起来。

3. 推理语言形式不够规范

推理是由一个或几个已知的判断推出一个新的判断的思维形式[①]。推理与概念、判断一样，与语言密切联系在一起。如果学生没有掌握推理的语言形式，在进行推理时就很难把大脑中推理的过程正确、科学、规范地表达出来。在测试中发现，目前学生的推理语言是不规范的，推理的语言形式错误成为学生推理不严谨的重要原因。

（二）推理能力培养的任务设计与实施

1. 开设专题，学习推理模型

初中科学中有许多探究，《科学》（七年级上册）第一章就有专门教学生探究的课时，目的就是使学生在后续的探究中可以少走弯路。为了能够让学生在今后的推理过程中更顺利，教师应该尽早教会学生推理的方法、工具以及如何规范地

---

① 陈波. 逻辑学导论[M]. 北京：中国人民大学出版社，2014：7-9.

表达。教师要尽早明示推理方法，使学生发现方法的应用条件和形式[①]。学生受到方法的影响，能增强学习的兴趣，并能尝试应用所学的方法解决问题。

演绎推理的一般过程是：根据已知的一般性原理、规律，通过分析确定符合该原理或规律的具体对象，得出具体对象的规律及特征的结论。用 Xmind 软件，双击"中心主题"就可以在框中输入核心内容，根据演绎推理的一般过程，建立演绎推理模型，如图 6-7 所示。

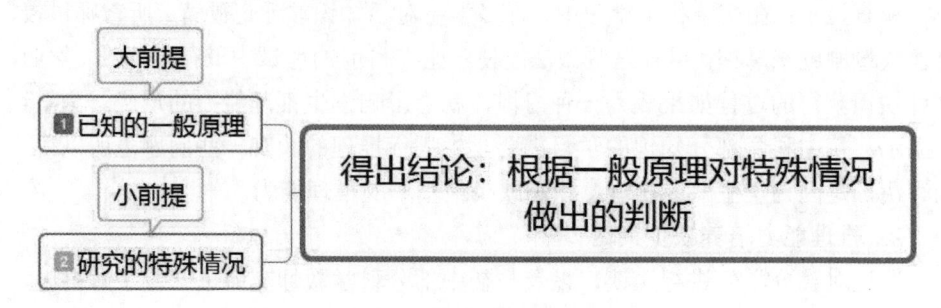

图 6-7　演绎推理模型图

在课堂上，教师可以根据演绎推理模型图，简要地分析"煤以铲子骤停前的速度继续做匀速运动"的思维过程，模型图用 Xmind 软件中的逻辑图来完成，如图 6-8 所示。

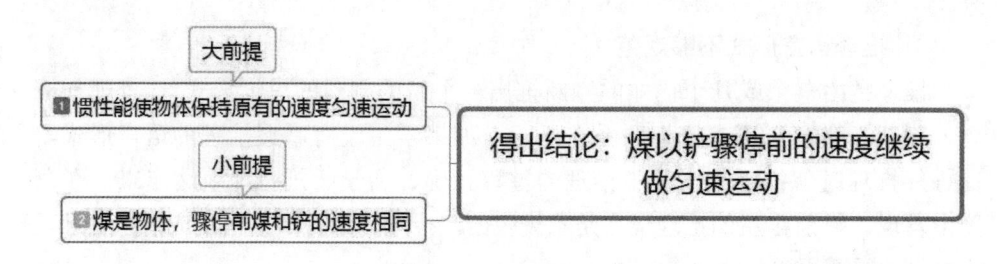

图 6-8　煤继续匀速运动的演绎推理图

归纳是从特殊到一般的思维方式，归纳分为完全归纳和不完全归纳法。完全归纳推理是根据某类事物每一对象都具有的某种属性，从而推理出该类事物都具有该种属性的结论。比如，由气体分子在做无规则运动、液体分子在做无规则运动、固体分子在做无规则运动，在初中阶段物体分成固态、液态、气态，归纳得出物体的分子在不停地做无规则运动。

完全归纳推理通常适用于数量不多的事物。如果数量太多不能穷举，那就要

---

① 阮英歌. 在初中物理教学中培养学生归纳推理能力的实验研究［D］. 北京：首都师范大学，2008：3-8.

用到不完全归纳法。"力是物体对物体的作用"所用的归纳推理就是不完全归纳推理。根据完全归纳推理和不完全归纳推理的一般过程，可以建立以下鱼骨图推理模型，如图6-9所示。

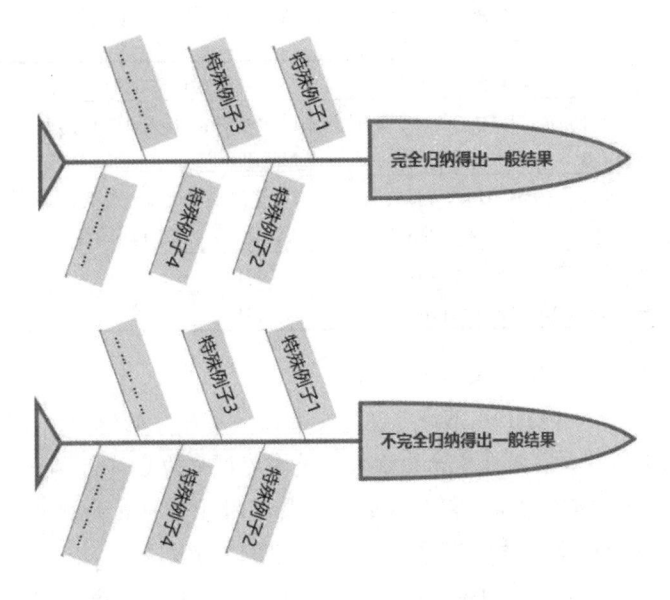

图6-9 两种归纳法的模型比较

在课堂上，教师可以用讨论法列举相关知识，哪些是由完全归纳推理得出的，哪些是由不完全归纳推理得出的，通过讨论，使学生能更好地掌握归纳推理的方法。在演示推理方法时，要符合学生的认知水平；推理方法的训练要由浅入深，循序渐进，多次实践与综合训练相结合，才能使学生在认知结构和实践活动中形成稳固的推理能力。

在三段论推理中，先用确定极为明确的、范围比较大的总的原则A（简称"大前提"），再通过科学实验寻找一个小前提B，B的全部内涵被包含在大前提内，如果小前提B属于大前提A范围内，那么B的性质一定与A的性质一样，从而得到正确的结论C的过程，这就是三段论推理。

在初中化学学习中，有许多推理问题是学生学习的难点。为了学生能准确推理并加快推理的速度，教师有必要熟悉三段论推理的过程，并且将过程模型化。

在研究碱的性质时，向充满CO_2的矿泉水瓶里加入少量Ca（OH）$_2$溶液，拧紧瓶盖并振荡，瓶变瘪，但溶液中并未

出现浑浊，那么Ca（OH）₂溶液是否与CO₂反应呢？学生进行了猜想和实验：

猜想一：Ca（OH）₂溶液与CO₂不反应，是CO₂溶于水导致瓶内气压变小而变瘪。

猜想二：Ca（OH）₂溶液与CO₂反应，生成了可溶性物质。

实验	步骤与操作	实验现象与结果	结论
一	1. 取2个相同的软塑料瓶，分别集满CO₂气体，编号为A、B	两瓶内气体无色透明，瓶子形状正常	Ca（OH）₂溶液与CO₂发生了化学反应
	2. 分别向A、B两瓶中加入等量的饱和Ca（OH）₂溶液和？，立即拧紧瓶盖并振荡	两瓶内液体未出现浑浊；两瓶均变瘪，A瓶变瘪程度更大	
二	1. 测出反应前Ca（OH）₂溶液的pH	pH大于7	
	2. 测出反应后A瓶内液体的pH	pH小于7	

（1）将表中"？"处的内容补充完整：__。

（2）能判断"Ca（OH）₂溶液与CO₂发生化学反应"的依据：__。

（3）查阅资料得知：A瓶中未出现浑浊是因为过量的CO₂与H₂O和CaCO₃反应生成可溶性的Ca（HCO₃）₂。有人提出，只要利用现有装置和试剂，对实验一稍作补充或改进就能观察到浑浊现象。请简要说明你的做法：__。

这是衢州地区2020年中考27题，考查了Ca（OH）₂溶液与CO₂反应生成白色沉淀；发生化学反应的依据是生成新物质，新物质的证据是颜色、气味、气体、沉淀、酸碱性的变化；溶液的组成是溶质和溶剂；CO₂溶于水等知识。如果学生掌握了相关知识、一定的阅读能力和演绎推理能力，题目就可以正确解答，如果有模型化的过程可以套用，解题速度会大大提高。

在做第一空格时，可以进行这样的推理，如表6-2所示：

表6-2　衢州2020中考卷第27题第一空的三段论

三段论模型	内容
大前提（极为明确的知识）	CO₂溶于水，溶液的组成是溶质和溶剂，即Ca（OH）₂溶液由Ca（OH）₂和水组成，瓶子变瘪是因为里面的气体参加反应导致压强下降
小前提（通过实验寻找到）	向A、B两瓶中加入等量的饱和Ca（OH）₂溶液和，立即拧紧瓶盖并振荡两瓶内液体未出现浑浊；两瓶均变瘪，A瓶变瘪程度更大
结论（根据前提进行推理）	Ca（OH）₂溶液与CO₂发生了化学反应

由题意可知：B实验是A实验的对照组，两组除了Ca（OH）₂溶质外其余都要一样。根据大前提和结论，反推操作过程中是向A、B两瓶中加入等量的饱和

Ca（OH）$_2$溶液和水。

在回答第二空格问题时，也可以套用这个推理：由于Ca（OH）$_2$溶液与CO$_2$发生了化学反应后溶液的pH从大于7变成小于7，第二小题的设问有两个现象可以作为证据。由于逻辑清晰，回答就会更有条理。如表6-3所示。

表6-3　衢州2020中考卷第27题第二空的三段论

三段论模型	内容
大前提（极为明确的知识）	CO$_2$溶于水，溶液的组成是溶质和溶剂，即Ca（OH）$_2$溶液由Ca（OH）$_2$和水组成，瓶子变瘪是因为里面的气体参加反应导致压强下降。Ca（OH）$_2$呈碱性，二氧化碳溶于水溶液呈酸性
小前提（通过实验寻找到）	向A、B两瓶中加入等量的饱和Ca（OH）$_2$溶液和水，立即拧紧瓶盖并振荡。两瓶内液体未出现浑浊；两瓶均变瘪，A瓶变瘪程度更大 测出反应前后溶液的pH从大于7变成小于7
结论（根据前提进行推理）	Ca（OH）$_2$溶液与CO$_2$发生了化学反应

教师在将推理方法模型化后，学生需要经常练习才能形成推理能力。课堂是培养推理能力的主要阵地，教师一定要抓住教育教学契机，让学生及时推理、及时巩固。比如，2020宁波中考题第26题，运用过程的模型化推理速度可以加快很多。

26. 在"探究稀盐酸和稀硫酸的化学性质"实验中，小科发现镁带与稀盐酸反应后的试管内出现了灰白色沉淀。

【提出问题】灰白色沉淀是什么物质？

【提出猜想】小科在老师指导下，猜想灰白色沉淀是下列物质中的一种或几种：①镁；②氯化镁；③氢氧化镁；④碱式氯化镁[Mg（OH）Cl]。

老师肯定了小科的猜想，并鼓励他继续进行实验探究。

【实验探究】

步骤一：将上述镁带与稀盐酸反应后试管内的物质过滤，得到滤液和灰白色滤渣。

步骤二：取滤液于试管中，加入适量的氯化镁粉末，粉末全部溶解。

步骤三：取少量灰白色滤渣于试管中，加入适量稀盐酸，沉淀全部溶解，无其他现象。

步骤四：将剩余滤渣用蒸馏水充分洗涤。取洗涤后的滤渣于试管中，加入过量稀硝酸，滤渣全部溶解，再加入硝酸银溶液，有白色沉淀产生。

【实验反思及结论】

（1）从步骤二可知，灰白色沉淀不可能是氯化镁，因为滤液是氯化镁的__（填"饱和"或"不饱和"）溶液。

（2）从步骤三可知，该沉淀中没有__。

（3）步骤四中将滤渣用蒸馏水充分洗涤是为了__。

（4）根据实验探究可知，该反应产生的灰白色沉淀中一定含有__。

首先根据题意建立推理模型，如表6-4所示：

表6-4　宁波2020中考卷第26题第一空的三段论

三段论模型	内容	
大前提（极为明确的知识）	饱和溶液：在一定温度下，向一定量溶剂里加入某种溶质，当溶质不能继续溶解时，所得到的溶液叫作这种溶质的饱和溶液	
小前提（通过实验寻找到）	步骤一：镁带与稀盐酸反应后过滤，得到滤液和灰白色滤渣；得出灰白色滤渣不溶于滤液	步骤二：取滤液于试管中，加入适量的氯化镁粉末，粉末全部溶解。得出氯化镁溶于滤液
结论（根据前提进行推理）	是灰白色滤渣的饱和溶液	是氯化镁的不饱和溶液
	灰白色滤渣一定不是氯化镁	

根据题目中探究的前两个步骤可以回答设问一，对于设问二，需要另建一个推理模型，如表6-5所示：

表6-5　宁波2020中考卷第26题第二空的三段论

三段论模型	内容
大前提（极为明确的知识）	灰白色沉淀是下列物质中的一种或几种：①镁；②氯化镁；③氢氧化镁；④碱式氯化镁[Mg（OH）Cl]；（题目） 灰白色滤渣不是氯化镁；（题目） 镁能和稀盐酸反应，有气泡生成。（已知） 碱式氯化镁[Mg（OH）Cl]、氢氧化镁能和稀盐酸反应，且无明显现象
小前提（通过实验寻找到）	灰白色滤渣于试管中，加入适量稀盐酸，沉淀全部溶解
结论（根据前提进行推理）	碱式氯化镁[Mg（OH）Cl]、氢氧化镁、氯化镁都可能有 没有发现气泡，镁不可能有

对于设问四，教师可以再建一个推理模型如表6-6所示：

表 6-6　宁波 2020 中考卷第 26 题第四空的三段论

三段论模型	内容
大前提（极为明确的知识）	灰白色沉淀是下列物质中的一种或几种：①镁；②氯化镁；③氢氧化镁；④碱式氯化镁 [Mg（OH）Cl]。（题目） 灰白色滤渣不是氯化镁；（题目） 没有发现气泡，镁不可能有。（上一个推理得出） 碱式氯化镁 [Mg（OH）Cl]、氢氧化镁能和稀硝酸反应，且无明显现象。 氯化镁的不饱和溶液。（上一次推理的结论）
小前提（通过实验寻找到）	洗涤后的滤渣于试管中，加入过量稀硝酸，滤渣全部溶解，再加入硝酸银溶液，有白色沉淀产生
结论（根据前提进行推理）	一定有碱式氯化镁 [Mg（OH）Cl]、可能有氢氧化镁

2. 把握契机，及时开展训练

在教师将推理方法模型化、可视化后，学生需要经常练习才能形成推理能力。课堂是培养学生的推理能力的主要阵地，教师在课堂上如果遇到科学知识是需要推理来理解和解决的，一定要抓住教育教学契机，让学生及时推理、及时巩固。

比如，在讲解牛顿第一定律时，可以让学生感受不完全归纳推理。这个推理可以用语言表达使学生的思维可视化，教师通过几个问题厘清推理思路，问题回答完毕，推理过程也就完成了。

师：接触面的光滑程度，从毛巾、棉布、木板到玻璃，摩擦力如何变化？

生：从毛巾、棉布、木板到玻璃，越来越光滑，小车受到的摩擦力越来越小。

师：实验现象是什么？

生：小车前进的距离越来越大，小车运动的时间越来越长，小车的速度越来越慢。

师：条件和现象之间的联系是什么？

生：依据发生相应变化的因素和结果之间的联系，不完全归纳推理得出水平面上的小车速度之所以发生改变，是因为小车受到了摩擦力。

师：很好，速度之所以发生改变是因为小车受到了摩擦力。当小车受到的摩擦力为零时，它将做匀速直线运动。

在课堂上，教师要追求常态化培养推理能力，在教学过程中应用推理方法获得知识、应用新知识；学生可以通过推理方法的应用来加深对方法的理解。

例如，马路上的汽车失去动力后为什么会停下来？这个问题的演绎推理是这样的：惯性是物体保持原有的运动状态的性质，车是物体，有惯性，所以运动着的车能够在失去动力后继续做匀速运动;力能改变物体的运动状态,运动着的车受到阻力,因此,车将减速最后停下来。二次演绎推理如图6-10所示。

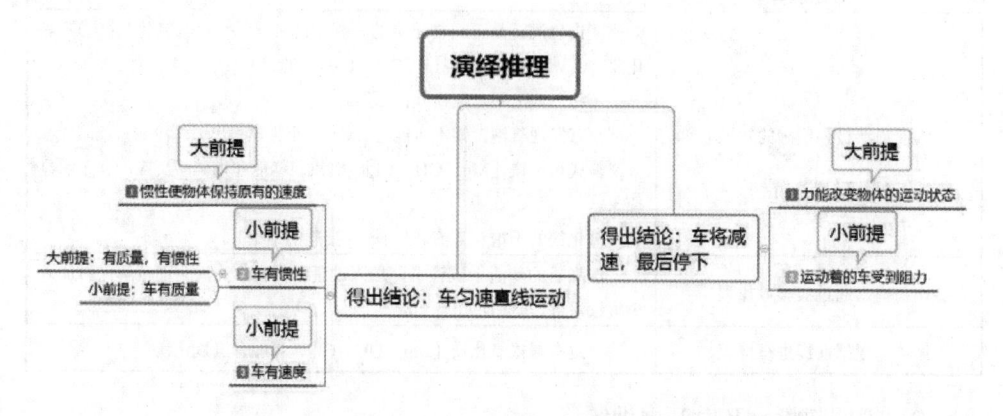

图6-10 "汽车减速,最后会停下来"演绎推理示意

演绎是由一般到特殊的思维方式,科学中的演绎推理的大前提必须是经过科学的检验是正确的。它的来源可以是多样的,可以来自观察和实验,包括已有的科学概念与规律、观察或实验的结果,以及科学抽象和科学推理的结论。

归纳推理能力的培养也应当与科学知识的学习相结合,在学习知识的过程中学习归纳推理。例如,在学习浙教版《科学》(七年级上册)时,在讲"力"这个概念时,列举日常生活中"用力"的场景,手拉易拉罐、人踢足球、人推轮椅、手提篮子、磁铁吸铁钉、压路机压路面等;分析得出在这些例子中的拉、踢、推、提、吸、压等动作都是物体对物体的作用,使用一般不完全归纳推理的方法,得出"力的概念:力是物体对物体的作用"。归纳推理如图6-11所示。

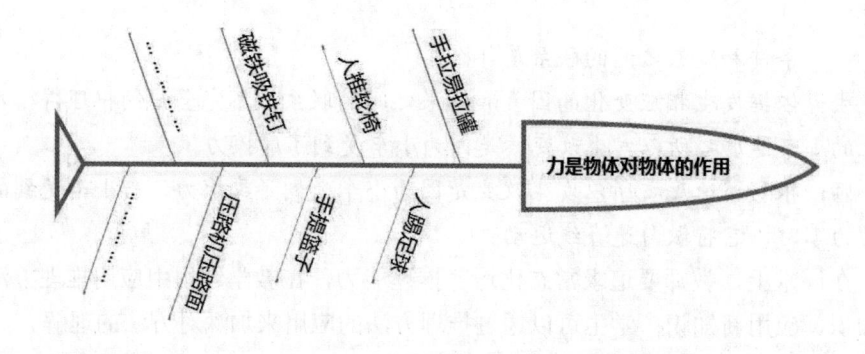

图6-11 力是物体对物体的作用归纳推理示意图

在教学过程中，如用类比推理的方法能够实现新概念与旧知识的联系，能够加深学生对概念的理解并开拓其思路[①]。"内能"是浙教版《科学》（九年级上册）的内容，学生的思维模式处于从形象化向抽象化过渡的过程，内能中的分子动能与势能这一概念相对抽象，学生对此难以理解。如果对于机械能和分子热运动理论这两个学生已掌握的旧知识，通过类比推理帮助学生建立相关概念，利用"似曾相识"的亲切感，就可以巧妙地实现思维模式具体化到抽象化的转变。类比推理可以运用比较逻辑框架图，如图 6-12 所示。

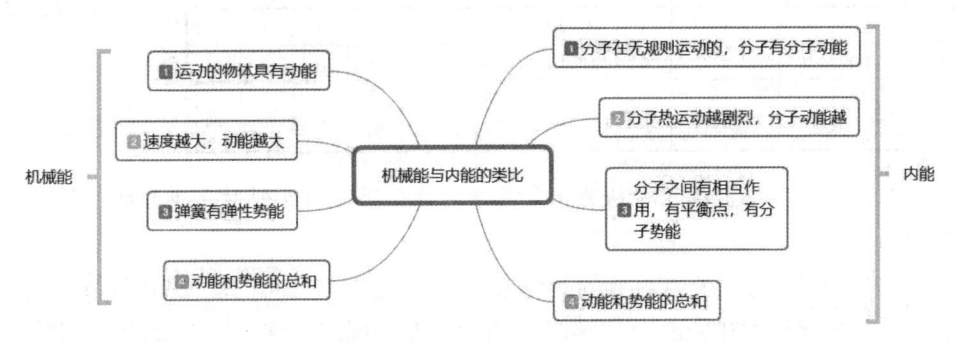

图 6-12　机械能与内能之间的类比

3. 关注表达，语言要规范化

推理是指由一个或多个已知判断推出一个新判断的思维形式，一般语言形式是表示因果关系的复句。推理过程经常会出现"因为……所以……""由于……因而……"等关系词。按推理过程的思维方向来划分，推理可分为演绎推理、归纳推理和类比推理。三者的区别如图 6-13 所示。

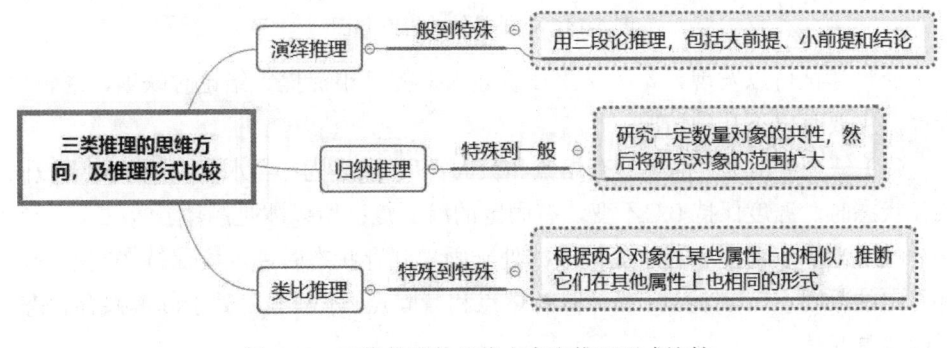

图 6-13　三类推理的思维方向和推理形式比较

---

① 胡杰. 类比推理对初中物理问题解决的影响 [D]. 长沙：湖南师范大学，2014：5-15.

例如，在浙江省 2019 年初中科学质量检测试题（八年级）中有这样一道题目：

为观测水结冰的过程，某同学进行如右图的实验：在小试管中倒入适量的水，在水中插入并固定温度计，再将此小试管放入加有食盐的碎冰中冷却，每隔 1min 记录温度计的示数及小试管内水的状态，结果如表 6-7。

表 6-7　温度及状态记录情况

时间 (min)	0	1	2	3	4	5	6	7	8	9	10	11
温度（℃）	7	4	2	0	-1	0	0	0	0	0	-1	-3
状态	液	液	液	液	液	固、液	固、液	固、液	固、液	固	固	固

根据表中数据，某同学认为冰是晶体，你是否赞同？针对上小题的回答，说明理由。

这一题考查学生将观察到的新现象、新事实证据与已有的理论知识联系起来，做出推论来建构解释的能力。"晶体具有熔点和凝固点"这一核心知识是大前提，表格中的数据是结论成立的小前提，即水凝固成冰处于固液共存状态时，温度保持 0℃不变，有固定的凝固点；再结合大前提和小前提进行演绎推理得出"冰是晶体"的结论。该思维导图如图 6-14 所示。

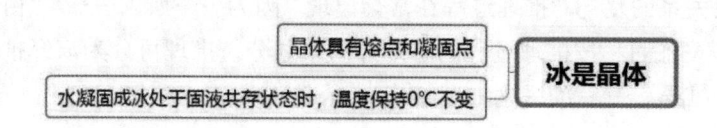

图 6-14　冰是晶体的思维导图

通过考试可以发现，不少学生在表述大前提、小前提、结论时缺项，逻辑欠合理，主要有以下几种情况：

（1）缺少大前提"晶体具有熔点和凝固点"。表述为：当水凝固成冰处于液固共存状态时，温度保持0℃不变，有固定的凝固点；所以冰是晶体。

（2）缺少小前提"当水凝固成冰处于固液共存状态时，温度保持 0℃不变，有固定的凝固点"。表述为：晶体具有熔点和凝固点，水凝固时处于固液共存状态，所以冰是晶体。

（3）只说出小前提"当水凝固成冰处于固液共存状态时，温度保持0℃不变，有固定的凝固点"；或者只说出大前提"晶体具有熔点和凝固点"。

例如：游泳时，用手和脚向后划水，人就前进。这是为什么？

大多数学生在回答说理题时出现表达不准确、不规范的情况。在课堂中通过分析，大部分学生可以理解人前进，运动状态发生改变，一定受到力的作用；该力是由于手向后划水引起的，是水给人的反作用力。但是，学生表达出来的文字不规范。为了更好地引导，教师依然可以用思维导图的方式进行梳理，如图 6-15 所示。

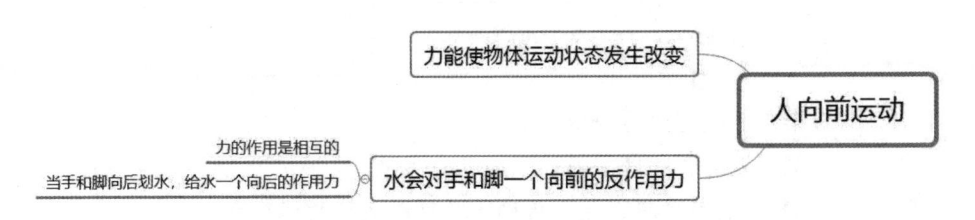

图 6-15　人向前运动的思维导图

根据思维导图，教师可以将演绎推理进行完整、规范表达：因为力的作用是相互的，当手和脚向后划水，给水一个向后的作用力时，水会对手和脚产生一个向前的反作用力；力能使物体运动状态发生改变，因此人向前运动。

科学推理能力提升的表现是学生可以根据已知的知识对物理问题进行逻辑推理和论证，得出正确的结论或判断，并能准确地表达出来。科学推理能力的提升不是一朝一夕完成的，而是在较长时间的积累中形成的，是在解决问题的过程中通过总结与领悟解决问题的方法而形成的。

为了更好地培养学生的科学推理能力，教师要在课堂教学中做一个有心人，充分挖掘新授课中知识与方法的融合，充分利用一些题目中所有的推理元素，将科学推理能力的培养落实到实际的教学行为当中。此外，建议让初一的学生进行一次系统的讲解，做一次有关推理方法的专题讲座，让学生可以从高处把握，系统地看问题，并着力规范推理的表达。

推理是由一个或多个已知判断推出一个新判断的思维形式，一般语言形式是表示因果关系的复句。在推理过程中经常会出现"因为…所以…""由于…因而…"等关系词。

在浙江 2020 中考绍兴卷有这样一个题目：

26. 做酸碱实验时，小敏将稀盐酸逐滴加到氢氧化钡溶液中（如图），发现一直无明显现象，突然想起忘记加无色酚酞试液。为探究反应的进程,过程如下:（已知 $BaCl_2$ 溶液呈中性）

【建立猜想】①氢氧化钡过量；②盐酸过量；③___。

【实验设计】步骤一：取少量反应后的溶液于试管中，滴入几滴无色酚酞试液，溶液不变色，得出猜想①错误。

步骤二：继续探究

实验方案	实验操作	实验现象	实验结论
Ⅰ	重新取样，滴加少量AgNO₃溶液	白色沉淀	猜想②正确
Ⅱ	重新取样，滴加足量Na₂CO₃溶液		猜想②正确
		白色沉淀	猜想③正确

(1) 对方案Ⅰ的结论进行评价：___。

(2) 表格空白处的实验现象是：___。

【表达交流】为确定猜想②是否正确，还可以选择的试剂有___。

A. 紫色石蕊试液　　B. 铜片　　C. 铁锈

根据题意，针对题目第二问先作一个三段论的模型，并确定此题进行推理的大前提和小前提。

表6-8　绍兴2020中考卷第26题第二空的三段论

三段论模型	内容
大前提（极为明确的知识）	稀盐酸能和氢氧化钡发生反应
	已知BaCl₂溶液呈中性
	AgNO₃溶液可以检验氯离子的存在
	反应后的溶液可能是BaCl₂；也可能是BaCl₂和Ba（OH）₂；也可能是BaCl₂和HCl
小前提（通过实验寻找到）	取少量反应后的溶液于试管中，滴加少量AgNO₃溶液，发现白色沉淀
结论（根据前提进行推理）	盐酸过量

设问二是对方案Ⅰ的结论进行评价，在考试过程中，学生不仅要回答结论是否正确，还要指出这样回答的原因。在中考出卷时，本题的预测难度是 0.65；在中，考中本题的实际难度为 0.61。研究发现，许多学生都是由于语言不规范而失分。比如：

回答1，该实验结论是错误的。

回答2，该实验结论是错误的，因为盐酸和氢氧化钡反应会生成氯化钡。

回答3，该实验结论是错误的，因为盐酸不过量也有白色沉淀生成。

回答4，该实验结论是错误的，因为滴加少量 AgNO₃ 溶液，发现白色沉淀，说明反应后的溶液中有氯离子；因为盐酸和氢氧化钡反应会生成氯化钡，三种猜想的滤液中都有氯化钡；结论应该是三种可能都存在。

要规范地回答此题要有两个步骤：首先，该实验结论是错误的；其次，分析大前提、小前提和逻辑推理中是否有错误。大前提指出反应后的溶液有三种可能，这三种可能都有氯离子，因此在滴加少量 $AgNO_3$ 溶液后发现白色沉淀，得出的结论是三种可能都有。从上述回答可以看出，回答 4 的因果关系更明晰，表达更准确。

浙江省内各地教师逐渐意识到演绎推理能力的重要作用，本书以 2020 年浙江省初中学业水平考试卷（衢州、宁波、绍兴）科学试题为例[①]，说明演绎推理能力的培养策略。

演绎推理是根据已知的一般性原理、规律等前提出发，通过推导得出具体陈述或个别结论的过程。在初中阶段用得最多的演绎推理形式是三段论。

三、科学论证学习任务的设计与实施

科学论证是一种非常重要的科学思维，是科学学科的核心素养之一。本书针对初中学生的论证能力现状，提出了在初中科学课堂中培养论证能力的几种教学策略：从论证前对证据的提炼优化、论证过程中的推理可视化、论证后反思评价常态化三个方面着手，结合科学课堂中的实例以及重要考试中的试题对论证能力培养进行建议[②]。

科学学科核心素养是学生通过科学学习所内化的品质，是学生逐步形成的适应个人终身发展和社会发展需要的正确价值观念、必备品格和关键能力。

科学论证是科学学科核心素养中科学思维的重要内容。2006 年，PISA 提出了科学素养；2011 年，《美国 K-12 科学教育框架》将"论证"作为八项科学实践活动的一部分。随着科学的不断发展下，科学论证一步步被提升到了重要的地位，教师越来越重视在初中科学教学中培养学生的论证能力。

（一）科学论证能力培养存在的问题

目前，学生的论证能力相对薄弱，主要体现在以下两个方面：

1. 缺乏从现象到结论的理性思考

学生往往是被动的，被要求做实验。在实验上，很少有小组主动对实验现象进行分析，进而论证得出结论。例如，在"比热容"这一课中，实验归实验，讲解归讲解，大多数学生在实验后是没有完全懂比热容的概念的。学生通过大量练

---

① 2020 年浙江省初中学业水平考试卷（衢州、宁波、绍兴）科学试题.
② 葛元钟. TAP 模式下初中物理论证能力的教学策略研究[J]. 中学物理教学参考, 2021, 50（05）: 14-16.

习，在弄懂概念外延后，才开始慢慢理解比热容的内涵。比热容概念的得出与学生实验之间没有很好地关联。

2. 难以从描述的现象中得出结论

学生在面对实际问题时，所遇到的变量更多，现象更复杂。在复杂的现象和论点之间组织语言进行有逻辑的推理是目前大多数学生的短板。笔查调研了 2020 年浙江省 11 个中考设区市的科学卷，发现试卷中的论证部分的得分不高；分析后发现，学生普遍存在表达不完整、不准确的现象。

（二）论证能力培养的任务设计与实施

在课堂教学中，要想让学生掌握观点，就应该让学生知晓科学事实、科学证据，并熟悉从证据到观点的推理过程。教材上的一些活动、实验提供了具体形象的事实证据 TAP。教师应该关注学生的论证能力：从证据出发进行推理并形成观点，或者从观点出发去寻找证据。基于 TAP 提出的论证模式，笔者及团队在课堂上对学生的科学论证能力培养进行尝试，并提出了以下几条教学建议：

1. 重视实验观察，进行证据的提炼与优化

证明大气压存在的实验有覆杯实验、瓶吞鸡蛋实验、喷泉实验、马德堡半球实验，这些实验都可以增加学生对大气压强存在的感性认识。科学实验具有真实性，直观，生动，容易激发学生的学习兴趣，激发学生的理性思考，启迪学生的科学思维，培养学生的论证能力。通过实验获得的事实和结论可以很好地成为整个论证过程的论据。例如，在教学中的"试管爬升"实验：大试管中装一半水，再放入一根略小一号的试管，然后将两根试管组成的装置颠倒过来，如图 6-16 所示。学生在实验中可以观察到：小试管上升，大试管里的水从两根试管的缝隙流下。要求小试管的直径略小于大试管的内径，是为了让水从两个试管的间隙中慢慢地流出，而不让空气进入大试管，这样可以使大试管内的压强始终小于大气压强，使得小试管逐渐上升。此实验可以证明大气压的存在。

图 6-16 试管爬升实验

基于 TAP 的论证结构如图 6-17 所示。

这个事实可以作为"大气压强的存在"的一个有力证据。在论证结构图中，理论依据就是学生已经掌握了的知识（概念、定律、原理）。学生要通过课堂观察、实验等方式获得证据，并通过推理证明自己的论点。这样的论点能够被学生灵活应用，也不容易被学生遗忘。

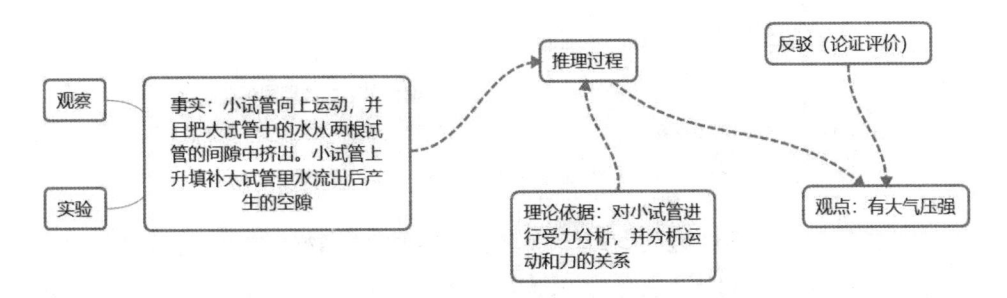

第六章 "科学思维与创新"学习任务的设计与实施（参考第九章案例1、案例9）

图6-17 基于TAP的论证结构证明大气压强的存在

2. 重视推理培养，进行推理的可视化训练

推理能力的培养要以科学知识作为载体。在教学过程中，学生应用推理方法获得知识，应用新知识；学生还可以通过推理方法的应用来加深对方法的理解。

例如，在教学中模拟丹麦科学家奥斯特的"奥斯特实验"：在南北放置的直导线附近放置一枚小磁针。当导线中有电流通过时，磁针将发生偏转，这是通过实验和观察得出的事实。这个事实和教师想说明的通过直导线周围存在磁场还有一定的距离。如果在教学过程中教师在实验完毕后就直接对学生说："这个实验证明了通电导线的周围存在磁场"，那么大多数的学生都会感到困惑。这样的处理方式不利于学生的论证能力的培养。从通电导线周围的磁针发生偏转到通电导线周围存在磁场的整个论证过程如图6-18所示。

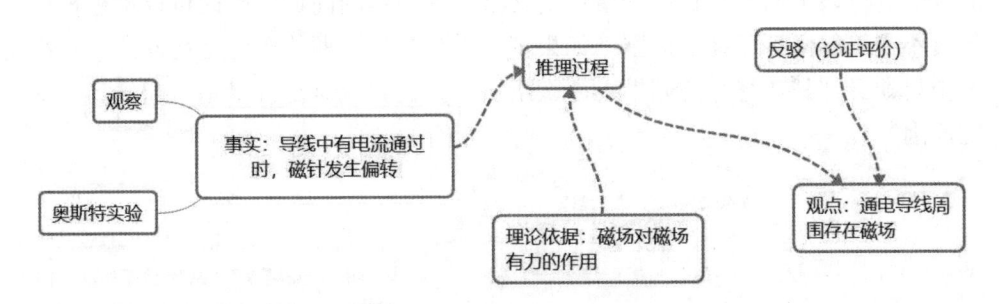

图6-18 通电导线周围存在磁场的论证过程

对于小磁针在磁场里会受力转动这个命题，学生在对磁铁性质进行学习的过程中已经有所了解，在以上论证中可以作为一个依据。这一推理过程如图6-19所示。

图中文字：
学生已知：磁针在磁场里会受力转动 —— 大前提
实验发现：导线中有电流通过时，磁针发生偏转 —— 小前提
推论：通电导线周围存在磁场

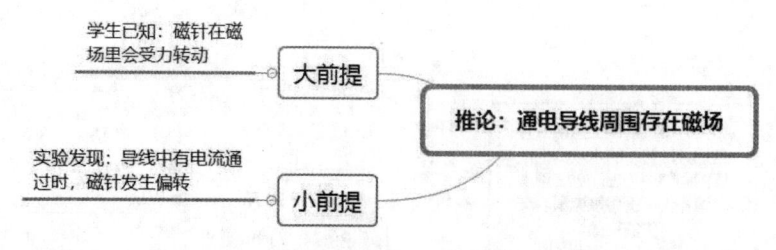

图 6-19　通电导线周围存在磁场的推理过程

对于学生的推理和论证能力的考查在中考中很常见，在浙江省台州市 2020 科学中考卷中出现这样一个题目，现只摘录需要通过推理解决问题的第一题：

春暖花开、燕雁北飞，秋寒叶落、燕雁南归。人们通常认为候鸟的迁徙与气温变化有关。据加拿大洛文教授 14 年的观察记录，有一种候鸟黄脚鹬，每年长途跋涉 1.6 万公里来往于北美洲的加拿大和南美洲之间，总是固定于 5 月 26 至 29 日在加拿大首次产蛋。根据上述现象，洛文教授认为气温不是引起候鸟迁徙的原因。

洛文教授根据黄脚鹬的首次产蛋日期都是在每年的 5 月 26 至 29 日，推测气温不是引起候鸟迁徙的原因，因为每年同期的气温是__。

第一题没有考查初中的考点知识，而是考查学生的论证过程中的推理能力，此题的实测难度为 0.54 左右，说明还有将近一半的学生的推理能力有待加强。用推理过程的思维可视化对题目进行分析，如图 6-20 所示。大前提是每年同期的气温是可以不同的，首次产蛋日期又都是在每年的同期，因此可以推理得出气温不是引起候鸟迁徙的原因；如果填了因为每年同期的气温是相同的，首次产蛋日期又都是在每年的同期，那么所得的推论就应该是气温是引起候鸟迁徙的原因。

图中文字：
已知每年同期的气温有差异 —— 大前提
实验发现：首次产蛋日期都是在每年的5月26~29日 —— 小前提
推论：气温不是引起候鸟迁徙的原因

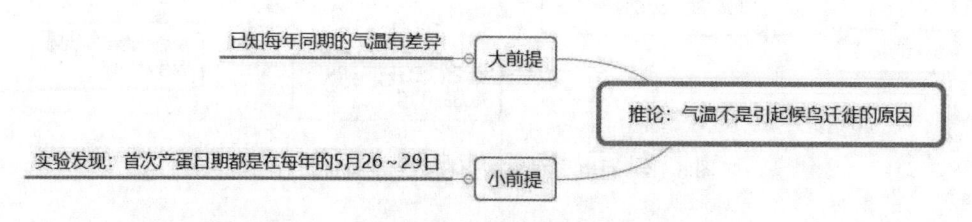

图 6-20　气温不是引起候鸟迁徙原因的推理过程

3. 鼓励学生质疑，进行论证评价的常态化

对于中学生来说，他们的对话论证内容若只有提出理由和证据是不够的，还要经过驳斥他人的观点来推论并思考自己主张的合理性。

第六章 "科学思维与创新"学习任务的设计与实施（参考第九章案例1、案例9）

例如，在"试管爬升实验"中，如图6-21所示，在实际操作过程中，并不是每次实验都可以成功，当小试管进入大试管的距离 h_0 过小时，小试管就不能上升，这是为什么呢？回到论证结构模式，可以发现这是对论证过程的反驳。反驳也是结构模式的一部分，可以使整个论证更加严密。

以细试管为研究对象，细试管受力平衡为：

小试管重力 G↓、粗试管上部的水的压力 $P_1S=P_0S-\rho_0h_0S$ ↓、大气压力 P_0S↑，受力分析如图6-21所示。代入后可得，小试管要上升，大气压力应该大于重力和粗试管上部的水的压力之和，可表示为：$P_0S>G+P_0S-\rho_0h_0S$，故：$G<\rho_0h_0S$。

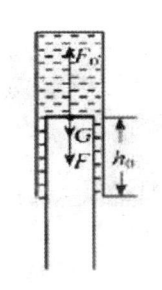

图6-21 爬升实验模型

可以分析实验中小试管的重力和 h_0 之间存在一定量的关系，如果小试管的重力足够小，则小试管稍微进入大试管就可以把实验做成功。

如果学生的论证过程比较清晰、熟练，就更能捍卫其观点和主张，就更可能通过反驳、反思、整合提出新论点，达到论证的缜密性。

又如上文所讲，"通电导线周围存在磁场的推理过程"有没有漏洞？如果有，应该怎么反驳？在通电导线周围存在磁场的论证过程的教学中就有学生提出：磁针在磁场里会受力转动，磁针在重力场里会受力运动，当我们发现导线中有电流通过时，磁针发生偏转，是否可以据此推出：通电导线可以改变周围的重力场呢？这样的质疑就是对论证过程最好的评价，表明学生已经明白了教师所讲的推理过程，更表明学生已经了解目前推理过程存在的瑕疵。因此，在教学过程中，教师要鼓励学生进行质疑，对论证进行常态化评价。

有关探究能力的考查一直是热点，现在往往会在探究过程中增加论证能力的考查。例如，在浙江省衢州市2020年科学中考卷中有这样一个题目：

（衢州2020中考第二十九题）为探究影响水果电池电压大小的因素，小科利用铜片、锌片作电极的水果电池（图甲）和电压传感器（精密电压测量仪）等器材进行实验，数据记录如下表：

（1）为探究电极之间距离对水果电池电压大小的影响，应选用实验__（填组别）进行对比。

（2）分析实验数据，可以得出的结论是__。

实验组别	水果种类	电极插入深度/cm	电极之间距离/cm	测得电压/V
1	哈密瓜	1.0	2.0	0.886
2	哈密瓜	1.0	4.0	0.885
3	哈密瓜	1.0	6.0	0.886
4	苹果	1.0	2.0	1.009
5	苹果	1.5	2.0	1.011
6	苹果	2.0	2.0	1.010

第二十九题图

本实验的自变量是：电极材料、水果种类、电极插入深度、电极之间距离，实验的应变量是水果电池的电压。对实验数据进行分析如下：

分析实验1组、2组、3组可得：当电极材料、水果种类、电极插入深度不变时，水果电池的电压大小与电极之间距离无关。

分析实验1组、4组可得：当电极材料、电极插入深度、电极之间距离时不变时，水果电池的电压大小与水果种类有关。

分析实验4组、5组、6组可得：当电极材料、水果种类、电极之间距离不变时，水果电池的电压大小与电极插入深度无关。

在第一题中要研究电极之间距离对水果电池电压大小的关系，就要控制变量水果种类和电极插入深度，即可选用实验1组、2组、3组；在第二题中，要分析实验数据后得出结论，就要将实验1组、2组、3组的结论进行综合表达。

针对这道中考题，教师要鼓励学生对整个论证过程进行质疑，对结论的表达进行质疑，对数据的可靠性进行质疑。如：

（1）水果电池的电压大小与水果种类有关是从哪些数据分析得出的？仅仅是两种水果之间的实验是否可以得出结论？

（2）水果电池的电压大小与电极插入深度和电极之间距离无关从哪些数据得出？后面的电压为什么会有细微差别？

（3）结论中为什么要提到电极材料不变？

（4）还可以研究哪些变量与水果电池的电压大小有关？

学生越质疑，对于知识点、论证方法等掌握得就越深刻。在课堂上，对于学生们的每一次提问，教师都要细心地呵护，耐心地解答。这样，学生的质疑能力才会越来越强。

学生面对问题与数据时，要能根据所获得的资料，针对现象，产生观点；同时，也要能为观点进行合理的辩护寻找证据；更甚者是要能思考别人观点的不足

第六章 "科学思维与创新"学习任务的设计与实施（参考第九章案例1、案例9）

之处，提出反驳他人的观点，或者重新评估自己原有的观点。

本书提出了对学生的科学论证能力进行培养的几种教学策略，在论证前要注重数据的记录，以及证据的收集与优化；在论证过程中要重视推理能力的培养，学生的推理逻辑越清晰，其掌握知识就越有条理、越深刻；在论点得出或者在论证结束后，教师应带领学生进行对论证过程的评价，对过程提出质疑和反驳。

学生的科学论证能力是有高低的，培养过程应该针对学生不同的论证能力对学生进行不同深度的培养，但本书对论证评分标准并没有涉及。

四、高阶思维学习任务的设计与实施

在目前的科学课堂上，高阶思维活动难以被监测，因此其常常被低阶思维活动代替。在对浙江省内八年级若干初中科学教学的调研中，可以发现，在分析、评价等教学中存在不少问题。

图 6-22 为对科学问题进行辩论的频率的统计图，图 6-23 为能否对科学探究各环节进行科学的评价的统计图。据图显示，在八年级的初中科学教学中，有不少学生会对科学问题进行辩论，但也不难发现，有 26%的学生偶尔会对科学问题进行辩论，更有 6%的学生从来不辩论；不少学生能对科学探究各环节进行科学的评价，但也有 26%的人对科学探究各环节进行科学的评价独立完成困难很大，更有 4%的学生直接回答做不到。

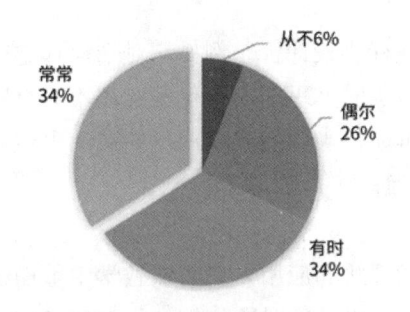

图 6-22　辩论频率统计图　　　　图 6-23　科学评价统计图

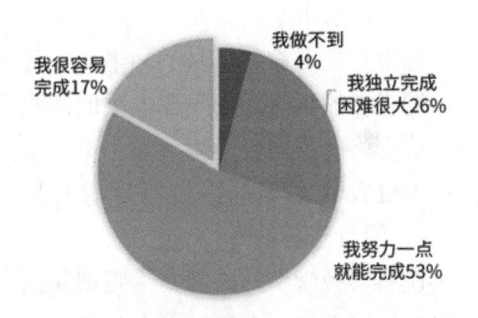

通过对图 6-22 和图 6-23 分析，结合访谈可以发现，实际上大多数教师的课堂与先进的教学设计理念是割裂的，具体存在着以下问题：

（一）高阶思维能力培养存在的问题

1. 重记忆，轻分析

对于一些科学概念和理论，很多教师都采取了直接讲授法，直接以"告诉"

的方式呈现出来。例如，学生在没有充分感知的情况下对杠杆的五要素进行记忆，因此其对五要素的认识往往停留在表面，是片面的和肤浅的。这将导致学生在今后的学习中不能全面且准确地分析五要素，也使课堂教学变得枯燥、乏味。

在科学学科中，学生普遍认为电学比较难学，题做了许多但成绩却很难提高。学生往往不能轻松地分析动态电路。电路的呈现形式发生改变，特别是在分析由多个开关、滑动变阻器组成的动态电路时，不知化繁为简的方法。这很有可能是因为学生对知识的理解和应用不足，导致其在审题时张冠李戴。例如，电压，已知条件中有这样几种表达："额定电压""实际电压""R_1两端电压""总电压""电源电压"等。在动态电路中，当电路连接发生改变后，各用电器两端的电压也将发生改变，数据更易出错。这些问题反映出学生的比较、分析、评价等高阶思维能力薄弱，这是根本问题。但是，如果学生只是不断地进行重复训练，则是治标不治本，不仅无益于学生对于知识的深化掌握，还会使学生产生厌烦情绪，造成学生对学习物理的抵触。

2. 评价指导缺乏

评价是指对一件事或一个人物进行判断、分析后的结论。科学课堂上的评价是指要依据一定的标准对一件事、一个问题、一个实验、一个设计进行判断、分析、辩论，而后得出结论。在杠杆的教学中，如果能对研究杠杆平衡条件的实验方案进行评价，那么就能对生活中的杠杆提出改进意见，这将会极大地提高学生对杠杆的理解水平。

如果学生对教材只是一知半解，就不能进行比较评价。例如，对于焦耳定律这一知识点的学习，由于课本中的实验仪器与实验室里的实验仪器存在不同，实验方法也略有不同，学生往往会不知所措。再如，当学习到电动机的启动电流等结构不良领域的知识时，学生往往只是一知半解。

3. 设计过程缺乏

在科学教学中，教师常常强调知识的记忆理解和应用，在新课教学中重操练的情况很严重，大大压缩了实验设计、探究方案设计的时间。例如，在研究杠杆平衡条件的教学中，课本上已经把大部分的设计都罗列出来了，教师一般都将教学重点放在杠杆平衡条件的应用中，将公式引出后就开始习题操练。由于缺少实验设计的形成过程，学生的认知只停留在应用层面，设计能力得不到培养，创造力自然难以提高。

在初中升学压力之下，不管是社会、家长，还是学校、教师，都十分看重考试分数。因此，大部分教师认同考高分必须运用题海战术，除了教材配套的练习

第六章 "科学思维与创新"学习任务的设计与实施（参考第九章案例1、案例9）

要求学生全做以外，还布置许多额外的练习。但是，从认知目标修订二维分类表可以看出：在复习课中如果以回忆、记忆为主，以对知识点的理解和运用为主，将不能很好地达到提高学生核心素养的要求，学生应对中考题目一样会力不从心。

因此，教师必须寻找并构建新的复习模式，以提高学生的高阶思维能力。教师在采用恰当的教学策略，进行深度学习，培养学生学习兴趣，提高学生分析问题和解决问题的高阶思维能力。

（二）思维的分类

教育学家们曾经从不同的研究视角，以及其对知识的不同认识程度，对知识进行了分类。在2001年出版的《面向学习、教学和评价的分类学——布卢姆教育目标分类学的修订》一书中将知识分为以下四种：

（1）事实性知识，是学习者在掌握某一学科或解决问题时必须知道的基本要素，具体包括术语知识，以及具体细节和要素的知识两方面。

（2）概念性知识，是指一个整体结构中基本要素之间的关系，表明某一个学科领域的知识是如何加以组织的、如何发生内在联系的、如何体现出系统一致的方式。

（3）程序性知识，是指"如何做事的知识"，具体包括：具体学科技能和算法的知识、具体学科技巧和方法的知识、确定何时运用适当程序的知识。

（4）元认知知识，是指关于一般的认知知识和自我认知的知识。

学生学习不同的知识需要用到不同的思维方式。

布卢姆新的教育目标分类学采用了"知识"和"认知过程"二维框架。由表6-9可得知：知识是指学习时涉及的相关内容，包括从具体到抽象的四个类别，即事实、概念、程序和元认知。认知过程涉及学习时的思维能力，包括六个类别，即记忆、理解、应用、分析、评价和创造。

表6-9 布鲁姆教育目标分类的二维框架

知识	认知过程维度					
	1记忆	2理解	3运用	4分析	5评价	6创造
A事实性知识						
B概念性知识						
C程序性知识						
D元认知知识						

高阶思维是指发生在较高认知水平层次上的心智活动或认知能力，在教学目标分类中表现为分析、评价和创造，见表6-10。布卢姆的认知目标分类思想为教

师在教学实践中促进学生高阶思维能力发展提供了一种可操作的图式。

表 6-10　布卢姆认知目标分类表（2001 年修订版）

目标层级	行为动词	思维分类
创造	生成计划、贯彻	高阶思维
评价	核查、评判	
分析	区分组织归属	
运用	执行、实施	低阶思维
理解	解释、举例、分类、总结、推断、比较、说明	
记忆	识别、回忆	

（三）复习任务中高阶思维的培养策略

1. 通过等效分析培养高阶思维

近几年来，国内外的教育界人士越来越重视高阶思维能力的培养。高阶思维是处于较高认知水平层次上的心智活动或认知能力。

高阶思维能力是人的思维水平的重要衡量标准，也是创新能力、问题解决能力、决策能力的核心，已逐步成为中学物理教学重点关注和培养的内容。复杂电路的分析要用到等效的高阶思维。画出等效电路图的方法包括节点移动法、整体法、隔离法。学生无论用哪种方法都是在保证某种效果相同的前提下，抓住问题的本质，将复杂的物理过程转化、等效为简单的、易于研究的物理过程。

（1）巧用隔离，等效化简。隔离化简要三步走：第一步，把电路中的电表隔离，在初中阶段不计电表对电路的影响，隔离电表的做法是"电压表去掉后该处断开，电流表去掉后该处用导线连通"；第二步，分析串并联，按题意所给条件，沿电流方向对去掉电表后的用电器逐个分析，如果电流只沿一条路径经过用电器回到电源负极，则该电路是串联连接；如果电流流到连接点分为几条支路，则该电路为并联连接；第三步，分析各电路中的物理量。

例：在如图 6-24 所示的电路中，电源电压保持不变，开关闭合后，滑动变阻器的滑片 P 向右移动时，三个电表的示数变化情况是（　　）。

A. 电流表的示数变小，V_1 的示数变大，V_2 的示数变小
B. 电流表的示数变大，V_1 的示数变小，V_2 的示数变大
C. 电流表的示数变小，V_1 的示数不变，V_2 的示数变大
D. 电流表的示数变大，V_1 的示数不变，V_2 的示数变小

第一步，把电路中的电表"去掉"，通过对电流表和电压表的隔离分析，图 6-24 就可以等效成图 6-25；第二步，分析图 6-25，判断出串联电路；第三步，

分析出电压表 V_1 测电源的电压，电压表 V_2 测变阻器两端的电压，电流表测电路中的电流。

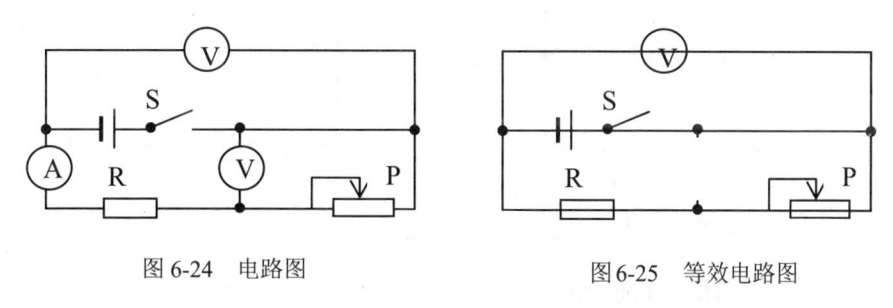

图 6-24　电路图　　　　　　　　　图 6-25　等效电路图

开关闭合，滑动变阻器的滑片 P 向左移动时电源两端的电压保持不变，电压表 V_1 的示数不变；P 向左移动时，接入电路中的电阻变小，电路中的总电阻变小，电路中的电流变大；由 U=IR 可知，R 两端的电压变大，因串联电路中总电压等于各分电压之和，故滑动变阻器两端的电压 V_2 的示数变小。故选 D。

（2）节点移动，等效电路。

等效思维是从事物的等同效果这一基本点出发的，其目的是通过转换思维活动的作用来降低思维活动的难度，是处理物理问题的一种重要的思维方法。导线和导线的接点是节点，节点的移动只有不经过用电器就不会改变电路，节点移动前后的电路是等效的。通过节点移动，可以较快地画出等效电路图。

如图 6-26 所示，在导线和导线的接点分别标出 a、b、c、d，这四个点就是电路的节点。按规则移动这些节点可以得到图 6-27 电路，该电路就是运用节点法画出的更直观的等效电路图。

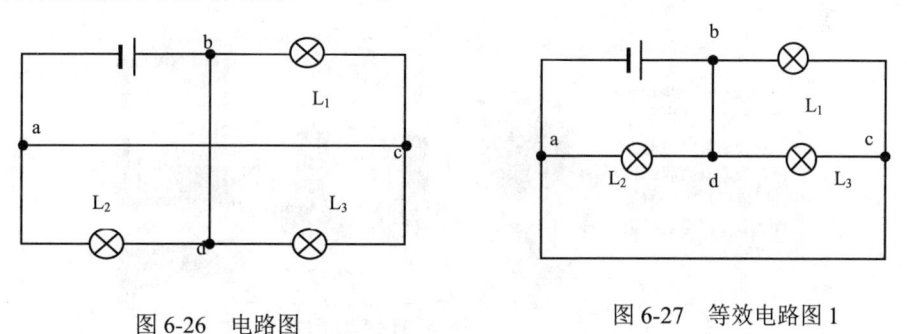

图 6-26　电路图　　　　　　　　　图 6-27　等效电路图 1

将图 6-27 进一步进行节点移动可得图 6-28 和图 6-29。这样，三个小灯泡的连接方式就更加明显了。这个变换多次运用了等效思维。

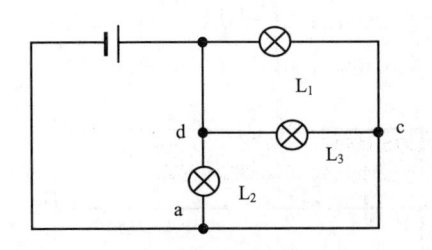

图 6-28　等效电路图 2　　　　　　　　图 6-29　等效电路图 3

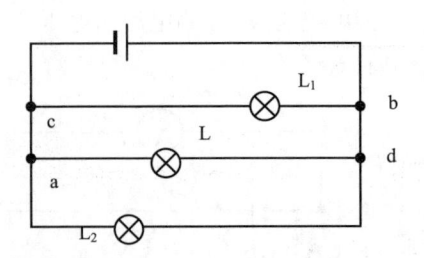

2. 深度学习提供高阶思维平台

斯皮罗（R.J.Spiro）把知识分为结构良好领域的知识和结构不良领域的知识。在物理教学中，有些知识的结构很有规则性和确定性，学生学习起来就比较容易。但是，在物理实验教学中，很多物理知识是在现实情境中进行学习和思考的，往往具有不良的知识结构特点。对于这些结构不良领域的知识，教师应该用各种方法，以各种角度带领学生进行深度学习。

1976 年，深度学习由费尔伦斯·马顿（Ference Marton）等学者依据对阅读学习的层次问题进行实验研究而提出。之后，深度学习被界定为学生全身心主动投入、涉及高阶思维能力获取并且具有较强迁移能力的一种学习过程或状态，从而区分于简单了解、机械记忆的浅层学习。例如，有关焦耳定律实验的补充。

教材上有关焦耳定律的实验装置，如图 6-30 所示。在图 6-30 中，用玻璃管内液面上升的高度表示电流热效应产生的热量。实验室里与教材配套的实验器材如图 6-31 所示，中考中也频频出现这套焦耳定律的装置。

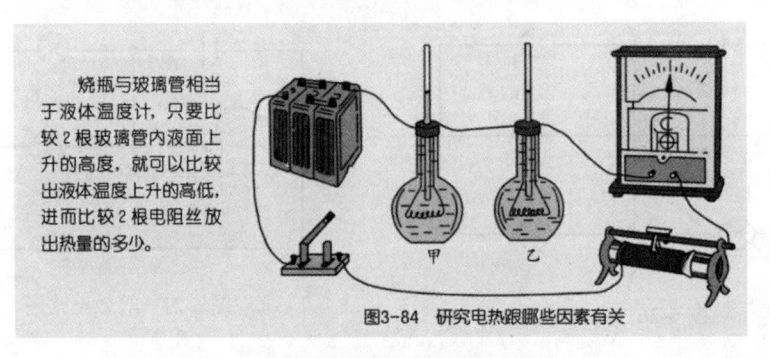

图 6-30　焦耳定律装置一

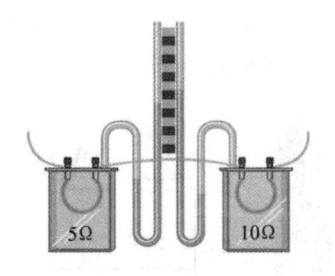

第六章 "科学思维与创新"学习任务的设计与实施（参考第九章案例1、案例9）

图 6-31　焦耳定律装置二

对两种实验方法进行比较，结果见表 6-11。

表 6-11　两种实验方法的比较

不同点	教材实验	配套实验
观察指标	玻璃内液体的上升高度	U型管内的高度差
原理	玻璃瓶内的液体受热膨胀	被封闭的气体受热膨胀
实验一	图6-30控制时间、电流两个变量，研究产生的热量与电阻之间的关系	图6-31控制时间、电阻两个变量，研究产生的热量与电流之间的关系
实验二	控制时间、电阻两个变量，研究产生的热量与电流之间的关系；实验方法是同一个电阻做电流大小不同的二次	控制时间、电流两个变量，研究产生的热量与电阻之间的关系；实验方法是更换一个10Ω的电阻盒
实验二的步骤	进行实验一时要记下时间，并标出液面上升的高度；等液面降回到原来的高度后，减小滑动变阻器的阻值，经过与第一次相同时间的通电，比较玻璃管内液面的位置	将一个10Ω的电阻盒与5Ω的电阻盒串联

通过表 6-11 的比较，学生对实验原理、实验步骤、实验结果的表达等都会有一个比较深刻的理解。学生对知识的理解越深刻，其在解决问题过程中的思考就会越全面，其实验方案的设计也会更周到。

两种实验方法的观察指标：一是玻璃内液体的上升高度，二是U型管内的高度差。这都间接地反映了烧瓶内液体温度的变化，从而反映了电流的热效应。

通过研究，教师可以利用朗威 DISLab 套件（如图 6-32 所示）对焦耳实验进行实验创新，并帮助学生对多种实验思路进行总结分析，进行深度学习。

朗威 DISLab 套件里的几个电阻按如图 6-32 和 6-33 进行连接，每个电阻浸入有一定质量的油里，用温度传感器实时测量出油的温度变化。在朗威 DISLab 软件的帮助下，可以将两组实验一起完成，并用计算机记录一组连续的数据，如图 6-34 所示。R_1、R_2、R_3 三个电阻对应的温度变化曲线分别是：ΔT_1、ΔT_2、ΔT_3。观察 R_2 和 R_3 两条数据线，可以研究产生的热量与电阻之间的关系；观察

R_1 和 R_2 两条数据线，可以研究产生的热量与电流之间的关系。对数据线进行分析，可以比较顺利地得出结论，如图 6-34 所示。

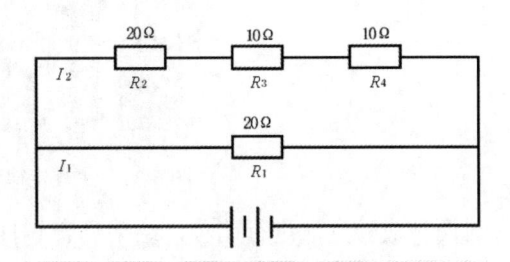

图 6-32　焦耳定律装置三　　　　图 6-33　实验装置 3 的电路图

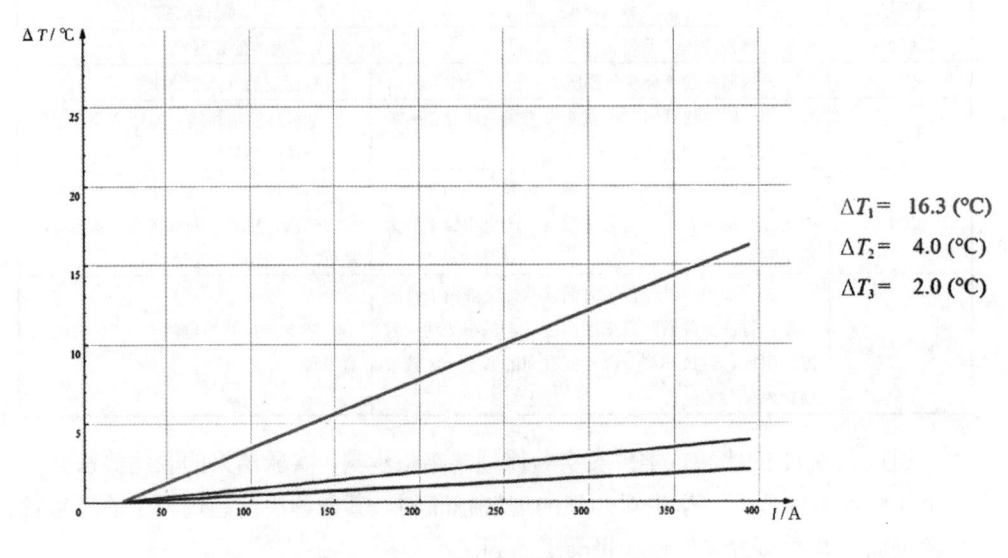

$\Delta T_1 = 16.3\ (℃)$
$\Delta T_2 = 4.0\ (℃)$
$\Delta T_3 = 2.0\ (℃)$

图 6-34　实验数据图

3. 通过任务表格形成高阶思维

由于滑动变阻器滑片移动或电路中开关状态改变而使电路中的电流发生改变，这样的电路称为"动态电路"。动态电路的分析一直是一个难点。对学生而言，动态电路不仅难在对前后两个状态的分析比较，这些加倍的物理量也容易让人"张冠李戴"。

先分析一下两种典型的动态电路，如图 6-35 所示。从图 6-35 中可以得出：不管是开关开闭还是滑片移动，其实质都是为了改变电路的总电阻，从而引起电路中电流的变化，无论是串联电路还是并联电路，部分电阻增大，总电阻随之增大，而电源电压不变，总电流与总电阻成反比。

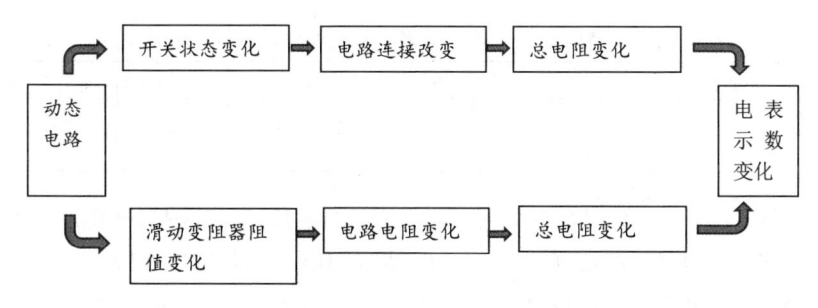

图 6-35 分析动态电路的思维图

为了让学生能更好地分析动态电路，本书引入了表格法对动态电路的分析过程进行评价，以增加解题准确率。表格法就是根据题意将已知条件都找出来，填入表格，然后根据电路的特点和规律找出从已知量到未知量之间的联系，最后确定先算哪步后算哪步，从而完成整道题的解答。

如图 6-36 所示，R_1 为定值电阻，R_2 为滑动变阻器，电源电压 U 不变。当滑动变阻器的滑片 P 滑到 a 端和 b 端时，R_1 消耗的功率之比为 9∶1；且滑片 P 滑到 a 端时，电流表示数为 6A，滑片 P 滑到 b 端时，电压表的示数为 8V。求：电阻 R_1 和 R_2 阻值各为多少？电源电压多大？

分析电路可得：在 a 处时，电路中只有 R_1，在 b 处是 R_1 和 R_2 的串联电路。

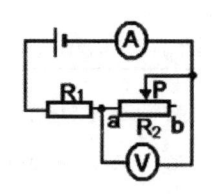

图 6-36 电路图

已知当滑动变阻器的滑片 P 滑到 a 端和 b 端时，R_1 消耗的功率之比为 9∶1，可得，在 a 处和在 b 处时，R_1 两端的电压之比为 3∶1。

假设在 a 处时，R_1 两端的电压为 3，则总电压为 3；在 b 处时，R_1 两端的电压为 1，R_2 两端的电压为 2，R_1 和 R_2 两端的电压比为 1∶2。

将分析结果记录在表 6-12 中。

表 6-12 动态电路的分析评价表——相同电阻不同阶段时的比例

研究R_1	连接	U	I	R	P	U_1	I_1	R_1	P_1	U_2	I_2	R_2	P_2
滑片在a处	一个	3				3			9	0			
滑片在b处	串联	3				1			1	2			

从表 6-12 可知：b 处是 R_1 和 R_2 的串联电路，R_1 和 R_2 两端的电压比为 1∶2，则总电压 U、U_1 和 U_2 的比为 3∶1∶2。又已知 R_2 两端的电压为 8V，根据比例得

出，总电压 U 为 12V，R_1 两端的电压为 4V。将分析结果记录在表 6-13 中。

表 6-13 动态电路的分析评价表——相同阶段不同电阻的关系

P在b处	连接	U	I	R	P	U_1	I_1	R_1	P_1	U_2	I_2	R_2	P_2
比例		3				1				2			
已知		12				4				8			

从表 6-13 可得，滑片在 b 处时，总电压 U 为 12V，R_1 两端的电压为 8V，则 R_2 两端的电压为 4V；滑片在 a 处时，R_1 两端的电压为总电压 12V，电流为 6A，根据欧姆定律可得 R_1 为 2Ω；滑片在 b 处时，R_1 的电阻不变，仍为 2Ω，因为 U_1：U_2=R_1：R_2，可解得 R_2=4Ω。将计算结果记录在表 6-14 中。

表 6-14 动态电路的分析评价表—相同阶段不同电阻的关系

综合分析	连接	U	I	R	P	U_1	I_1	R_1	P_1	U_2	I_2	R_2	P_2
a处比例		3			3			9	0				
滑片在a	一个	12	6			6	2			0		—	—
b处比例		3			1			1	2				
滑片在b	串联	12			4		2		8		4		

教学不仅是知识的传递，更是知识的处理和转换。表格法能够将解题思路显示出来，把电学物理量条理化，使物理知识与数学方法完美结合；借助表格可以厘清已知量和未知量之间的关系，对学生研究问题的思维有很好的启迪作用。在概念和规律的辨析中，评价是以分析为基础的，但是分析不能替代评价。如果学生掌握了动态电路的分析评价，那么在遇到这类题目时就会知道解题的方向，而不会盲目地乱套公式和特点去解题。

在复习课上，教师不仅要根据学生已有的知识和经验进行适当引导，帮助学生构建知识网络，还要抓住这样几个关键性的问题：教会学生分析电路的方法，让学生解题有思路；对于电学知识中的结构不良领域，要进行深度学习，让学生深化理解知识，从而不断加强解决能力；对于复杂电路、变化电路，除了常规的分析方法解决问题外，还可以用表格法进行评价，以检验自己的解题思路。

第七章 "科学探究与实践"学习任务的设计与实施（参考第九章案例3、案例5、案例7、案例8）

第一节 科学探究与实践的内涵

一、科学探究与实践

科学探究在《美国国家科学教育标准》中的表述为"科学家研究自然世界的多种方式并根据他们在工作中获得的证据提出解释，科学探究也指学生理解科学家如何研究自然世界、科学知识和科学思想的活动。"因此，科学探究反映了科学家是如何理解世界的，是学生学习的核心。

广义的科学探究是：探究者主动参与探究过程，在这个过程中发现问题，找到解决问题办法的过程[1]。科学探究是理解科学内容的有力途径，学生在科学探究中可以学会从多种途径调查和搜集证据，从数据得出结论，通过交流捍卫自己的结论。

在《义务教育物理课程标准》中，科学探究不仅是学生的学习目标，也是教师教学的重要手段，是使学生体验到与科学工作者类似的探究过程[2]。我国《普通高中物理课程标准（实验）解读》提出，科学探究主要是指学生经历与科学家们相似的探究过程，在实验过程中学习物理知识和物理规律，也可以学到科学的探

---

[1] 李春密，梁洁，蔡美洁. 中学生科学探究能力结构模型初探[J]. 课程•教材•教法，2004（6）：86-90.
[2] 中华人民共和国教育部. 初中科学课程标准（2011年版）[M]. 北京：北京师范大学出版社，2012.

究方法，进而体验实验探究的乐趣[①]。科学探究包括七要素，表7-1是对科学探究的基本要求。

表 7-1 《普通高中物理课程标准（实验）解读》对科学探究的基本要求[②]

科学探究要素	对科学探究及物理实验能力的基本要求
提出问题	能发现与物理学有关的问题
	从物理学的角度较明确地表述这些问题
	认识发现问题和提出问题的意义
猜想与假设	对解决问题的方式和问题的答案提出假设
	对物理实验结果进行预测
	认识猜想与假设的重要性
制订计划与设计实验	知道实验目的和已有条件，制定实验方案
	尝试选择实验方法及所需要的装置与器材
	考虑实验的变量及其控制方法
	认识制订计划的作用
进行实验与收集证据	用多种方式收集数据
	按说明书进行实验操作，会使用基本的实验仪器
	如实记录实验数据，知道重复收集实验数据的意义
	具有安全操作意识
	认识科学收集实验数据的重要性
分析与论证	对实验数据进行分析处理
	尝试根据实验现象和数据得出结论
	对实验结果进行解释和描述
	认识在实验中进行分析论证是很重要的
评估	尝试分析假设与实验结果间的差异
	注意探究活动中未解决的矛盾，发现新的问题
	吸取经验教训，改进探究方案
	认识评估的意义
交流与合作	能写出实验探究报告
	在合作中注意既坚持原则又尊重他人
	有合作精神
	认识交流与合作的重要性
	对"科学探究"的课程目标

在《普通高中物理课程标准》中，"科学探究"在核心素养中界定为"基于观察和实验提出物理问题、形成猜想和假设、设计实验与制订方案、获取和处理信

[①] 郭玉英. 学生的科学探究能力：国外的研究及启示 [J]. 课程•教材•教法，2005（7）：93-96.
[②] 物理课程标准研制组. 普通高中物理课程标准（实验）解读 [M]. 武汉：湖北教育出版社，2006.

第七章 "科学探究与实践"学习任务的设计与实施（参考第九章案例3、案例5、案例7、案例8）

息、基于证据得出结论并作出解释，以及对科学探究过程和结果进行交流、评估、反思的能力"。对"科学探究"的课程目标要求是在实验探究的过程中发现问题、敢于进行大胆的猜想与假设；具有一定的科学探究意识，可以设计实验方案，具备获取和搜集相关证据的能力；能够顺利完成实验，掌握不同处理数据的方法，并对实验结果可以做出合理解释；可以准确表明观点，具有交流合作以及反思探究过程与结果的意识[①]。

科学探究过程中的交流、评估对学生的科学态度和科学精神恰恰有着很重要的作用，能让学生在交流、评估中通过话语沟通、分享、倾听、反思、相互启发和相互补充，从而发展批判精神、创新精神，养成实事求是、严谨的科学态度，这是科学探究的精髓所在，是最不应该被忽视的环节。

交流与评估对科学探究能力的基本要求包括有评估探究过程和探究结果的意识；能注意探究活动中未解决的矛盾，进而发现新问题；有从评估中吸取经验教训的意识；有准确表达自己观点的意识和有团队合作的精神。

二、科学探究与实践的层次划分

表 7-2 课堂探究的基本特征和探究程度[②]

基本特征	探究的不同程度			
问题（所探究的科学问题）	自己提出一个问题	以所提供的问题为选择依据，可以提出新的问题	通过其他途径（教师、学习资料等）获得探究问题，学生可以在此基础之上加上自己的理解	探究的问题直接来自教师、学习材料或其他途径
证据（学习者针对问题收集证据的过程）	自己很明确要收集什么的证据	在教师或其他人的帮助下收集证据	学生对给出的实验数据进行分析即可	直接给出具体的数据和分析的过程和方法
解释（依据证据对问题进行解释）	自主完成对事实证据的汇总，然后做出合理解释	在其他人的指导下对证据进行整理、分析，最后形成解释	得到解释的各种途径已经给出，然后据此得出结论	直接给出相关解释
评价（使解释与科学知识相联系）	独立思考，结合其他事实证据，将事实与相关解释建立联系	在他人的引导下获得科学知识及其研究的相关领域	给出可能存在的联系	给出所有的联系途径

---

① 中华人民共和国教育部. 普通高中物理课程标准（2017 版）[M]. 北京：人民教育出版社，2018.
② 贾明杰. 学科核心素养背景下的科学探究实验教学设计 [D]. 呼和浩特：内蒙古师范大学，2020：11.

续表

基本特征	探究的不同程度			
发表（阐述和论证自己的解释）	能够合乎逻辑地利用证据表达自己的解释	在得到他人指导的情况下做出合理解释	在阐述自己解释的过程中得到了很多指导	直接给出表达的具体流程
备注	多←学生自主探究的程度→少 少←教师和学习材料的指导程度→多			

表 7-3 《普通高中物理课程标准（2017 版）》对科学研究能力的基本要求

水平	对科学探究能力的基本要求
水平1	能够在他人帮助指导下使用简单的实验器材、收集数据、初步整理数据；能够及时地发现问题；具有与他人讨论问题、交流成果的意识
水平2	能够根据实验方案进行数据的收集并进行整理分析，得到初步的结论；通过观察实验现象可以发现一些问题；能简单撰写实验报告，对科学探究的具体过程和结果进行完整合理的阐述
水平3	通过分析物理现象能够发现并提出可以探究的物理问题，对数据进行分析，找到规律，发现问题，形成结论；能在他人的指导下制订实验探究的方案；可以用已有的物理知识对一些现象进行解释；能用学过的物理术语、图表等交流科学探究过程和结果，并且可以撰写实验报告
水平4	能对相关证据或事实进行合理分析，提出可探究的物理问题并能够做出合理假设；能设计具体的科学探究方案、选择合适的实验器材、搜集数据，并且能进行整理分析；能够总结规律，得出合理的结论并根据已有的物理知识进行解释；能完整撰写实验报告，并对科学探究过程与结果进行交流的反思
水平5	在实际情境中，可以从不同角度发现并提出可探究的物理问题，还能准确地表述出来；能够进行科学的假设，能在原有实验方案基础上进行创新，灵活选用合适的器材；可以用多种方法获得数据，进行分析整理，发现实验的规律，得到合理结论，再利用已有的物理知识进行科学的解释；能撰写完整且规范的科学探究报告；能够交流、反思科学探究的过程和结果

第二节 "科学探究与实践"学习任务的设计

勇于探究是科学精神的重要组成部分，利用典型任务范式有利于学生探究能力的培养。本节以浙教版《科学》（九年级）第三章第三节"机械能"为例，让学生在完成机械能经典碰撞实验任务的过程中，体会转换法、控制变量法、类比法等探究方法；在体会能量转化的过程中，联系生活实际，思考如何设计汽车的刹车装置，尝试解决科学工程问题[①]。

---

① 葛元钟. 典型任务范式中科学探究能力的培养——科学九年级第三章"机械能"为例 [J]. 中学物理, 2017（16）：3-6.

第七章 "科学探究与实践"学习任务的设计与实施（参考第九章案例3、案例5、案例7、案例8）

一、初中探究式课堂的现状

目前，初中科学学科的探究式课堂已经非常普遍，特别是教师在公开课中也会选择探究模式进行设计。经笔者观察，在课堂实施过程中，这些现象阻碍了探究式课堂的发展，减少了探究式课堂本应带来的能力提升效果。

（一）片面追求探究过程的完整

在义务教育阶段物理课程的学习中，探究教学模式基本上遵循着提出探究课题——猜想与假设——制订计划与设计实验——进行实验与收集证据——分析与论证——评估——交流合作这样一个由七个阶段构成的程序。在实际教学中，科学探究如果都要涉及以上程序中的所有阶段，将会制约探究课堂的发展。

（二）公开课中进行的无效探究

课程改革中明确强调探究式教学，并将视为课改的灵魂。初中的科学教师在上公开课的时候一般会选择探究式教学。用小组合作的方式开展探究性教学，需要学生有合作和探究意识和能力的基础。由于平时缺少训练，在公开课上往往是无序的热闹和流程式的探究，对学生的探究能力提高反而会有不良影响。

（三）未从生活中提炼探究问题

探究式教学是充分发挥学生主体性的教学方式。目前，课堂中的探究问题很少会被放到一个贴近生活的情境中。在课堂上，学生经常会产生"这样探究有什么用"的困惑。如果教师能提供情境，要求学生从日常生活、自然现象或实验观察的情境中发现与物理学有关的问题，将会明显提高学生的探究热情和探索未知世界的兴趣和勇气。

《义务教育课程方案和课程标准（2022年版）》指出：突出核心概念在真实情境中的应用，加强知识学习与现实生活、社会实践之间的联系，实现学生对核心概念的深度理解、有效建构和灵活应用。笔者曾执教《科学》（九年级上册）第三章第二节"机械能"，课堂上通过带领学生分析追尾造成伤害的原因，分析伤害程度与哪些因素有关，解释交通法规中大货车、小汽车不能超载、超速的原因，着力培养学生转换法、类比法、控制变量法等探究方法。

（四）探究过程存在的技术问题

温度计、弹簧秤的示数要想准确读出，需要一个停留时间，一般要求稳定后再读数。弹簧振子的受力情况，连续变化的温度和压强，电动机的启动时电流的变化，对于这些动态的物理量，人们无法精确测量，也无法及时记录。

动态的物理量在传统实验中可以用视频录制并回放进行观察，通过回放进行实验数据记录效率低下，更令教师对实验望而却步。有的实验为了能节约时间，只能减少数据的采集数，从而降低了实验的可信度。

二、任务范式中科学探究能力的培养

科学课堂的典型任务中的核心知识一旦确定，教师必须确保其要在教学中凸显出来并对其加以重点关注，那些与核心知识密切相关的课堂知识将被置于教学主干的地位。在典型任务的课堂中，教师要将学生的自主学习、合作学习、探究学习较好地结合起来。学生在课堂上通过完成教师布置的任务提升自己的科学探究能力。下面，我们就以"机械能"这一堂课为例进行说明。

（一）在探究中体会课本中的经典实验

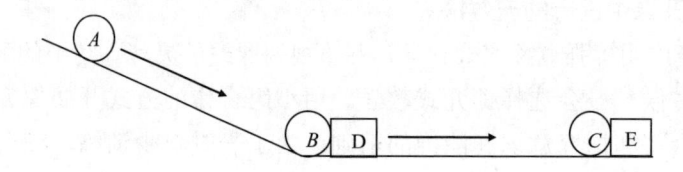

图7-1 研究动能大小因素的实验示意图

典型任务一：根据桌上材料，设计出能判断动能大小的装置。

提问：由于需要多次实验，我们如何保证在每次实验中小球速度相同？（速度相同）

提示：用斜面，用手，单摆，弹簧，电动机。

提问：怎么提高斜面上滑下的小球速度？

组织学生讨论：如何让小球获得稳定的动能？由于大家的猜想是动能与物体质量、速度有关，因此，要解决如何让小球在 B 点获得稳定的速度的问题。学生通过讨论和实验可以发现：用手，速度不稳定；用单摆，不容易对准小木块 D；用弹簧，操作不方便；用电动机，设备太麻烦。所以得出结论：用斜面获得速度最稳定，而且容易改变物体速度的大小。

通过对速度获得方式进行对比，学生不仅更容易接受教材中用斜面获得速度的方法，理解实验设计的出发点和技巧，更重要的是，通过"如何保证每次实验中小球速度相同"这一问题的讨论研究，学生能够对整个实验的理解更深入、更到位。

（二）在探究中学会探究实验的观察设计

在数学等式中，能够影响其他变量的一个变量称为自变量。如果 x 取任意一个量，y 都有唯一的一个量与 x 对应，那么相应地 x 就叫作这个函数的自变量。如

第七章 "科学探究与实践"学习任务的设计与实施（参考第九章案例3、案例5、案例7、案例8）

果 y 是 x 的函数，那么 x 是这个函数的自变量。

在科学教学中，可以认为：任何一个系统（或模型）都是由各种变量构成的，当我们分析这些系统（或模型）时，可以选择研究其中一些变量对另一些变量的影响，那么我们选择的这些变量就称为自变量，而被影响的量就称为因变量。

在"机械能"这一节中，有这样的表述：射箭时手拉弓弦使弓的形变越大，箭就射得越远；球拍击打网球越用力，网球拍形变就越大，网球就会飞得越远。由此可见，弹性势能的大小与物体形变的大小有关，物体的弹性形变越大，弹性势能就越大。

由于弓和弦的形变弹性势能完全转移到箭上，网球拍形变的弹性势能完全转移到网球上，所以，箭射的远近和网球飞得远近就是物体弹性势能大小的观测指标。

从图 7-2 可得，动能大小的观测指标设计可以从能量转化考虑，动能越大造成的损坏就会越大，克服摩擦形成的位移越大，刹车装置转化成的内能就越多，也可以冲上更高的斜坡。在课堂上，笔者引导学生思考设计指标观测装置，经过小组合作总结出这样几个可行方案：用小球撞干面粉，用小球撞橡皮泥，用小球撞小车，用小球撞积木等。经过实验比较，大家一致认为：用小球撞小车，测小车移动的距离，更方便、更准确，能比较迅速地将小球动能的大小表示出来。

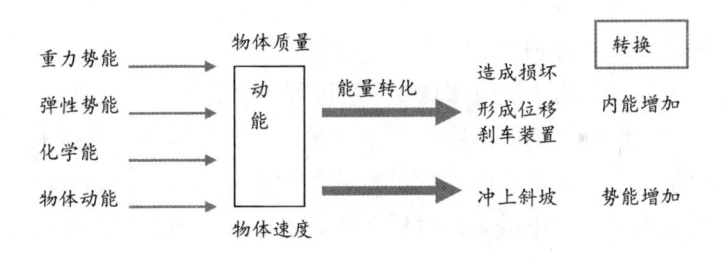

图 7-2 研究动能大小因素的思维模型图

在课堂上，教师与学生还一起讨论了是否可以通过汽车损坏程度来判断动能的大小这一问题，得出的答案为：动能的大小可以用造成损坏的程度和能对外所做的功来表示。交警正是通过观察损坏程度和对外所做的功的大小来初步判断事故发生时汽车的速度。

教师可以引导学生理解：将本实验中的小球假设为飞驰的汽车，小木块相当于汽车的刹车装置；然后，引出第二个典型任务：实际汽车的刹车装置。学生要了解生活中跑车的刹车盘大，刹车卡钳的摩擦力也大。因此，虽然跑车速度快，动能大，但是也能较快地刹住车。核心知识是：刹车装置是一个将动能转化为热能的装置，并且是通过摩擦做功的方法。

有的物理量不便于直接测量，有的物理现象不便于直接观察，我们可以用转换的方法。转换法是针对一些看不见、摸不着的现象或不易直接测量的物理量，用一些非常直观的现象去认识，或用易测量的物理量间接测量的研究方法。学生总结出的适用转换法的实验见表7-4。

表7-4 适用转换法的实验

不易观察的现象	易观察、易测量
受到力的作用	发生形变或运动状态改变
电流周围有磁场	电流周围的小磁针
音叉的振动	音叉边的小球被弹开
大气压的存在	马德堡半球实验
电磁铁的磁性强弱	电磁铁吸引铁钉的多少

（三）在探究中实验培养学生的探究能力

科学实验是科学精神的重要组成部分，利用典型任务范式有利于学生实验能力的培养。这里以科学中考复习"凸透镜成像规律"为例，在复习科学知识的过程中，联系生活实际思考如何能拍一张好照片，以培养学生解决问题的能力；让学生在完成"凸透镜成像规律"的实验操作和设计的典型任务中，体会知识向技术转化后给生活带来的便利[①]。

在执教中考复习"凸透镜成像规律"的过程中，笔者以"如何拍一张好照片"做开篇引入，用一组精美的照片吸引学生注意，激发学生的艺术追求，激发学生学习规律的渴望。设计如下：照相机已经进入了千家万户。我们可以用照相机留住生活中的精彩瞬间，记下成长的过程；在外出旅游、访亲探友中拍几张照片，在回忆时欣赏，在欣赏时回忆。要拍出好的照片，光有照相机还不行，还得有拍照的技术。下面大家一起来欣赏一组照片，从技术和艺术等角度来评价照片，并分析如何才能拍出一张好照片。

1. 设计典型任务，让学生体会生活中的科学知识

一般的，在"凸透镜成像规律"这一堂复习课时上会用到表7-5。用表7-5结合光具座的演练可以解决一些问题、解答一些题目。但是，这些表格与生活中"如何拍好一张照片"之间的距离还是比较远的，使得学生并不能学以致用。

---

① 葛元钟.典型任务范式中科学实验能力的培养——以浙教版科学中考复习"凸透镜成像规律"为例[J].教育，2017（45）：66-67.

第七章 "科学探究与实践"学习任务的设计与实施（参考第九章案例3、案例5、案例7、案例8）

表 7-5 凸透镜成像规律

物体到凸透镜的距离（物距）	像到凸透镜的距离（像距）	像的性质		
^	^	正立或倒立	放大或缩小	虚像或实像
$u>2f$				
$u=2f$				
$f<u<2f$				
$u=f$				
$u<f$				

图 7-3 凸透镜实验装置

因此，在"凸透镜成像规律"这一堂复习课中，教师可以先针对《油菜花》这张照片提出了一个问题：为什么所成的像部分清晰，部分模糊（如图 7-4 所示）？

图 7-4 油菜花照片

而后，设计典型任务一：设计实验，使物体所成的像部分清晰，部分模糊，并用图 7-5 作为提示。

步骤：

（1）在光具座上安装 5cm 焦距的凸透镜，点燃蜡烛放在 2 倍焦距以外。
（2）调整像距，在光屏上找一个清晰的蜡烛的像。
（3）再点燃第二支蜡烛，放在第一支蜡烛之后，物距不同。
（4）观察两支不同物距的蜡烛所成的像。

• 201 •

单位：cm

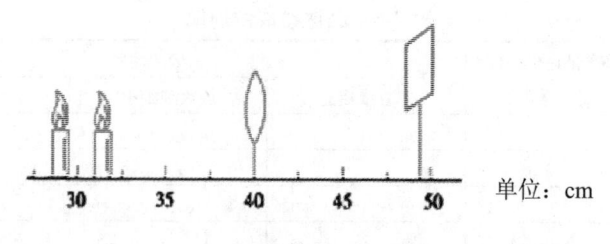

图 7-5　油菜花成像示意图

思考：

（1）两支不同物距的蜡烛所成的像，为什么只有一个像清晰？

（2）为什么照片上的物体会有的清晰，有的模糊？

（3）为什么拍集体照的人（比较多人）要围成一个弧形？

好的照片要有虚实，典型任务一的设计就是将拍照片中的"虚实"与实验中"有的清晰，有的模糊"结合起来，让课堂实验更具生活化。在这个典型任务的设计中，将光屏上的"虚实的蜡烛像"与照片中油菜花的"虚实"进行比较，可以提高学生比较的能力，进行知识迁移。

2. 设计典型任务，让学生体会知识向技术的转化

技术是制造一种产品的系统知识，所采用的一种工艺或提供的一项服务，而不论这种知识是否反映在一项发明、一项外形设计、一项实用新型或者一种植物新品种中，或者反映在技术情报或技能中。因此，在科学的课堂上，教师要让学生了解课堂上的知识向生活中的技术转化的案例，这样会增加他们学习的乐趣。在第二个典型任务布置之间，笔者让学生自主学习了一篇课外短文，以了解实际上照相机是如何通过改变光圈来改变照片的明暗的。

阅读课外短文：

光圈：是用来控制光线透过镜头进入机身内感光面的光量的装置，通常是在镜头内的。我们常用 F 值表达光圈大小。

光圈 F 值＝镜头的焦距/镜头光圈的直径

对于已经制造好的镜头，我们不可能随意改变镜头的直径，但是我们可以通过在镜头内部加入多边形或者圆形并且面积可变的孔状光栅来控制镜头通光量，这个装置就叫作光圈。它的大小决定着通过镜头进入感光元件的光线的多少。如下图所示：

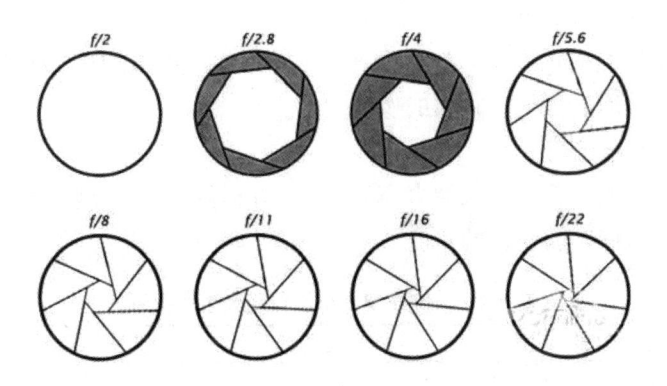

第七章 "科学探究与实践"学习任务的设计与实施（参考第九章案例3、案例5、案例7、案例8）

光圈的作用是决定镜头的进光量，光圈越大，进光量越多；反之，则越小。一般照相机的光圈有以下几档：F1.0、F1.4、F2.0、F2.8、F4.0、F5.6、F8.0、F11、F16、F22、F32、F45、F64。F后面的值越小，说明光圈越大。

在学生阅读了对光圈进行介绍的短文后，教师可以再让他们欣赏两张明暗差异较大的照片，分析如何调整照相机上的光圈。

提问：如何改变照片的明暗？

布置典型任务二：设计实验，说明照相机如何改变照片的明暗。

步骤如下：

（1）在光具座上安装5cm焦距的凸透镜，点燃蜡烛放在二倍焦距以外。

（2）观察光屏上所成的蜡烛像的明暗。

（3）在A4纸上减出大小不一的孔，遮挡在凸透镜前。

（4）比较蜡烛像的明暗变化。

这个典型任务的设计过程引入了有关光圈的课外知识，对成像的明暗原因进行补充。学生多掌握一些平行知识，可以促进其对照片上的明暗的感知，有利于其解决"如何拍一张好照片"的生活问题。

3. 设计典型任务，让学生感受和体会技术的应用

目前，STEM（科学、技术、工程、数学）教育日渐引起研究者们的关注，STEM融合科学、技术、工程和数学学科的内容，促进了学科之间的整合，将分散的学科教育集合成一个新的教育整体。特别是其中的技术推动了学生对某个领域的学习兴趣，提高了学生在某个领域的学习成就。因此，在典型任务中，设计师一定要让学生感受到技术在生活中的实际应用。

在这堂课中，教师可以让学生先欣赏远处的物体，并提问：怎样使远处物体的成像变更大？通过小组讨论，学生有这样两个意见：一是拍摄者向物体靠近，

二是被摄物向拍摄者靠近。

肯定了学生们的意见后,教师设置了一个条件:被摄物是一幢大楼,而拍摄者的前面有一条河,如何使物体成像更大?

布置典型任务三:

设计实验说明改变物体成像大小的方法,并提供表 7-6。这个表格可以提示学生思考,从而降低实验设计的难度。

表 7-6 研究成像大小与焦距大小的关系

物距(cm)	焦距	成像大小
30		
30		

根据实验器材,进行实验设计,并列出如下实验步骤:

(1)在光具座上安装 5cm 焦距的凸透镜,点燃蜡烛并固定在离透镜 30cm 处。

(2)调整像距,在光屏上找一个清晰的蜡烛的像,并记录像的大小。

(3)在光具座上更换 10cm 焦距的凸透镜。

(4)调整像距,在光屏上找一个清晰的蜡烛的像,并记录像的大小。

在现实生活中,为了使远处物体的成像更大,拍摄者可以使用长焦距镜头。在不改变拍摄距离的情况下,为了改变拍摄范围,使画面构图更方便,拍摄者可以使用变焦镜头。变焦镜头相当若干个定焦镜头结合在一起,在外出旅游时不仅减少了拍摄者携带摄影器材的数量,也节省了更换镜头的时间。

本书根据学生的学习和教师的教学实际,对中考复习"凸透镜成像规律"这一堂课进行教学设计剖析,对在典型任务范式中开展实验教学几个优势进行了罗列。通过典型任务的设计,让学生体会生活中的科学知识,使知识与生活联系得更加密切;通过典型任务的设计,让学生体会知识可以转化成技术,体会技术给生活带来了便利;通过典型任务的设计,让学生感受技术创新带来的便利,从而推动学生对某个领域产生学习兴趣,提高学生在某个领域的学习成就。学生的学习在典型任务范式中可以表达为这样三个步骤:掌握理论知识—了解产品知识(技术)—技术应用创新。这三个步骤可以更好地将学习与生活联系起来,学以致用。

在"机械能"这一课中,最后设计了一个讨论:如果刹车失灵了,怎么办?如何设计大货车和小车的刹车装置?

在这个环节中,学生们集思广益,充分发表意见:加大刹车盘直径,减小车

第七章 "科学探究与实践"学习任务的设计与实施（参考第九章案例3、案例5、案例7、案例8）

重，刹车盘耐高温，限速，加大盘与钳的压力和粗糙程度，设置油门当刹车误踩装置，不闯红灯，不超速，不超载，提醒亲人高速公路不停车，冷却刹车盘（到服务区自然冷却），在高速公路上增加缓冲斜坡等。

（四）借助技术加强动态过程的探究能力

《中国教育现代化2035》指出："利用现代技术加快推动人才培养模式改革，实现规模化教育与个性化培养的有机结合"。这是中国教育现代化的战略任务之一，也是《中国教育信息化2035》的重要目标。在当前课堂教学中，现代技术可以更好地为初中物理实验服务，解决物理实验动态过程研究中存在的问题。

在探究杠杆的平衡条件实验中，钩码在实验中只能产生竖起向下的力，自然悬挂时无法改变动力和阻力的方向，因此需要弹簧测力计充当阻力或者动力，以改变拉力的方向来改变力臂。在传统实验中，弹簧测力计在改变拉力方向时难以准确读数，只有停在某个角度时才能读数，不便于观察出示数的变化。

在这个实验中，同样可以利用力传感器取代弹簧测力计。力传感器在改变拉力方向时，获得的拉力变化是实时且连续的，传输到计算机后得到的数据同样是实时且连续的。相较于传统实验，DIS实验的好处是不需要人工读数，而且可以得到实时且连续的变化规律，可以在计算机上导出大量连续的实验数据，或者直接以曲线图的形式更加直观地呈现，如图7-6所示。

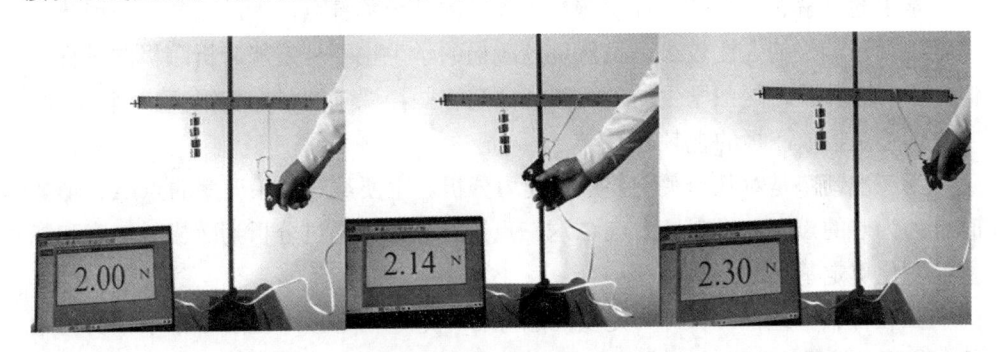

图7-6 杠杆平衡条件实验

传统实验存在的读数困难问题得不到解决，只能妥协于固定位置，当静止不动时读数。一旦需要在杠杆转动起来观察变化情况时，传统实验往往束手无策。利用DIS实验设备可以轻易完成动态变化的实验操作，将注意力集中于操作上。在杠杆转动过程中，如果力始终是竖直向上的，则向上的力保持不变，如图7-7所示。

信息技术与教育的深度融合，以及智能技术的发展会给教育教学带来更多的便利，针对传统教学中的不足也会有很好的解决方案。但是，信息技术对于学生学习来说也有其不足之处，教师不能过于依赖信息技术。

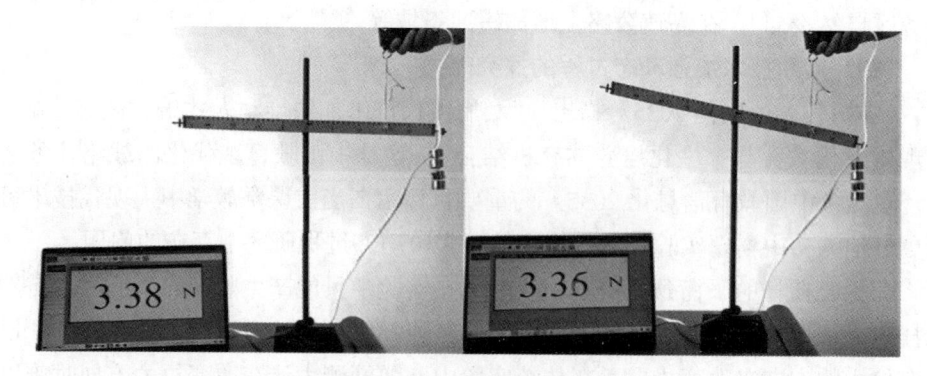

图 7-7 平衡条件的拓展实验

信息技术对数据处理虽然足够迅速，但其隐蔽性对于学生来说，有时会造成理解难度。例如，对于蹦极过程的数字化模拟，教师还是要花一定时间进行铺垫的，只有在学生对蹦极有一定了解的基础上进行，才能达到比较好的效果。在实际课堂上，笔者进行了三次铺垫，最后用信息技术进行了点拨。

第一次铺垫是让学生解决一个题目：

学生通过解题可以初步理解蹦极过程中的几个关键点，为后续学习做铺垫。中学生玩过蹦极的人比较少，虽然玩过蹦极的学生也不一定能分析蹦极的过程，但由于有过体验，这些学生的学习热情更高一些，课堂参与度也很高。因此，第二次铺垫是播放蹦极的视频。

第三次铺垫是对几个关键点进行受力分析。主要是对开始形变的点 A、形变时合力为 0 的点 B、形变最大点 C 这三点进行分析，通过分析为蹦极时速度和能量的变化奠定基础。

在教育教学过程，教师一定要注意综合考虑，信息技术是融合在平常实验中的，而不是被完全取代。在实际教学过程中，教师不能让信息技术排斥传统实验，而要让信息技术给传统实验带来便捷。有的物理实验要考虑学生的学习特征和心智发展规律，有的数据需要学生自己一个一个地获得，亲自处理数据，亲自建立模型，才能真正理解物理本质。

第八章 "科学态度与责任"学习任务的设计与实施（参考第九章案例6）

第一节 科学态度与责任的内涵

在《普通高中物理课程标准（2017年版）》中，科学态度与责任作为物理学科核心素养之一被提了出来。在该课程标准中，对科学态度与责任的定义为：科学态度与责任是指在认识科学本质以及科学与技术、社会、环境关系的基础上，逐渐形成的探索自然的内在动力，严谨认真、实事求是和持之以恒的科学态度，以及遵守道德规范，保护环境并推动可持续发展的责任感。科学态度与责任主要包括科学本质、科学态度、国家和社会责任三个要素。[①]

一、理解科学本质

《义务教育课程方案和课程标准（2022版）》指出：科学是人类在研究自然现象、发现自然规律的基础上形成的知识系统，以及获得这些知识系统的认识过程和在此过程中所利用的方法。根据研究对象不同，可将科学分为物理学、化学、生物学、天文学、地球科学等分支。这些分支具有研究方法的差异，也共享一些通用的科学方法，呈现出相互渗透、交叉融合的趋势。

科学本质包括掌握必备的科学知识、认识科学发展过程、坚定科学事业、崇尚科学精神和认同科学价值五个次级维度，应结合每个维度的描述和操作性定义对科学史内容进行编码划分。

---

① 中华人民共和国教育部. 义务教育科学课程标准（2022年版）[M]. 北京：北京师范大学出版社，2022

（一）必备的科学知识

对掌握必备的科学知识的相关叙述主要从：一是科学知识是对客观世界的认识的描述（即科学知识的表达作用），二是科学知识具有局限性和可更新性（即科学知识的不稳定性）。

科学知识是经过实验或历史验证过的，在当前科学范式下被认为是相对真理对自然界和自然现象、自然规律的描述。

科学知识都是经过实验验证过的科学真理，可以在一定程度上用来解释自然界。但是，科学真理并非绝对真理，科学知识具有相对性和可变性。科学知识做了与其他知识模式截然不同的事情——它承认其理论可能不正确。第一，科学知识具有局限性，在科学界中确实存在一些无法用科学知识来解释的现象，如两版教材都提到了，在物理大厦基本建成之后，漂浮在天空中的两朵"乌云"，即用经典力学无法解释微观世界，而引发的量子论和相对论的产生。第二，科学知识是可以被推翻的，如在解释力与运动的关系的研究过程中，古希腊伟大的科学家亚里士多德认为物体的运动需要外力维持，因为地面上的物体与地球一样，它们的自然本性是静止的，这在两千年来被认为是真理。两千年后，伽利略认为若物体完全在完全光滑的斜面上运动会下滑越来越快，上滑就会越来越慢，在水平面上会永远运动下去，推翻了亚里士多德基于经验总结的维系了两千年的理论。由此可见，科学知识的局限性一方面取决于哲学层面的绝对真理的不可到达，另一方面受到科学家所处时代的社会生产条件等外在因素、科学家本身知识的局限和思维方式等内在因素的影响，就如物理实验中的"系统误差"和"偶然误差"，科学知识所代表的科学真理只能无限趋近于绝对真理，而绝不可能是绝对真理，其本身带有局限性。

（二）认识科学发展过程

科学发展过程是一个凝结着科学家的创造力、想象力和对工作的情感依恋的过程。这一过程并非一帆风顺的，而是在迂回中前进，在困境中涅槃，在顺境中飞跃。并且，科学特别强调将实验测试作为科学的显著特征，如果没有实验，那么科学提供的理解与哲学或宗教提供的理解没有什么不同。科学发展过程中的研究方法、研究实验和研究重点的选取对科学发展过程的影响不容小觑。

（三）坚定科学事业

无论对科学整体还是科学家个体而言，科学事业的成功并不是一蹴而就的，而是长期量变积累的成果。无数前人努力的结果造就了我们今天所了解的科学理论体系。对于在历史长河中的"英雄",如伽利略、牛顿这种划时代的科学家而言,站在巨人的肩膀上看世界,赋予了他们更广阔和睿智的科研视角。他们基于对科学深刻认识进行研究,取得了辉煌的科学成就,成为时代的开拓者。

(四)崇尚科学精神

教师要注意培养学生学以致知的探索精神。对自然界探索的好奇心是推动科学发展的最重要的动力,是科学事业取得重大成功的必要条件。人类在对自然探索的过程中积累的经验、成果,可以改善人类的生存环境;但是,相当一部分成果无法转化成技术,如万有引力定律。伽利略对力与运动的研究虽然经历了艰难反复的过程,但其成果无法迅速转化为能支持人们生活更进一步发展的因素。伽利略甚至在研究的过程中受到了宗教的迫害,但正是这些以求知为目的的探索,使人们对自然的了解更深了一些。

(五)认同科学价值

科学的发展推动了工业、农业、信息技术,以及科学自身的持续发展,引发了一次次的工业革命,改变了人类的生产和生活方式。技术的进步也为科学的研究提供了更为强大的技术支持,如更新了科学实验所用的器材,使实验的结果更加精确,也使实验的过程更加简洁,从而反过来促进了科学的发展。学生只有在了解科学价值的基础上,才能认同科学价值,才能体会科学先驱为人类社会所做的贡献。

二、形成科学态度

态度是人类在社会中最普遍的心理现象之一,是社会心理学关注的重点研究领域之一。态度概念最早是由英国哲学家赫伯特·斯宾塞(Herbert Spencer)和亚历山大·培因(Alexander Bain)在1862年提出的。他们认为态度是一种内在的主见,是可以影响判断力和思考方向的特定观念和倾向,即心理准备。大家都公认人的态度不是先天就有的,而是通过后天的学习得来的。从心理学的角度来看,态度是指由认知、情感和行为倾向三个成分组成的稳定心理倾向。

科学态度是美国先进科学协会于1985年在《2061计划》提出的一个儿童教育的概念,指出了科学教育儿童应该使儿童具有的科学态度标准,具体包括对事物具有好奇心,具有尊重事实的习惯,具有对批判的接受和思考的习惯,在具体情况下能改变自己观点,对变化世界敏感五个方面。

在教育领域中,学术界对于科学态度的概念并没有完全一致的看法。整体来看，将科学相关的态度分为两个层面，即"对待科学的态度"和"科学的态度"。其中，"对待科学的态度"是指个体对"科学"这一对象的认知、喜好偏向和行为倾向等方面的态度。"科学的态度"主要是指学生在生产生活中在对客体进行"评价"的过程中所体现出的科学合理性，即求真求实的态度。

结合《义务教育课程方案和课程标准》（2017年版）对科学态度和责任的要求，本书界定的科学态度同时包含个体对"科学"这一对象的认知、喜好偏向和行为倾向等方面的态度，以及在"评价"事物的过程中体现出的科学合理性，即科学态度是个体对科学对象、科学现象、科学过程等所持有的稳定心理倾向。科学态度主要由好奇心、实事求是、追求创新和合作分享等四个方面组成。

三、承担社会责任

古希腊哲学家、斯多亚学派代表人物芝诺最早提到"责任"一词。"责任"被界定为"与自然安排相一致的行为"，或是"理性选择的行为"。培根认为责任是"一个人应具有的维护集体利益的善德"。根据这个理解，他认为责任应有两个方面，对集体而言是对国家的公共责任，还包括对个人的具体责任。他在自己的作品中就流露出维护国家的责任比维护生命存在更加重要的意思。[1]《现代汉语词典》中界定了责任两个层面含义：既包括分内应做的事，还包括因没有做好应该做的事，而应该承担的过失。[2]

社会是由人组成的，如果没有人，社会那么也无法存在，脱离社会的人也是很难存在的。《义务教育课程方案和课程标准》（2017年版）偏重对"社会责任"的要求和考查。社会责任就是在特定的社会环境中，每个人对其他人应该有的基本伦理关怀和义务。如果一个人不能在没有他人的情况下独自生活，需要他人的存在，那么，这个人在生活中就一定要对与之相关的人负责，也就是说要对社会负责，而不能任意为了自己的欲望而肆意妄为。

社会责任的提出要追溯到1924年，谢尔顿（Oliver Sheldon）作为英国著名管理哲学家，在对企业进行考察后，提出了社会责任的概念，并指出企业的社会责任中包含一定的道德成分，应在考虑社会利益的前提下发展企业利益。

我国学生核心素养的有关研究认为，学生的社会责任内容主要包括自尊自律、诚信友善、感恩之心、敬业奉献、团队意识、互助精神、履职尽责、规则与法治

---

[1] 周辅成. 西方伦理学名著选辑[M]. 北京：商务印书馆，1964.
[2] 中国社会科学院语言研究所词典编辑室. 现代汉语词典[M]. 北京：商务印书馆，1996.

第八章 "科学态度与责任"学习任务的设计与实施（参考第九章案例6）

意识，尊重自然等[①]。考虑到学生的现实情况与课标的要求，在概念界定中引用廖伯琴老师《物理课程标准（2017版）解读》中对责任内容的要求，即理解科学、技术、社会与环境的关系；热爱自然，具有保护环境、节约资源、促进可持续发展的责任感[②]。

第二节 "科学态度与责任"学习任务的设计

一、HPS 教学模式

HPS 教学模式是一种将科学史、科学哲学和科学社会学的相关内容加入科学课程中，帮助学生对科学本质进行理解，以此达到提高学生科学素养效果的创新型的教学模式。该模式框架如图 8-1 所示。

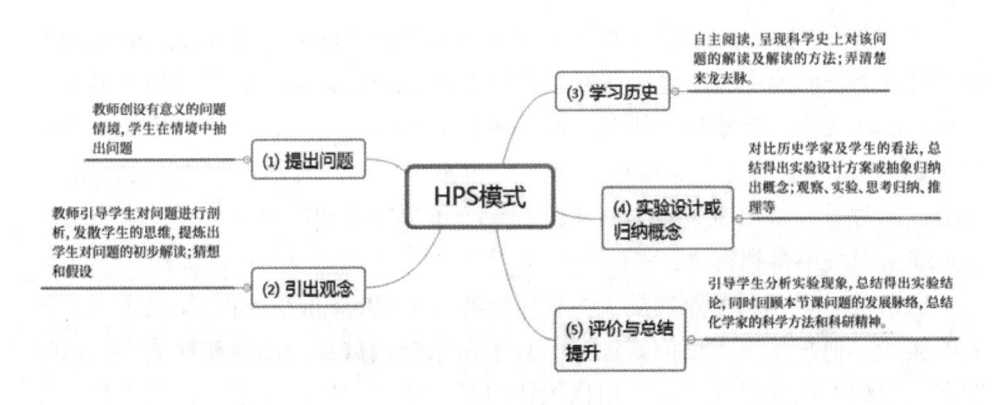

图 8-1　HPS 模式图

二、任务范式中科学态度与责任素养的培养

《科学》（八年级下册）第三章空气与生命第六节"光合作用"就可以进行任务式教学，在教学过程中能进行科学态度和责任素养的培养。

---

① 张慧勤. 当代大学生责任道德教育研究 [D]. 南昌：南昌大学，2013：18-46.
② 廖伯琴. 普通高中物理课程标准（2017 年版）解读 [M]. 北京：高等教育出版社，2018：53.

（一）在提出问题环节进行责任培养

教材开始就有这样一段话：

食物、能源和氧是人类生活的三大要素，它们都可以由光合作用（photosynthesis）提供，因此，人们称光合作用是"地球上最重要的化学反应"。植物的光合作用到底是怎样进行的呢？

我们吃的粮食、水果中有大量的营养，比如红薯，红薯中营养物质是从哪里来的？光合作用是绿色植物及某些细菌的叶绿素吸收光能、同化二氧化碳和水等简单无机物，合成复杂有机物并放出氧气的过程。

根据光合作用的内容，在提出问题环节，教师可以引导学生形成保护环境、节约资源、促进可持续发展的责任感。

（二）学习历史，了解科学发展过程

植物是如何长大的？亚里士多德曾经猜想，植物是从土壤中吸收养料长大的。这个猜想符合一般人的经验，因为在肥沃的土壤中植物长得快些。这个猜想正确吗？

17世纪中期，扬·巴普蒂斯塔·范·海尔蒙特（Jan Baptista van Helmont）曾做过一个著名的实验，他把2.3kg的柳枝栽培在装有90.8kg土壤的木桶里，并只用雨水浇灌。5年后，他发现柳树增加了76.7kg，而泥土烘干后的质量为90.7kg，比原来仅减少了0.1kg。于是，他得出了结论，水分是植物生长的养料。这个在当时看起来很有说服力的实验有一个重要的遗漏，那就是它忽略了植物也可能从空气中得到物质。

1773年，英国科学家约瑟夫·普里斯特利（J. Joseph Priestley）做了一个著名的实验：他把一支点燃的蜡烛和一只小白鼠分别放到密闭的玻璃罩内，结果发现，蜡烛不久就熄灭了，小白鼠很快也死去了；接着，他把一盆植物和一支点燃的蜡烛一起放到一个密闭的玻璃罩内，结果发现，植物能够长时间活着，蜡烛也没有熄灭；最后，他又把一盆植物和一只小白鼠一起放到一个密闭的玻璃罩内，结果发现，植物和小白鼠都能够正常地活着。

1779年，荷兰科学家简·英格豪斯（J. Ingenhousz）证明了只有在阳光的照射下，普利斯特利的实验才能获得成功。

1845年，梅耶（R. Mayer）根据能量守恒发现光合作用将光能转换为化学能贮存于某些物质中。那究竟储存在哪里呢？

1864年，萨克斯（Sachs）通过植物遮光实验成功地证明了，光合作用的产物为氧气和淀粉；鲁宾（S. Ruben）和卡门（M. Kamen）以同位素标记法为实验手段进行探究,通过标记 $H_2^{18}O$ 和 $C^{18}O_2$ 两组对比实验证明光合作用释放的氧气全部来自水。

20 世纪 40 年代,梅尔文·埃利斯·卡尔文(Melvin Ellis Calvin)将 $^{14}CO_2$ 提供给小球藻进行光合作用。这个实验明确了卡尔文循环途径。在学习历史的过程中,教师可以要求学生利用课外时间查阅材料,并对材料进行总结,然后用于课上展示,在展示完历史的探究过程后,整理探索的过程并归纳光合作用的化学总反应式。

经过科学家们一代又一代的努力,人们对光合作用了解得越来越透彻。教师引导学生发现:科学发展过程是一个凝结着科学家的创造力、想象力和对工作的情感依恋的过程。这一过程并非一帆风顺,而是在迂回中前进,在困境中涅槃,在顺境中飞跃。

(三)在实验设计环节突显科学态度

在这个环节中,师生研究科学家的做法,并设计实验方案。

实验一:证明植物制造淀粉的实验。

(1)将天竺葵在黑暗的条件下进行饥饿处理。
(2)用铝箔纸盖在叶片上,在阳光下放 4h。
(3)在热的酒精中脱叶绿素
(4)滴加碘液,观察颜色变化。

由于碘能使沉淀变成蓝色,可以用碘液鉴定淀粉的存在。

根据实验现象,得出结论:被光照射到的叶片部分产生了淀粉,被铝箔遮住的叶片部分没有淀粉产生。

为什么有些植物的银边部分不论是否遮光,都不变蓝色?经显微镜下观察,这是因为该部分不含叶绿体,说明光合作用需要在叶绿体中进行。

实验二:验证光合作用产生氧气的实验。

实验器材与原料:小试管、漏斗、烧杯。

提问:若产生的是氧气,则用什么方法证明?

实验结论:光合作用能产生氧气。

在实验过程中,教师要培养学生实事求是和合作分享等科学态度,并尽力维护学生对自然和对科学的好奇心,并鼓励学生在实验过程中追求创新。

(四)在评价总结环节认同科学价值

在最后的总结环节中,教师要引导学生分析实验现象,总结并得出实验结论,同时回顾本节课问题的发展脉络,总结化学家的科学方法和科研精神。

总结和归纳通过对光合作用发现史的学习得出的光合作用的概念，指出概念中重要的识记点；找出科学史上部分科学家研究的局限性，并对上述局限性进行探讨，进行情感教育，使学生更进一步理解科学探究的本质，并使他们的思维得到发散。

光合作用是地球上利用日光能最重要的过程，粮食、煤炭中所含的能量都是通过光合作用贮藏起来的。

第九章　学习任务的实施案例

第一节　科学素养汇总

本节用高中物理、化学、生物、地理四门学科素养，进行取舍和综合，针对初中科学学科，提出初中科学课程的素养要求，为教师的教学设计提供参考，见表9-1。

表 9-1　科学素养的具体表述

科学素养	具体表述
科学观念及应用（适合科学）	从物理学视角形成的关于物质、运动与相互作用、能量等的基本认识，是物理概念和规律等在头脑中的提炼和升华；"物理观念"包括物质观念、运动观念、相互作用观念、能量观念及其应用等要素
科学思维与创新（适合科学）	从物理学视角对客观事物的本质属性、内在规律及相互关系的认识方式，是基于经验事实建构理想模型的抽象概括过程；是分析综合、推理论证等科学思维方法的内化；是基于事实证据和科学推理对不同观点和结论提出质疑、批判，进而提出创造性见解的能力与品质；"科学思维"主要包括模型建构、科学推理、科学论证、质疑创新等要素
科学探究与交流（适合科学）	提出物理问题，形成猜想和假设，获取和处理信息，基于证据得出结论并作出解释，以及对实验探究过程和结果进行交流、评估、反思的能力；"实验探究"主要包括问题、证据、解释、交流等要素
科学态度与责任（适合科学）	在认识科学本质，理解科学·技术·社会·环境（STSE）的关系基础上逐渐形成地对科学和技术应有的正确态度和责任感；"科学态度与责任"主要包括科学本质、科学态度、科学伦理、STSE等要素
宏观辨识与微观探析（仅化学）	能通过观察、辨识一定条件下物质的形态及变化的宏观现象，初步掌握物质及其变化的分类方法，并能运用符号表征物质及其变化；能从物质的微观层面理解其组成、结构和性质的联系，形成"结构决定性质，性质决定应用"的观念；能根据物质的微观结构预测物质在特定条件下可能具有的性质和可能发生的变化

续表

科学素养	具体表述
变化观念与平衡思想（仅化学）	能认识物质是在不断运动的，物质的变化是有条件的；能从内因和外因、量变和质变等方面较全面地分析物质的化学变化，关注化学变化中的能量转化；能从不同视角对纷繁复杂的化学变化进行分类研究，逐步揭示各类变化的特征和规律；能用对立统一、联系发展和动态平衡的观点考查、分析化学反应，预测在一定条件某种物质可能发生的化学变化
生命观念（仅生物）	生命是源于自然随机事件且能在与环境互作中保留下来的具有新陈代谢和自我复制特征的物质形态，生命是结构与功能的统一体，无贵贱之分。生命观念是指对观察到的生命现象及相互关系或特性进行解释后的抽象，是经过实证后的想法或观点，有助于理解或解释较大范围的相关事件和现象。学生应该在较好地理解了生物学概念性知识的基础上形成生命观念，如结构与功能观、进化与适应观、稳态与平衡观、物质与能量观等，能够用生命观念认识生命世界、解释生命现象
人地协调观（仅地理）	人地协调观是地理学和地理教育的核心观念，是指人们对人类与地理环境之间形成协调关系的必要性和可能性的认识、理解和判断。学生建立人地协调观，就能够正确认识地理环境对人类活动的影响，以及人类活动影响环境的不同方式、强度和后果；能够理解人们对人地关系认识的阶段性表现及其原因；能够结合现实中出现的人地矛盾的实例，分析原因，提出改进建议。

第二节 根据内容进行框架设计

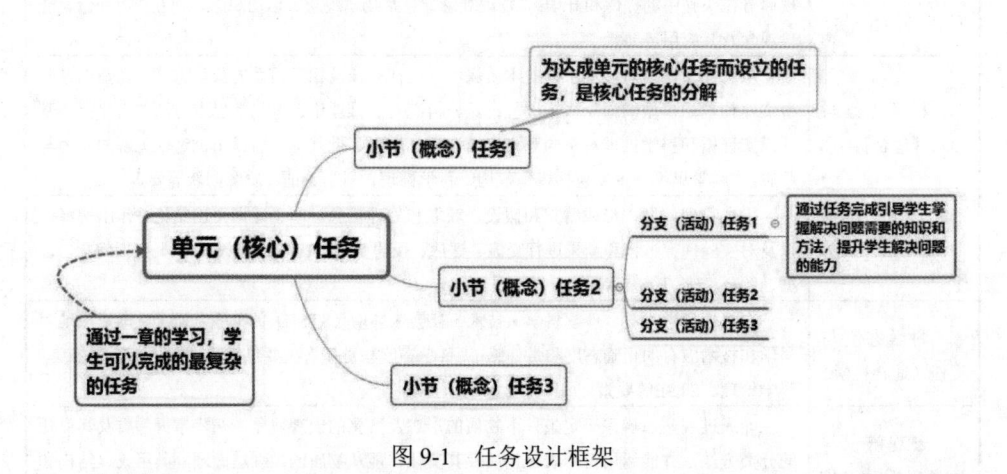

图 9-1 任务设计框架

在教学设计时应注意从大到小，先单元后小节最后课时的次序。也就是说，在设计一堂 45min 的课程时，教师要先清楚这一章在讲什么，在知识框架上处于什么位置，这一节课在整体中是什么地位和具有什么作用，即解决为什么要学这一问题。然后，教师进行小节任务和分支任务的设计，关键点在于怎么学才有效果，要根据内容设计情境，在情境中产生问题，针对问题布置任务。最后，教师根据任务的完成情况进行评价。

一、考虑课时分配进行单元设计

从整体上对单元教学进行设计，能够摆脱课时教学设计碎片化的局限性，从单元内容的知识层次进行分析，明确单元要解决的问题和解决办法，设计课后评价任务和单元评价任务。

二、考虑学情基础进行小节设计

为了达成单元的系统任务，需设立独立的主干任务。每个主干任务的设计都要基于科学观念及应用、科学思维与创新、科学探究与交流、科学态度与责任这四个核心素养去考虑。

三、考虑实施细节进行分支设计

分支任务的设计要充分考虑细节。例如，学生的实际情况，实验器材的准备情况，以及仔细分析学科核心素养的指标，将科学学科的核心素养在课堂中落地。

不同的分支任务可以侧重于不同的学科核心素养，有的分支任务可以针对模型建构、科学推理、科学论证、质疑创新等科学思维的培养；有的分支任务可以侧重提出问题、猜想与假设、制订计划与设计实验、进行实验与收集证据、分析与论证、评估交流与合作的科学探究能力和精神。

第三节　根据流程进行任务设计

一、任务型教学模式的设计流程

任务型教学模式的设计过程由设计真实情境、设置真实问题、进行任务设计、教学评价设计四个部分构成。设计流程如图9-2所示。

```
设计真实情境 --> 设置真实问题 --> 进行任务设计 --> 教学评价设计
```

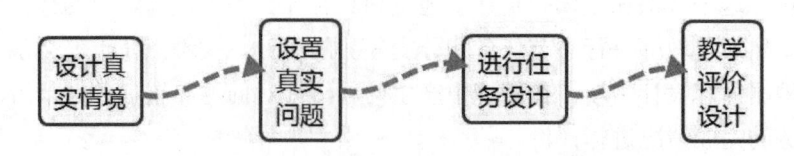

图 9-2　任务型教学模式的设计流程

（一）设计真实情境

真实性要求教师所创设的情境要与客观事实相符，不夸大，不虚假。真实性要求所创设的情境是确切清楚的。情境与学生生活实际、社会实际紧密相连，要有典型性，即情境指向科学思维、方法，对情境中的现象解释和问题解决能够起到举一反三的效果。情境还要有适切性，主要表现在情境的合适和贴切上：首先，要求在情境中产生合适的要解决的问题；其次，要求情境能承载贴切的知识结构；最后，知识结构和要解决的问题之间是匹配、切合的。

（二）设置真实问题

教师要善于把素材通过整合变成教学情境。这个情境是否对教学有帮助的最重要指标就是其能不能提炼并设置一些真实的、有思维含量问题，以供教学过程围绕这个真实的问题开展。

（三）教学评价设计

教师要根据课标和教学目标，以及学生的实际情况进行评价设计。教师不仅要设计出基于相关练习、作品的结果性评价，还要通过观察学生在完成任务过程中的种种表现设计表现性评价。表现性评价是根据既定的学习目标，对学生在真实或模拟真实情境中完成一个或一系列任务的过程表现和结果的评价。

（四）进行任务设计

学习任务与学生的生活或兴趣密切相关。教师应尽量设计生动的、学生力所能及的任务让学生完成。如果缺少丰富的、有趣的执行方式，那么学生难免会出现开小差的现象。因此，任务的内容要科学、深刻，方式要生动、活泼、富有趣味性。

二、任务型教学模式的教学过程

任务型教学模式的教学过程由创设情境、提出问题布置任务、自主学习分析任务、小组合作完成任务、评价任务五个部分构成，如图 9-3 所示。

创设情境 → 提出问题布置任务 → 自主学习分析任务 → 小组合作完成任务 → 评价任务

图 9-3　任务型教学模式的教学环节

（一）创设真实适切情境

教师应根据教学仪器、视频、实验、语言描述创设真实、典型、适切的情境，尽量让学生身临其境，从而能顺利地在情境中提出问题。

（二）提出问题，布置任务

教师和学生应在真实情境中提出真实的科学问题，问题中有学生本节中必须掌握的核心知识点、学习本学科必须掌握的方法，问题要有层次和操作性。

教师提出的问题要难度适中。对于教师布置的任务，学生要主动参与到任务中，在任务的完成过程中解决问题。

（三）依标设计评价任务

在任务驱动教学法的实施过程中，评价是非常重要的环节。评价能够使学生发现同伴的优点，并看到自己的不足。教师要注重对学生完成任务的过程评价，从知识与技能，以及合作态度、创造性问题的提出等多角度进行评价，引导学生进行反思。

（四）自主学习、分析任务

在教师布置任务后，学生要自主学习、分析任务，形成完成任务的思路，并与同学进行交流，取长补短。

（五）小组合作完成任务

不同的任务有不同的完成方式，有的要记忆，有的要理解，有的要提高思维能力，有的要进行实验探究，一般都要由小组成员合作完成，还要在班里进行交流。

第四节　任务实施案例

课例一：《科学》(七年级上册)第四章第一节"物质的构成"(科学思维与创新学习任务)

物质的构成

【教学目标】

一、课标要求

（1）知道物质是由分子、原子、离子等肉眼看不到的微粒构成的。

（2）能用物质粒子模型简要解释物质的三态变化；体验建立模型的思想方法。

（3）了解分子运动的特点，举例支持分子运动的证据；知道分子之间有引力和斥力的存在。

二、核心素养要求

（一）科学观念：知识、技能

（1）知道分子是构成物质的一种微粒，分子比细胞小得多。

（2）理解分子之间存在空隙。

（3）了解扩散现象，确认固体、液体、气体都能发生扩散。

（二）科学思维、科学探究的过程与方法

（1）通过列举反映分子之间存在空隙的现象，用事实说明气体分子之间的空隙比固体和液体分子之间的空隙大得多。

（2）通过列举反映固体、液体、气体扩散的现象，从分子运动的观点解释扩散现象。

（3）通过实验探究扩散的快慢与温度的关系，叙述分子运动的剧烈程度与温度的关系。

（三）科学态度

体验发现事物间隐蔽规律的乐趣，增强用科学知识解决实际问题的信心。

【教学准备】

（1）学生仪器：每组方形蔗糖一块、放大镜一个、烧杯一个、量筒一个、蒸馏水、芝麻、黄豆。

（2）教师仪器：玻璃管、无水酒精、红墨水、香水、注射器、烧杯、冷水、热水。

【教学过程设计】

创设情境：

从古至今，人类的嗜糖基因并没有随人类的历史迁移而消逝，带有甜味的食物成了人类孜孜不倦追求的目标。甜蜜的来源之一的蔗糖，在人类生活中已经不可或缺。中国人食糖历史悠久，糖由丝绸之路传入中国后，制糖技术在中国取得了巨大的进展并走向了世界。蔗糖是由甘蔗压榨出的甘蔗汁加工而成，是组成甘蔗细胞的物质之一。那么蔗糖又是由什么构成的呢？

任务一：蔗糖是由什么构成的呢？观察蔗糖（学生实验）。

（1）用放大镜观察一块方形蔗糖，看到了什么？

（2）将方形蔗糖碾碎后，再用放大镜观察，又看到了什么？

（3）将碾碎的蔗糖溶入水中，用放大镜观察糖水，还能看到蔗糖吗？蔗糖是否消失了？

学生讨论：蔗糖溶于水后，为什么"消失"了？

教师小结：

（1）糖水仍有甜味的事实说明蔗糖在水中并没有消失，其实它是以一种微粒的形式分散在水中，这种微粒称为"分子"。

（2）分子是构成物质的一种微粒，不同的物质是由不同的分子构成的。

（3）分子很小，比细胞要小得多（一滴水中含有 1×10^{21} 个水分子）。

（4）构成物质的微粒除了分子，还有原子和离子。

任务二：分子是构成物质的一种微粒，那么分子都有哪些性质呢？比如，在物质中，分子是一个个紧密排列的，还是相互之间有一定的空隙？

实验一：水和酒精的混合（演示实验）

（1）向一根玻璃管内注入约一半的清水，再沿管壁缓缓注入无水酒精至酒精液面距管口约 5cm 处，标出酒精液面的位置。

（2）用手指封住管口，将玻璃管反复颠倒几次，使酒精和水充分混合。待混合液稳定后，观察液面的位置有何变化？

学生讨论：为什么水和酒精混合后，总体积会减小？

教师小结：这个实验证明了分子之间有一定的空隙。因为水分子和酒精分子之间都存在着空隙，当酒精和水混合时，不同分子相互进入到分子的空隙中，所以总体积会减小。

实验二：黄豆和芝麻的混合（学生实验）

（1）在一只量筒中先倒入黄豆，再倒入芝麻，记下黄豆和芝麻的总体积。

（2）将量筒反复摇晃几次，使黄豆和芝麻混合均匀，再记下它们的总体积。

学生讨论：举例说明是固体和液体分子之间的空隙大，还是气体分子之间的空隙大？

教师小结：气体分子之间的空隙较大，而液体和固体分子之间的空隙较小。

任务三：分子是静止不动，还是不停运动的，还是停停动动的？

实验一：闻香水的气味（学生实验）

教师在讲台上打开一瓶香水，一段时间后，问学生闻到了什么气味？

学生讨论：为什么在很远处就可以闻到香水的气味？再举几个生活中的类似例子。

教师小结：我们之所以在很远的地方就可以闻到香水的气味，是因为香水分子从瓶中"跑"到了周围空气中，然后又进入了我们的鼻子的缘故，这种现象称为"扩散"。扩散现象证明分子处于不停地运动之中。

学生思考：气体物质能发生扩散，那么固体和液体物质能发生扩散吗？

实验二：红墨水在水中的扩散（演示实验）

在两只烧杯中分别装入等体积的热水和冷水，将红墨水通过注射器同时注入两杯水中。观察一段时间后，教师问学生看到了什么现象？两杯水中发生的现象有什么不同？

学生讨论：为什么红墨水在热水中扩散得较快，而在冷水中扩散得较慢？

教师小结：

（1）实验表明液体物质也能发生扩散。同样，固体物质也能发生扩散。

（2）扩散是由于分子活动引起的，而分子活动的快慢与温度有关，温度越高，分子活动越剧烈，扩散自然就越快。

学生讨论：比较气体、液体、固体物质扩散的速度。

教师小结：其实，分子的运动与分子之间存在一定的空隙是有联系的。因为分子之间存在一定的空隙，所以为分子的运动提供了"空间"。而气体分子间的空隙较大，液体和固体分子间的空隙较小，所以气体物质扩散较快，而固体和液体物质扩散较慢。

【设计意图】

本节课采用五步教学模式设计，在教学过程中有引入、探究、解释、迁移和评价五个步骤。将蔗糖是人们日常生活中的常用食品这一真实情境引入教学过程，符合学生根据自己的经验背景建构知识的科学学习观。学生观察方糖，学习分子是构成物质的一种微粒。教师演示水和酒精的混合实验，黄豆和芝麻的混合的实验，学生结合实验结果对现象进行解释，学习分子之间有一定的空隙，且气体分子之间的空隙较大，而液体和固体分子之间的空隙较小。教师演示香水的气味的扩散和红墨水在水中扩散的实验，学生在探究过程中的发现物质是由微粒构成的科学概念并取得清晰的认知。在理解了微粒的这些要素后，学生要用这些新学知识解释生活中的应用，对知识进行迁移。最后，学生结合回顾和课本习题，对本堂课的学习进行评价，是检验和促进概念转变的有效方式。

课例二：《科学》（七年级上册）第四章第三节"密度"（"科学观念及应用"学习任务）

物质的密度——隐藏着的物质特性

【教学目标】

一、课标要求

理解密度所反映的物质属性，会测量固体和液体的密度。

二、核心素养要求

（一）科学观念：知识、技能

（1）知道密度是物质的一种特性。

（2）得出密度的概念。

（3）会用密度公式进行简单的计算。

（二）科学思维、科学探究过程与方法

（1）通过对表格、数据的分析找到密度的一般规律。

（2）通过实验测出物质的密度。

（三）科学态度

体验发现事物间隐蔽规律的乐趣，增强用科学知识解决实际问题的信心。

【教学准备】

学生仪器：每组体积相同的铁块、铜块、铝块各一个，托盘天平，量筒，不同体积的立方体木块。

【教学过程设计】

创设情境：

观看影视剧《利箭纵横》片段：汉奸大摇大摆进山，抗日战士看准时机，将大量巨石滚下，一举剿灭了汉奸。但是实际拍摄时，不可能将真的巨石砸到演员身上。到底拍摄用的"巨石"内含什么玄机？为什么实际拍摄时"巨石"砸到演员身上，演员并没有受伤呢？教师展示大石头。

任务一：通过观察找到相同体积的立方体铁块、铝块、铜块，分别测量它们的质量。

学生得出的结论：①铜块比铁块质量大；②铁块比铝块质量大。

学生总结：相同体积的不同物质的质量不同。

教师提问：我们又可推导出一个类似的什么结论呢？

学生总结：物质可能隐藏着一个特性。

课后思考题：有一个脑筋急转弯是"一千克的棉花和一千克的铁哪个比较轻？"，人们往往会错答"棉花比较轻"，但其实二者是一样重的。那么人们常说的"棉花比铁轻"其实应该怎么说才合理？

任务二：探究相同物质的质量与体积这两个物理量的关系。

如果探究木块的质量和体积到底是否成正比，测量一组数据够不够？

生：不够。

师：好，那么我们今天分组合作，每个组测量一次。先做完的同学，到白板上记录数据。

物体	质量（g）	体积（cm^3）	每立方厘米物体的质量（g）
木块			
木块			
木块			
木块			
木块			
木块			

实验并记录：

教师小结：（1）相同物质，质量和体积的比值相等。

（2）质量越大，体积越大。

（3）木块的质量和体积成正比。

师：我们能否直接得出物质的质量和体积成正比呢？为什么？

生：不能，还要测不同的物质。

师：老师在上课前，测得了这么几组数据，我们来看看，通过分析，你能得出什么结论？

物体	质量（g）	体积（cm³）	每立方厘米物体的质量（g）		物体	质量（g）	体积（cm³）	每立方厘米物体的质量（g）
铁块					铝块			
铁块					铝块			
铁块					铝块			
铁块					铝块			

生：同种物质的质量与体积的比值相同，不同种物质的质量与体积的比值不同。

师：所以我们把这种比值作为物质的一种特性，我们赋予这种特性一个名称，就叫密度。

任务三：给密度下定义。

生：单位体积某种物质的质量称为密度。

师：那什么是单位体积呢？你是怎么理解的？

生：1cm³，1 m³。

师：单位面积是指在比较过程中的相等的面积，（拿出 1dm³ 的两个盒子，装水和沙子），谁来感受一下。

生：沙子的密度大。

师：说明，哪个盒子所含物质多？

生：沙子。

师：这就是单位体积物质的质量。

教师小结：我们发现不同物质单位体积所含物质的质量不同，这是物质的一个特性，隐藏的比气味、颜色更加隐蔽的特性。那么，科学上规定单位体积所含物质的质量就叫密度。

教师提问：再看这句话"棉花比铁轻"，实际指的是哪个物理量？

任务四：测量未知纯净物的密度，根据密度表判断物质种类。

计算公式：

密度=质量/体积

密度——ρ，质量——m，体积——V。

则公式就为：

$\rho = m/V$

密度的单位：千克/立方米（kg/m³）；1g/cm³=10³kg/m³

· 225 ·

测量未知纯净物的密度，根据密度表判断物质种类：质量——m（用天平），体积——V（用排水法，用直尺）。

根据公式 $\rho = m/V$ 计算物质的密度。

物体	物质	质量（g）	体积（cm³）	每立方厘米物体的质量（g）
1				
2				
3				
4				

教师应让学生观察书上的表格，发现物质密度的规律，记忆常见物质铁、水、水银的密度。

任务评价：

课后练习：

（1）酱油的密度要比水的密度大。如右图所示，小明妈妈刚从超市买来酱油，瓶内酱油的质量____500g（填"大于""小于"或"等于"）

（2）小强的爸爸用科学方法种植马铃薯喜获丰收。小强想测量一下马铃薯的密度。他取了一些马铃薯切成小块并测出其质量，所用的砝码和游码位置如下图所示。他将这些马铃薯块倒入盛有 40mL 水的量筒内，量筒中的水面升到 100mL，则马铃薯的密度为多大？

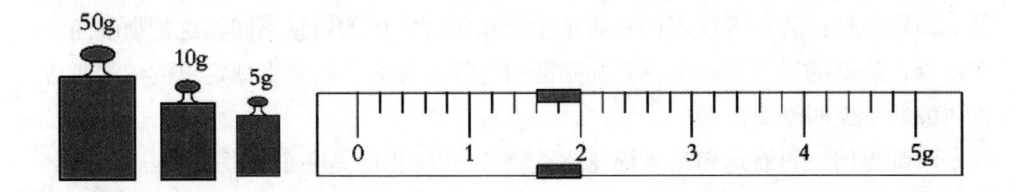

【设计意图】

该任务的实施过程主要依据支架式教学模式，由学生智力的"最邻近发展区"，即对影视片中泡沫石块道具的认识展开，逐步搭设脚手架，推进学生针对密度的概念展开科学探究。教师可以先让学生认识到相同体积的不同物质的质量不同，使学生意识到这一现象可能与物质的某种性质有关，进而探究质量和体积的关系，并据此为密度下定义，最终将探究所得进行实际应用。

由于问题设计基于真实情境，可以很好地抓住学生的注意力，并使学生建立起基于自己的经验的知识关联。四个任务的难度由易到难，学生在完成任务的过程中能够逐步建立自信并获得满足感，从而有效避免畏难情绪的产生。这一过程符合 ARCS 动机策略理论，可见学生将在任务实施过程中始终保持较强的学习动力。

课例三：《科学》（七年级下册）第二章第五节"光学复习"（"科学探究与实践"学习任务）

拍一张好照片的秘诀——光学复习

【教学目标】

一、课标要求

学生通过实验了解凸透镜成像的特点，能解释相关问题，如近视眼、远视眼的成因，树立保护视力和用眼卫生的意识。

二、核心素养要求

（一）科学观念：知识、技能

（1）复习凸透镜成像实验的结论。

（2）结合照相机和凸透镜成像实验，复习物距、焦距、光圈的改变对成像的影响。

（二）科学思维、科学探究过程与方法

（1）通过凸透镜成像实验，对知识进行查漏补缺，并深入研究。

（2）培养学生设计实验的能力。

（三）情感态度与价值观

使学生体会科学在改变我们的生活。

【教学准备】

学生仪器：蜡烛（每组4根）、火柴，米尺，剪刀，A4纸（8组），有窗帘的教室，光具座1架，焦距10cm凸透镜，5cm凸透镜，放大镜。

【教学过程设计】

创设情境：

"摄影是让瞬间变成永恒的魔法。"在拍照越来越随心所欲的今天，随手拍蔚然成风。人们常常会用手机拍下某一刻的感动与惊喜。但是，拍出一张令人满意的照片其实并不简单，那么你知道如何拍出一张好照片吗？它的秘密又是什么呢？请每个人拍摄 6 张照片，然后与同学们一起欣赏、评价，并回忆照相机的成像原理，回顾凸透镜成像的相关知识。

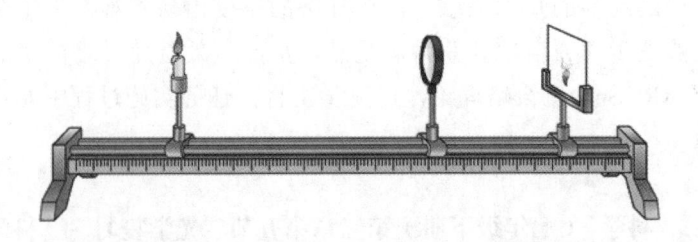

任务一：设计实验，使物体所成的像部分清晰，部分模糊。

学生们欣赏油菜花照片。

教师提问：为什么所成的像部分清晰，部分模糊？

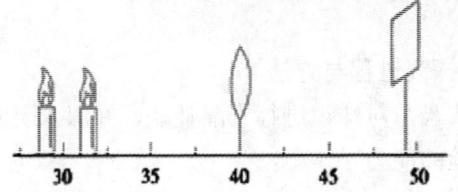

单位：cm

（1）用 10cm 焦距的凸透镜，物体放在二倍焦距以外，在光屏上找一个清晰的像，完成后熄灭。

（2）将两支蜡烛置于不同物距，观察所成的像，完成后熄灭。

学生结论：无论如何改变像距，最多只能使一个像清晰。

教师提问：为什么拍集体照的（比较多人）要围成一个弧形？请绘制一个示意图。

学生回答：拍合影时最好站成以照相机为中心成为一个弧形，这样不会出现两侧人物并不十分清晰的情况。

教师提问：请同学们欣赏两张明暗差异较大的照片，分析如何调整照相机上的光圈，如何改变照片的明暗。

课后练习：阅读课外短文。

任务二：设计实验，说明照相机如何改变照片的明暗。

根据实验设计，模拟照相机上的光圈变化。

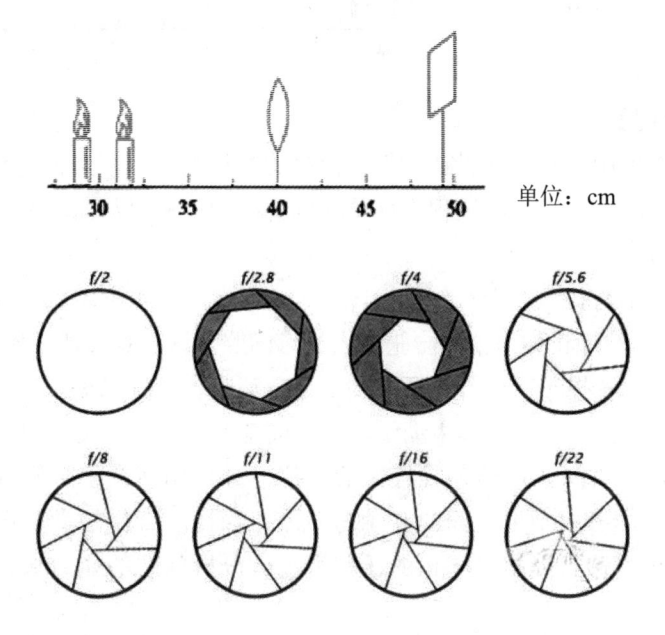

教师让学生欣赏远处的物体及远处物体的物体变大的照片。

教师提问：怎样使远处物体的成像变更大？

任务三：设计实验说明改变物体成像大小的方法，设计表格。根据实验器材，进行实验设计。

（1）根据实验设计，模拟照相机上的焦距变化。

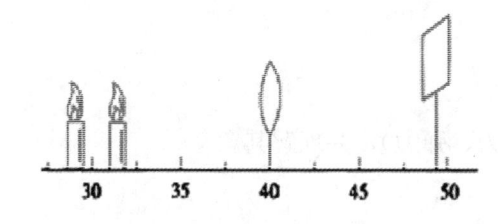

物距（cm）	焦距（cm）	成像大小
30	5	
30	10	

教师引导学生观察烛焰所成的像。

教师提出问题：烛焰的左右是否颠倒？

任务四：如何用实验证明烛焰的左右位置是互换的？（根据时间，灵活控制）

（1）根据实验设计，模拟实验。

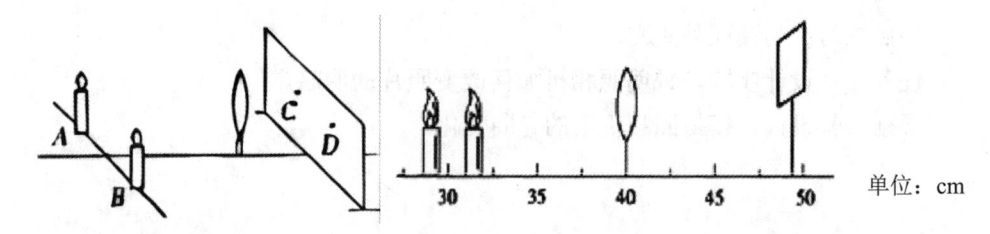

【设计意图】

本节课采用抛锚式教学设计。学生探究的过程是在一个具有真实性的问题背景中进行的，学生在学习的过程中体验问题解决的过程，从而能够更好地理解知识，培养能力。

抛锚式教学的教学过程有创设情境、确定问题、自主学习、协作学习和效果评价五个步骤。教师将如何拍出一张令人满意的照片这一真实情境作为情境引入，由欣赏油菜花照片提出"为什么所成的像部分清晰，部分模糊"进行讨论，促使学生产生学习的需要，凭借其主动学习和生成学习设计实验设法解决问题。

学生通过欣赏两张明暗差异较大的照片，分析如何调整照相机上的光圈发表不同的观点，形成学生之间的互动与交流、探讨与合作的学习环境，从而对问题进行全面理解，提高对知识的迁移情况、分析问题的能力和合作学习能力等。

学生应充分参与课堂解决问题，在课堂上发挥STS教育的功能，体会如何将科学转化为技术，并为社会造福。

课例四：《科学》（七年级下册）第三章第三节"重力"（"科学观念及应用"学习任务）

物体为什么不下落——重力

【教学目标】

一、课标要求

能列举生活中常见的力（重力、摩擦力、弹力），并理解其意义。

二、核心素养要求

（一）科学观念：知识、技能

（1）得出重力的概念。

（2）知道重力的方向。

（3）理解重力的大小与质量成正比。

（二）科学思维、科学探究过程与方法

（1）通过实验探究找出影响物体重力大小的因素。

（2）通过实验数据的分析，得出重力的计算式 $G=mg$。

（3）会用重垂线解决实际问题。

（三）科学态度

体验寻找潜藏在大量生活现象中的规律的过程，增强观察、归纳、推理的能力，提升严谨的科学态度。

【教学准备】

学生仪器：弹簧秤、天平、钩码、细线。

教师仪器：重垂线、铁架台、水槽。

【教学过程设计】

创设情境：

唐代诗人李白在《望庐山瀑布》一诗中写道："日照香炉生紫烟，遥看瀑布挂前川。飞流直下三千尺，疑是银河落九天。"教师展示庐山瀑布飞流直下、黄河壶口瀑布视频，演示烧杯中的水倒出向下落入到水槽当中。同学们常常有这样的体验，水在自然情况下都是从高处流向低处，那么水为什么会从高处流向低处呢？

任务一： 通过观察图钉释放后向磁铁靠拢，橡皮释放后将竖直下落。

学生结论：

（1）图钉受到了磁铁的吸引。

（2）橡皮受到了地球的吸引。

教师讲授：

（1）地球对周围的一切物体都有向下吸引的作用。

（2）重力是非接触力，抛出去在空中运动的物体与其静止时受到重力是不变的。

（3）重力的施力物体是地球。

教师提问：

（1）回应课堂开始时的情境，现在可以科学地解释水为什么会从高处流向低处了吗？

（2）那么重力又具有什么样的特征呢？

任务二： 探究重力的方向。

教师提问：重力的方向是地球吸引力的方向吗？能作出什么样的假设？

学生回答：可能与水平面垂直，可能与地面垂直。

教师解释：解释方向，方向指东、西、南、北四个方位。

施力物体模型化。

竖直：当一个物体只处于"上下"方向排成直线时，称为"竖直"，即与地平线或水平线垂直。

实验：利用铁架台、细线、重物进行实验。

学生总结：重力的方向是竖直向下的。

任务三：测量重力的大小。

教师提问：地球的吸引力大小与什么有关？

学生假设：可能与体积、密度或质量有关。

教师提问：应该如何设计实验？请你说出实验方案。

实验一：1~5个钩码，5组数据。

教师讲解二力平衡，指出重力和弹簧秤的拉力是二力平衡的，拉力的大小与重力的大小相等。

实验二：用天平测量石块、细线，5组数据。

实验三：天平、弹簧测力计测量木块、细线，5组数据。

设计表格，最后进行数据共享。

交流结果：

结论：物体重力的大小跟物体的质量有关，物体的质量越大，物体受到的重力也越大。物体受到的重力跟物体的质量成正比；重力跟质量的比值约等于9.8N/kg。

如果用字母 G 表示重力，m 表示质量，g 表示物体重力与质量的比值，则重力与质量的关系是 $G=mg$，通常取 $g=9.8N/kg$。

$g=9.8N/kg$ 的物理意义是：质量为 1kg 的物体在地面附近所受重力的大小是 9.8N。

（1）体积大的铁和体积小的铁对比，重力是否与体积有关？

（2）与体积无关的反例（用语言表达）。

（3）与密度无关的反例（简单的推理）。

任务四：重力还与什么因素有关？

问题一：阅读文本材料——不同星球上的重力。

阅读

不同星球上的重力

跟在地球上一样，在其他星球上，物体也会由于星球对它的吸引而受力的作用。如果把这些力也叫做重力的话，那么，物体在某星球上受到的重力不仅跟物体的质量有关，还跟该星球的质量、半径等因素有关。由于不同星球的质量和半径各不相同，所以同一个物体在不同星球上受到的重力并不相等。表3-2是质量为1千克的物质在不同星球上受到的重力。

表3-2 不同星球上的重力

星球	月球	水星	金星	地球	火星	木星	土星	天王星	海王星
重力（牛）	1.62	3.60	8.50	9.80	3.76	22.9	9.05	8.30	11.00

学生总结：

（1）同一物体在不同星球上重力并不相等。

（2）重力，是相互吸引的，与两个物体的质量都有关。

问题二： 1969年7月21日，登月宇航员穿的宇航服质量约为80kg，若在地面上，人会感到很重，但宇航员在月球上却很轻巧。这是什么原因呢？

学生回答： 这是由于月球上的重力大约是地球上重力的1/6。同样道理，月球上的物体下落得会比地球上要慢些。

结论： 通过结果—结论—公式得出结论，这是一个比较长的过程，越来越精确。地球上不同纬度的地方测定的重力略有差异，同一个物体在地球上不同地方受到的重力大小也略有差异。

评价：

谈一谈这一节课的收获：重力的概念，重力的方向，对重力的大小进行探究。

课后练习：

练习

1. 质量为60千克的宇航员在地球上受到的重力是_____牛。宇航员登月球后，他的质量将_____（填"变大"、"变小"或"不变"，下同），他受到的重力将_____。

2. 如图3-52所示，桥头竖着的是限重标志牌（t表示吨）。它表示这座桥允许通过最重为_____牛的车。

图3-52 限重标志

【设计意图】

本节课采用五步教学模式设计，教学过程包括引入、探究、解释、迁移和评价五个步骤。教师引入"诗句、视频和演示实验中水都是从高处流向低处"这一真实情境，符合学生根据自己的经验背景建构知识的科学学习观。学生归纳地球上的物体都存在向下落的规律，同时学习重力的概念。教师设计了重物下垂实验以及探究重力大小的实验，学生进行实验探究，并结合实验结果对现象进行解释，学习重力的方向和大小。学生在该阶段展示探究过程中的发现，通过个体探索和教师讲解，使学生对重力这一科学概念取得清晰的认知。学生在理解了重力的这些要素后，可以用这些知识解释生活中的应用，对知识进行迁移。最后，学生结合回顾和课本习题对本堂课的学习进行评价，是检验和促进概念转变的有效方式。

课例五：《科学》（八年级上册）第四章第六节"V-A 法测电阻复习"（"科学探究与实践"学习任务）

寻找合适的电阻——VA 法测电阻的复习

【教学目标】

一、课标要求

通过实验探究电流与电压、电阻的关系，理解欧姆定律，并解决简单的电学问题。

二、核心素养要求

（一）科学观念：知识、技能

理解欧姆定律。

（二）科学思维、科学探究过程与方法

（1）能根据情境，选用符合要求的器材，设计合适的电路图。

（2）通过实验探究复习伏安法测电阻并解决生活中的实际问题。

（3）通过实验能探究电流法、电压法测电阻。

（三）科学态度

体悟真实情境中科学地运用，提升学生理论联系实际的能力和科学模型建构的能力，培养学生善于观察、懂得创新的态度。

【教学准备】

学生仪器：电源（3V）、定值电阻 R（10Ω）、滑动变阻器 R（20Ω）、2个开关、电压表2个、电流表2个、被测电阻 R，导线8根（两头有鳄鱼夹）。

【教学过程设计】
创设情境：

某个西部城市的电器博物馆最近收藏了一台老式的电视机。电视机时好时坏。于是馆长打电话给在大学教物理的王老师求助。王老师检查后得出结论：电视机里的一个电阻坏了，要换个电阻。教师向学生展示电阻。

任务一：用"伏安法"测出 1 号电阻的阻值。

（1）学生动手实验。连接并得出第一组数据。

复习："伏安法"测电阻的原理是什么？

学生回顾：$R=U/I$

（2）"伏安法"测电阻的实验中需要哪些器材？

学生总结：被测电阻、电源、滑动变阻器 R'（20Ω）、开关、电压表、电流表、导线。

（3）做"伏安法"测电阻实验时，要注意什么？

注意电流电压表的正负接线柱，并用试触法选择合适的量程。

滑动变阻器接线柱应"一上一下"，闭合电路前滑片 P 在阻值最大处。

连接时，开关处于打开状态，多测几组以减小误差。

（4）用"伏安法"测出 2 号电阻的阻值。

学生动手实验。

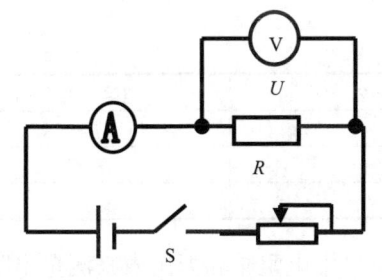

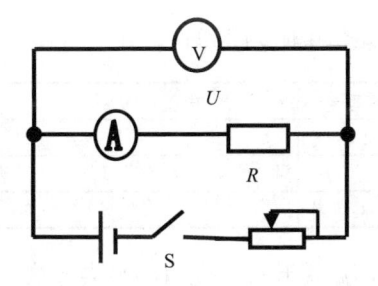

连接并遇到困难。

任务二：设计 2 号电阻的测量方案。

（1）"伏安法"测电阻的实验中如果电压表或电流表损坏了，还能否继续做实验？

没有电流表：（左图）。

没有电压表：（右图）。

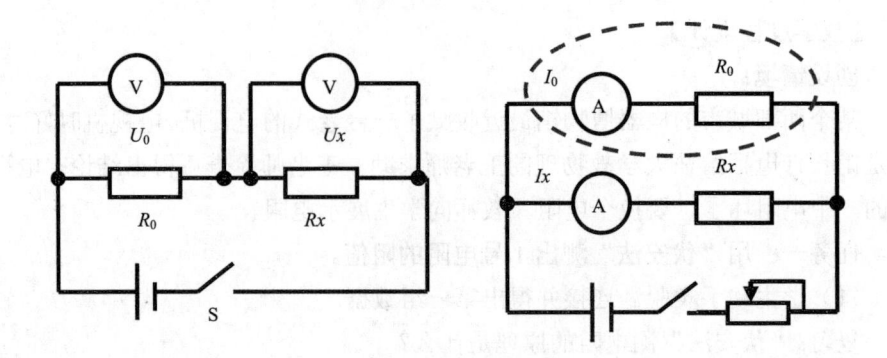

任务三：用"伏—阻法"测出 2 号电阻的阻值。

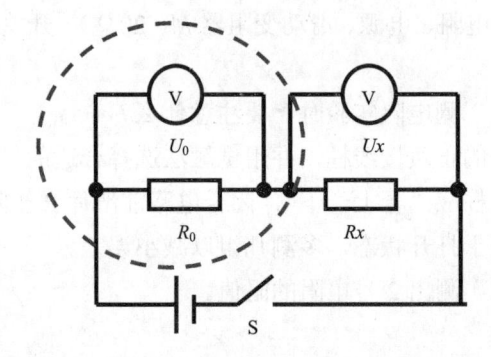

定值电阻为 330Ω。

序号	电压1（V）	电压2（V）	电阻（Ω）
1			
2			
3			

问题提升：测电阻的另类方法。你是否可以用电阻箱和万用表来测量电阻的大小？

任务评价：

通过本节课的学习，你对测量电阻的方法有什么新的认知，有什么新的收获？

课后习题：

（1）某小灯泡上标有"2.4V 0.7A"字样，表示该灯泡正常工作时电压是 2.4V，电流是 0.7A。求该小灯泡正常工作时灯丝的电阻。

（2）当某一定值电阻两端的电压是 6V 时，通过它的电流为 0.6A，此时电阻的阻值是多少欧？要使通过它的电流为1A，加在它两端的电压应是多少伏？如果电压增加到12V，通过电阻的电流是多少安？

【设计意图】

本堂课主要依照抛锚式教学进行设计。课堂从一台老旧电视机的电阻损坏这一真实情境展开，随后确定在此情境中需要解决的核心问题：测量电阻。基于以上的"抛锚"，确定了本节课的教学内容和进程，是学生适应日常生活、学会独立识别问题、提出问题、解决问题的一个十分重要方法。为了解决以上问题，学生通过回顾伏安法（VA）测电阻、无电流表测电阻、无电压表测电阻等，进行自主学习和协作学习，围绕解决问题发表不同的观点，形成学生之间的互动与交流，促进学生对问题的全面理解。最后，教师设计感悟收获式评价和习题评价，运用多元的评价手段更全面地反馈学生的学习成果。

课例六：《科学》（八年级下册）第三章第六节"光合作用"（"科学态度与责任"学习任务）

光合作用

【教学目标】

一、课标要求

知道光合作用的原料、条件、产物及简要过程，认识光合作用过程中物质和能量的转化及其重要意义。

二、核心素养要求

（一）科学观念：知识、技能

（1）了解绿色植物的光合作用及其重要意义

（2）了解光合作用的条件是光和叶绿体，了解光合作用的原料是二氧化碳和水，了解光合作用的产物是有机物和氧气。

（3）了解二氧化碳的重要性质和用途。

（4）了解光合作用与呼吸作用的区别和联系。

（二）科学思维、科学探究过程与方法

（1）通过对光合作用原料的研究，学会科学探究的一般方法。

（2）掌握科学检测的一般方法和实验设计的变量控制。

（三）科学态度

（1）通过对光合作用研究历程的研究，认识科学发展的过程是迂回前进的，且研究方法、研究实验对科学发展过程的影响不容小觑。

（2）通过对光合作用研究历程的研究，认识科学事业的发展不是一蹴而就的，是长期量变积累的结果。

【教学准备】

仪器：烧杯（一大一小）、三脚架、石棉网、酒精灯、镊子、玻璃片。

试剂和材料：淀粉、土壤、碘酒、银边天竺葵、酒精、铝箔。

【教学过程设计】

创设情境：

我们吃的粮食、水果中有大量的营养，比如红薯就含有丰富的蛋白质、脂肪和多糖等营养物质，那么红薯中营养物质是从哪里来的呢？

学生猜测：可能是直接从土壤中吸收的。

进行对比实验：淀粉滴加碘酒，变蓝色；向土壤中滴加碘酒，不变蓝色，说明了什么？

证明：植物的营养不是直接来自土壤。

教师追问：那么植物的营养是怎么来的？

学生猜测：可能是通过光合作用得到的。

任务一：研究光合作用。

引经据典：1864 年，萨克斯通过植物遮光实验成功地证明了光合作用的产物为淀粉。

通过观察演示实验探究认识光合作用的产物之一——淀粉。

第一步，将天竺葵在黑暗的条件下进行饥饿处理。

第二步，用铝箔纸盖在叶片上，在阳光下放 4h。

第三步，在热的酒精中脱叶绿素。

第四步，滴加碘液，观察颜色变化。

碘能使沉淀变成蓝色，可以用碘液鉴定淀粉的存在。

描述现象：未遮光的树叶变成蓝色，遮光部分的树叶不变蓝。

结论：被光照射到的叶片部分产生了淀粉，被铝箔遮住的叶片部分没有淀粉产生。光合作用可以产生淀粉，且光合作用需要阳光。

应用检测：如何得到一个蓝色的五角星？

通过实验探究认识光合作用的条件之一——叶绿体。

实验仪器：显微镜。

以上实验活动中使用了银边天竺葵，此处想要控制的变量是什么？

经显微镜下观察，该部分不含叶绿体。此处的变量是叶绿体。

教师提问：为什么银边部分不论是否遮光都不变蓝色？

结论：说明光合作用需要在叶绿体中进行。

任务二：通过实验探究认识光合作用的产物——氧气。

实验器材与原料：小试管、漏斗、烧杯、金鱼藻。

提问：如果产生的是氧气，则应该用什么方法证明？

氧气可以使带火星的木条复燃，可以用带火星的木条鉴定氧气的存在。

描述现象：将装置放在阳光下，金鱼藻表面有气泡产生，并最终收集在试管中。用带火星的木条对试管中的气体进行检验，可以发现带火星的木条复燃。

结论：光合作用能产生氧气。

引经据典：鲁宾和卡门利用同位素标记法为实验手段进行探究，通过标记 $H_2^{18}O$ 和 $C^{18}O_2$ 两组对比实验证明光合作用释放的氧气全部来自水。

任务三：通过实验探究认识光合作用的原料之一——二氧化碳。

仪器：烧杯（一大一小）、三脚架、石棉网、酒精灯、镊子、玻璃片。

试剂和材料：淀粉、碘酒、银边天竺葵、酒精、塑料袋、氢氧化钠溶液、清水。

设疑：

（1）该实验应控制什么变量？

——除了二氧化碳这一变量不同外，其他变量保持相同且适宜的条件。

（2）如何做到不吸收空气中的二氧化碳？

——氢氧化钠溶液可以吸收空气中的二氧化碳。

（3）该实验是否需要作对照？

——需要进行对照，设置装清水的对照组。

描述现象：装清水的塑料袋内的叶片变蓝色，而装氢氧化钠溶液的塑料袋内的叶片不变蓝。

实验结论：光合作用需要二氧化碳的参与。

任务四：学习光合作用的科学史。

通过学习科学史认识光合作用的原料之一——水。

引经据典：比利时化学家、生物学家范·海尔蒙特探讨支持植物茁壮生长的养料从何而来，因此他进行了柳树的种植实验。种植前称量烘干后的土壤的重量和柳树的质量，实验结束后继续测量烘干后的土壤的重量和柳树的重量，发现土壤质量仅减少了 0.1kg，而树增加了 76.7kg。

海尔蒙特的结论：水分是植物生长的主要养料。

分析漏洞：忽略了植物也可能从空气中得到物质。

设疑：

（1）该实验应如何控制变量？

——通过将叶片主脉在中间切断的方式控制水的变量，其他变量保持相同且适宜的条件。

（2）该实验是否需要对照？

——需要对照，对叶片主脉切断处上下两部分进行对照。

描述实验现象：叶脉切断处上部不变蓝，下部变蓝。

实验结论：光合作用需要水的参与。

小结：依据以上四个典型任务所得结论推知光合作用的文字表达式：

二氧化碳＋水 $\xrightarrow[\text{叶绿体}]{\text{光}}$ 有机物（淀粉）＋氧气

光合作用的实质：

（1）将简单的无机物转化为复杂的有机物，并放出氧气 —— 物质的转变

（2）将太阳能转变为贮存在有机物中的化学能 —— 能量的转化。

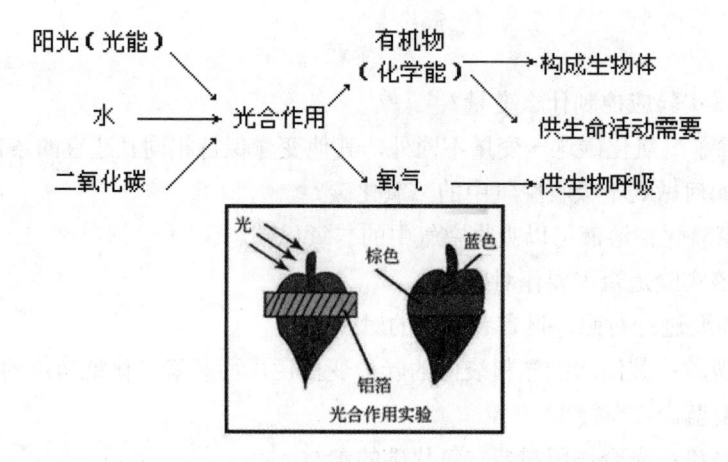

任务评价：

课后练习：

（1）如上图所示，某植物上的绿叶经阳光照射 24h 后，经过脱色并用碘液处理，结果锡箔覆盖的部位不呈蓝色，而不被锡箔覆盖的部位呈蓝色。该实验可以证明_____。

①光合作用需要二氧化碳　②光合作用需要光　③光合作用需要叶绿体

④光合作用放出氧气　⑤光合作用制造淀粉

A. ①②　　　B. ③⑤　　　C. ②⑤　　　D. ①③

（2）许多家庭喜欢在室内养花种草，认为植物能产生氧气，对人的健康有益。对此你有什么看法？合适的做法是什么？

【设计意图】

本教学案例是基于 HPS 教学模式展开的。首先，教师通过创设真实情境提出问题——粮食、水果中的营养物质从何而来引发学生思考。然后，教师引导学生对问题进行剖析，设置数个典型任务，引导学生通过猜想、假设、实验探究光合作用的原料、条件、产物和简要过程，并在过程中紧密结合科学史（萨克斯实验、鲁宾和卡门实验、海尔蒙特实验），使学生了解历史上对光合作用研究的基本方法，从而总结、归纳出实验方案设计的基本方法要领（如何控制变量、如何设置对照），锻炼学生的观察、实验、思考归纳和推理能力。最后，教师引导学生进行评价与总结，通过对科学史的学习和探究实践得出的光合作用的概念，指出概念中重要的识记点。更重要的一点是，通过找出科学史中部分科学家研究的局限性，并对上述局限性进行探讨，进行情感教育，使学生更进一步理解科学探究的本质，使学生的思维得到发散和升华。

课例七：《科学》（九年级上册）第三章第二节"动势能转化"（"科学探究与实践"学习任务）

动势能转化的深度探究——基于数字化设备的转化研究

【教学目标】

一、课标要求

了解动能和势能与哪些因素有关，知道动能和势能可以相互转化和机械能守恒的含义。

二、核心素养要求

（一）科学观念：知识、技能

知道能量转化的两种形式。

（二）科学思维、科学探究过程与方法

（1）分析蹦极、蹦床、立定跳远三种运动的能量转化，讨论得出如何提高运动成绩。

（2）利用朗威 DISLab 设备，对蹦极过程进行模拟。

（三）科学态度

使学生体验将生活中的情形模型化，形成积极探索自然现象、崇尚科学事业的精神。

【教学准备】

教师仪器：弹力绳、小钢球、朗威传感器。

【教学过程设计】

新课展开：

复习能量转化的两种形式。

提问：什么是动能？什么是势能？与什么因素有关？什么是机械能？什么时候机械能守恒？

任务一： 研究卫星、弓箭的能量转化的分析。

观察：教师放一张卫星绕地球的图片。

教师提问：

（1）研究对象是什么？

（2）研究卫星的能量变化？

（3）教师讲解易错点，即"离地面的高度"。

观察：教师放一张弓箭图照片。

教师提问：

（1）研究对象是什么？

（2）如何分析弓箭的能量变化？

（3）教师讲解易错点即"弓和箭共同组成一个系统"，以及有两个物体涉及能量的转移。

任务二： 蹦极运动中能量转化的分析。

教师让学生观看视频。

教师提出问题：

（1）研究对象如何确定？

（2）初始能量是什么？

分区域分析	受力分析	运动状态	能量分析
O	平衡力	静止最高点	重力势能最大(起始能量)，动能为0
O-A	合力向下	向下加速	重力势能减小，动能增加
A	合力向下	向下加速	重力势能减小，动能增加，弹性势能为0
A-B	合力向下	向下加速	重力势能减小，动能增加，弹性势能增加
B	平衡力	速度最大	重力势能减小，动能最大，弹性势能增加
B-C	合力向上	向下减速	重力势能减小，动能减小，弹性势能增加
C	合力向上	速度为0	重力势能减小，动能为0，弹性势能最大

(3) 系统的能量转化的分析？

小组实验。

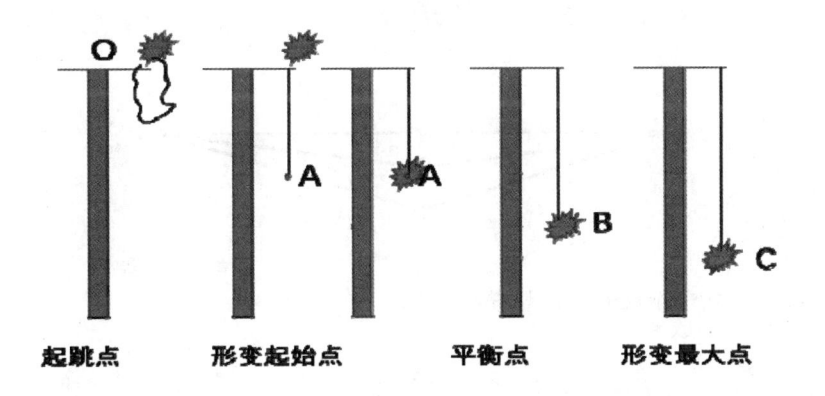

起跳点　　　形变起始点　　　平衡点　　　形变最大点

(1) 分段分析：

从 O 到 A 阶段，研究对象为人，能量是人的重势和人的动能之间转化。

从 A 到 C 阶段，研究对象是人和弹性绳，研究人的重力势能、动能，以及绳的弹性势能之间的转移和转化。

实验：体验弹力绳，观察小钢球，感受手上力度的变化。

朗威传感器获得的数据如下图所示。

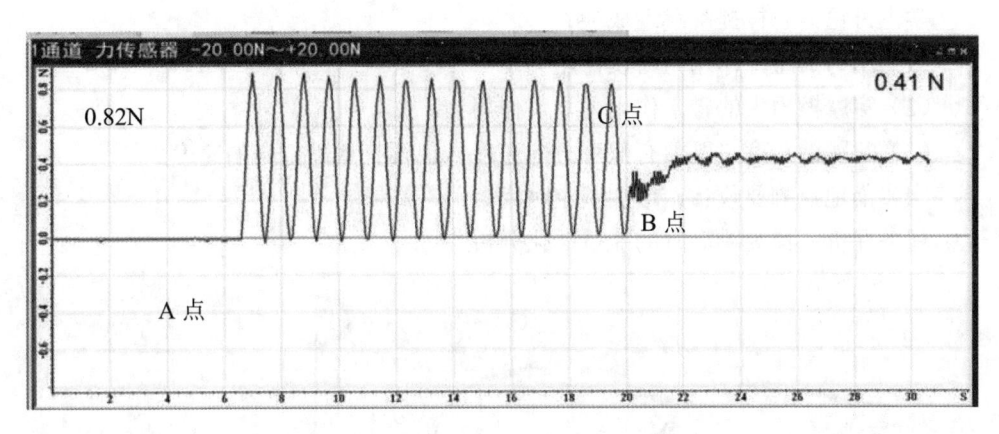

提问：以上为 F（t）图，F 是弹性绳上的力传感而来。从 O 到 A 阶段，弹性绳上没有受力，A-C 阶段，弹性绳上的力一直在增加（从 0 增加到 0.82N）。B 点在哪里？

任务评价：

(1) 蹦床运动中物体能量转化的分析。

（2）蹦床的全过程中几个关键点分析。

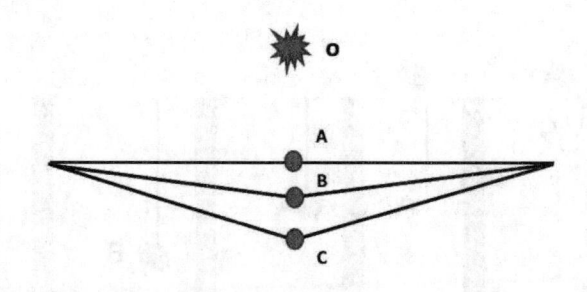

任务三：立定跳远时的能量转化分析。

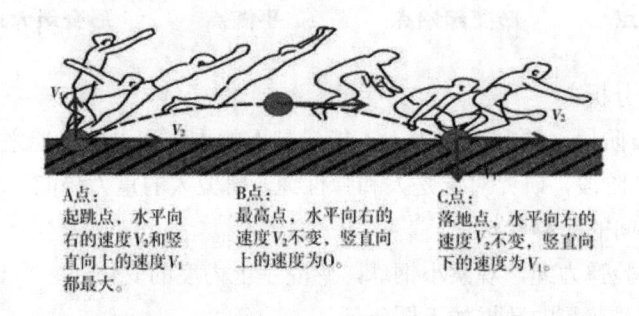

A点：起跳点，水平向右的速度V_2和竖直向上的速度V_1都最大。

B点：最高点，水平向右的速度V_2不变，竖直向上的速度为0。

C点：落地点，水平向右的速度V_2不变，竖直向下的速度为V_1。

学生讨论：怎样提高跳远成绩？
（1）用力后蹬，作用力与反作用力。
（2）穿摩擦力大的鞋，作用力与反作用力。
（3）起跳的角度，既要有竖直方向速度，也要有水平方向的速度。
（4）落地点脚要收拢，增加留空时间。

任务评价：撑竿跳高时的能量转化分析。

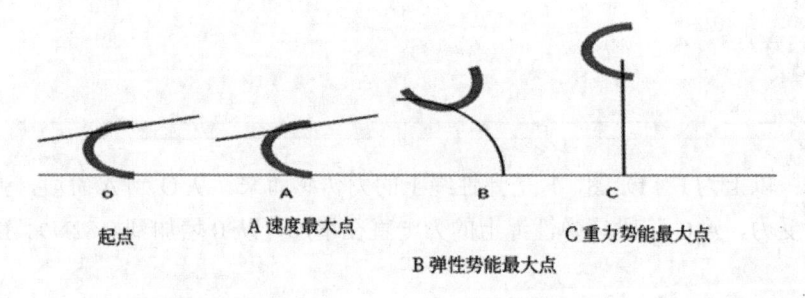

起点　　A 速度最大点　　　　　　　　C 重力势能最大点
　　　　　　　　　B 弹性势能最大点

任务评价：在经历本节课的学习后，你有何收获？

【设计意图】
本节课主要采用了五星教学设计，选取了卫星、弓箭、蹦床、撑竿跳等几个实际问题作为学习主线。学生介入解决这些实际问题，利用问题原理促进学习。要解决这些问题，学生在课堂上首先要回顾动能、势能和机械能，激活自己已有知识，促进学习新知识。在学习过程中，在设计分析问题的展示环节和任务评价环节，教师通过展示要学习的弹性绳的受力并用数字可视化的朗威传感器体现，学生发现知识并接受新知。在此之后，学生通过评价环节有立即应用新知识的机会，并将知识进行内化。整个教学过程设计都来源于生活，又回归生活，促进了学生把新的知识和技能应用到日常生活中，提高了学生学习的动力和效率。

课例八：《科学》（九年级上册）第三章第二节"机械能复习"（"科学探究与实践"学习任务）
刹车装置中的科学——机械能的复习
【教学目标】
一、课标要求
了解动能和势能与哪些因素有关，知道动能和势能可以相互转化，知道机械能守恒的含义。
二、核心素养要求
（一）科学观念：知识、技能
（1）观看"车祸视频"，体会刹车装置的重要性。
（2）复习动能、重力势能的大小与哪些因素有关。
（3）研究刹车装置，讨论影响刹车距离的因素。
（4）尝试设计安全的刹车装置。
（二）科学思维、科学探究过程与方法
理解并运用转换法、控制变量法、模型法、类比法。
（三）科学态度
通过科学探究，使学生经历科学探究过程，发展设计能力。
【教学准备】
教师仪器：钢球和玻璃球，牛顿第一定律演示仪（小车及斜面），可压缩的弹簧单摆橡皮筋。

【教学过程设计】

创设情境：

小明爸爸开车带着全家一起到外地游玩，在高速公路上突然发现汽车的刹车失灵了，一家人顿时陷入了恐慌中。失控的汽车不能通过正常方式减速，车祸仿佛即将到来……机智的小明爸爸立即冷静下来，打开双闪，多次缓慢拉放手刹，并将汽车驶入应急避险车道，最终避免了车祸的发生。如果没有小明爸爸的冷静操作，将发生什么现象？展示车祸视频。

思考：

（1）视频中失控的汽车具有什么能？

（2）物体有"能"可以对外做功，我们依靠什么来判断失控汽车"能"的大小？

学生回答：

（1）可以通过两辆汽车共同的损坏程度来判断动能的大小。

（2）动能的大小可以通过对外所做的功的多少来表示，$W=F_1S_1+F_2S_2$。

教师讲授：其实我们书本上就有一个失控汽车碰撞的例子。

新课展开：

任务一：观察一个经典实验并思考问题（钢球撞木块实验）。

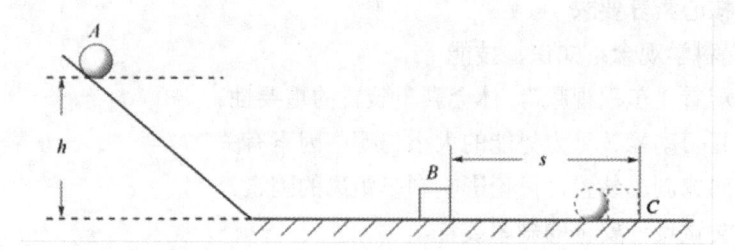

学生小组合作，重现经典实验，并思考以下问题：

（1）该实验研究的目的、研究对象是什么？研究小球的动能大小与什么因素有关？

（2）实验针对小球哪一点的动能进行研究？

——B点。

（3）从B点到C点，小球减少的动能转化为什么能？

——转化为小木块的内能。

（4）小木块的移动距离可以反映小球的什么物理量？还有其他办法吗？

——说明小球动能的大小。还可以用面粉和橡皮泥。

（5）小球 B 点的动能是从何转化而来的？观察桌面仪器，思考转化动能的其他方法。

——用弹簧、手、单摆都可以在 B 点形成动能。但缺点明显，即不能重复，不易操作，不易观察和比较。

教师提问：如果将本实验中的小球假设为飞奔的汽车，那么什么相当于汽车的刹车装置？

学生回答：小木块。

教师提问：为了及时停车，汽车的刹车装置是如何起作用的呢？其中，能量发生了什么样的转化？

任务二：了解汽车的刹车装置（分析）。

展示汽车刹车装置的工作原理和视频，阅读汽车刹车原理材料并思考以下问题。

（1）飞奔的汽车，紧急制动时，动能怎样变化？动能转化成了刹车系统什么形式的能了？

（2）汽车的刹车距离与哪些物理量有关？假设轮胎和地面不打滑。

增大刹车距离的量：总动能（m，v），轮胎周长（$2\pi R$）……

减小刹车距离的量：刹车盘与钳的摩擦力（f），刹车盘转动的周长（$2\pi r$）……

教师提问：大货车、小汽车为什么不能超载、超速？

学生回答：超载、超速时车子的动能增大，能对外做更多功。在刹车时，刹车盘克服摩擦力做功，在全力刹车情况下，汽车要经过更长的距离才能静止。

教师提问：为什么在同样道路上，不同的车型的限速不一样？如货车和小型车。

任务三：讨论刹车失灵怎么办？

学生讨论：

（1）刹车失灵怎么办？如何设计大货车和小车的刹车装置？

（2）思考作为初中学生，我们怎样安全出行。

学生总结：

（1）加大刹车盘直径，减小车重，刹车盘耐高温，限速。

（2）加大盘与钳的压力和粗糙程度。

（3）油门当刹车误踩装置。

（4）不闯红灯，不超速，不超载。

（5）提醒亲人高速公路不停车。

（6）冷却刹车盘（到服务区自然冷却）。

任务评价：

（1）在学习了本节课的内容之后，你有什么感悟？

（2）科学发展的道路不是一帆风顺的，技术设计也不是一蹴而就的。作为初中生，你在今后的学习生活中该如何做呢？结合今天学习的例子，尝试向同学讲述你的想法。

【设计意图】

本节课遵循 STS 教育理论展开，突出科学、技术、社会三者之间的联系。以高速行驶汽车的刹车过程作为课程的主线，从工程出发，通过转换法、类比法、模型法等科学研究方法的应用，将高速行驶的汽车减速过程转化为小球运动过程，利用科学模型简化实际复杂过程，突出主要因素，体现了从生活走向科学的重要思想。不能超载、超速是一个系统问题，学生通过资料了解了汽车刹车装置的工作原理和刹车系统设计，拓展了知识面，激发了学习兴趣。学生通过小组讨论，设计改良汽车刹车装置，深度了解了汽车工业设计的魅力，从科学走向技术。学生讨论安全出行的要点，从原理上理解在生活中如何避免交通事故发生，并能够学以致用，体现了科学与社会的联系。本堂课的设计比较重视思维的提升，依 SOLO 分类分析，学生的思维结构从单点结构到多点结构再到关联，最后到抽象拓展结构，水平逐渐提高，符合学生认知规律。

附录：刹车装置中的科学——"机械能复习"教学实践[①]

教学背景：

"机械能"是《科学》（九年级上册）第三章第二节的内容。这节课内容多，难度大，大多数教师在上完一章的新课以后，会安排"机械能"的专题复习，以期将相关概念结构化、系统化。教师以"小明全家一起开车到外地游玩，在高速公路上发现汽车的刹车失灵"做开篇引入，用视频吸引学生注意，让学生身临其境。整节课围绕"刹车装置"进行研究，并设计了三个任务，从经典实验中的"刹车装置"到汽车的"刹车装置"，再到"刹车装置"的设计。通过"刹车装置"的情境线进行动能大小的表达、动能的转化等知识的深度学习，使学生的思维达到关联拓展水平。

---

① 葛元钟. 刹车装置中的科学知识[N]. 中国教师报, 2020-7-15（5）.

教学实录：

师：10月1日，小明全家一起坐车到外地游玩，在高速公路上发现汽车的刹车失灵，一家人顿时陷入了恐慌。下面我们一起观看一下当时的视频。在观看的过程中你们要思考这样两个问题：视频中失控的汽车具有什么能？物体有"能"可以对外做功，我们可以通过哪些因素来判断失控汽车"能"的大小？

（播放视频2min，学生思考两个问题。）

生：视频中失控的汽车具有动能。

生：发生车祸时，可以通过汽车损坏程度来判断当时动能的大小。

师：视频中，汽车的什么装置失灵了？

生：汽车的刹车装置失灵了。

师：刹车装置的作用是什么呢？

生：刹车装置的作用是将汽车的动能减小，使汽车减速，将汽车的动能转化成其他形式的能。

师：今天让我们一起来研究刹车装置！

（通过视频可以很快地组织教学，并使学生对"刹车装置"的学习充满期待。）

典型任务一：通过类比汽车，感受实验中的"刹车装置"

师：请看一个经典实验的视频并思考以下几个问题。

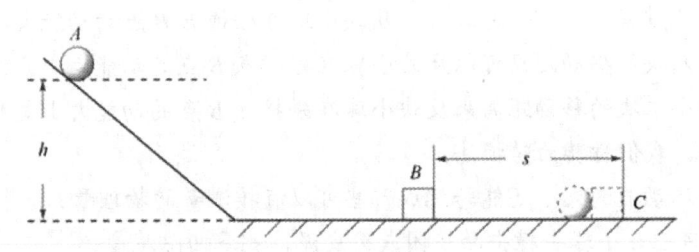

师：该实验的研究对象、研究目的分别是什么？

生：该实验的研究对象是小球，研究的目的是验证物体的动能与哪些因素有关。

师：小球的动能大小与哪些因素有关？

生：小球的动能大小与小球的速度和小球的质量有关。

师：在实验过程中，小球的动能是在变化着的，我们应该研究小球哪一点的动能？

生：我们要研究小球在碰撞点 B 点时的动能大小。

师：小球在 B 点的动能是从何转化而来的？让我们观察桌面仪器，思考转化动能的其他方法。

（学生根据桌面仪器思考转化动能方法，并与小组成员进行交流。）

生1：用手推，使小球在B点形成动能。

生2：用弹簧推，使小球在B点形成动能。

生3：用单摆推，使小球在B点形成动能。

师：大家的想法很有创意。现在让我们用桌面的仪器尝试一下。

（学生根据桌面仪器开始实验。）

师：不同的方法都使小球在B点处有动能。同学们能否说一下运用这些方法产生的动能与斜面产生小球动能的区别。

生1：用手推使小球在B点形成动能，不能做到每次都一样。

生2：用弹簧推使小球在B点形成动能，不能做到每次都碰撞小车。

生3：用单摆推使小球在B点形成动能，不能做到每次都碰撞小车。

师：这些办法都用了能量的转移和转化，但是准确度和成功率不如课本上的实验高。

师：小球从B点到C点，速度减小到0，小球减少的动能到哪里去了？

生：由于小球的推力，小木块克服摩擦力做功。小球的动能最终转移且转化为小木块的内能。

师：在此过程中，可以通过什么反映小球在碰撞点B点的动能大小？

生：小木块的移动距离可以反映小球在碰撞点B点的动能大小。

师：用小木块的移动距离来反映小球在碰撞点B点的动能大小是科学探究中的常用方法，我们称其为转换法。

师：小球动能的大小还能转化成哪些可以直接测量的物理量？

生1：可以让小球去撞击面粉团或橡皮泥，测量凹陷深度。

生2：可以让小球去撞击积木，计量撞倒的积木数量。

生3：可以让小球在毛巾上滚动，测量滚动的距离。

（在物理学中，对于一些看不见、摸不着的现象或不易直接测量的物理量，通常要用一些非常直观的现象去认识或用易测量的物理量间接测量，这种研究问题的方法称为转换法。这也是在这堂复习课中要强化的科学探究方法。）

师：实验中的小球在木块作用下停下，汽车在刹车系统作用下停车，如果将运动的小球看成奔驰的汽车，那么小木块就相当于汽车的刹车装置。小球没有木块将无法快速停下，为了及时停车，汽车要有刹车装置。

【设计意图】突出转换法、类比法、模型法的应用。类比法的作用是"由此及彼",类比思维的过程就是一个推理过程。学生将高速行驶的汽车减速过程转化为小球运动过程,利用物理模型简化实际复杂过程,突出主要因素,体现了从生活走向物理的重要思想。

典型任务二:通过阅读材料,了解汽车的"刹车装置"

师:为了及时停车,汽车要有刹车装置。让我们观看视频,然后阅读材料,并思考几个问题。

(学生观看汽车刹车装置的工作原理的视频,阅读有关汽车刹车装置的介绍。)

师:快速前进的汽车在紧急制动时,动能怎样变化?

生:汽车的动能减少。

师:动能转化成了刹车系统什么形式的能了?

生:动能转化成了刹车系统的内能。

师:因此,在盘山公路下坡时,由于经常刹车,刹车系统内能增加,刹车盘温度升高,会影响刹车的效果,引发事故。

师:轮胎和地面不打滑时,汽车的刹车距离与哪些物理量有关?

生:一是增大刹车距离的量,即汽车的总动能(m,v);二是减小刹车距离的量,即刹车盘与钳的摩擦力(f),刹车盘的大小。

师:大货车、小汽车为什么不能超载、超速?

生:当超载、超速时,车子的动能增大,能对外做更多功。当刹车时,刹车盘克服摩擦力做功,在相同摩擦力下动能大的车刹车盘转动的圈数增加,车子要经过更长的距离才能静止。

师:为什么在同样道路上,不同的车型的限速不一样?

生:不同的车型在同样道路上动能不同,刹车系统也不同。刹车后,汽车必须在一定距离内停下,这就需要一定的限速,不同的车型需要不同的限速。

师:F1赛车为什么最高速度这么高?

生:因为F1赛车有更好的刹车系统,使得调速行驶的赛车也可以在规定距离内停车。

【设计意图】为什么不能超载、超速是一个系统问题,学生应该站得更高才能回答得更准确。学生通过资料了解了汽车刹车装置的工作原理,了解了现代汽车工业的刹车系统设计,拓展了知识面,激发了学习兴趣。

典型任务三:通过分组讨论,设计汽车中的"刹车装置"

师:刹车装置对于驾驶者而言就是生命的保障,请同学们结合实验和资料思考并讨论如何设计安全的刹车装置。

（学生分小组讨论设计安全的刹车装置。）

生 1：加大刹车盘直径，可以优化刹车的效果。

生 2：加大盘与钳的压力和粗糙程度，可以优化刹车的效果。

生 3：要选择好的轮胎，使车子不容易打滑。

生 4：使用耐高温的刹车盘，在较长的下坡上，汽车的刹车效果才不会失灵。

生 5：要增加油门和刹车的误踩装置，增加汽车的限速装置。

师：有的车主把车轮改大一号，使车子看起来更威武，这样做是否合理？

生：不合理。刹车装置如果不加强，会影响刹车效果。

师：有的车主把汽车的动力改大，可以开得更快一些，这样做是否合理？

生：也不合理。刹车装置与汽车的动力是需要匹配的，只改动动力会增加刹车距离。

师：万一在高速上刹车失灵怎么办？

生：在高速公路的长下坡、急弯、事故频发地段有缓冲带，开上去或许可以减速停车。

师：很好。这类缓冲带通常由沙、石、泥土依势而建，专用于制动失效车辆的驾驶员主动"撞"上这些沙石堆以达到减速的目的。

师：作为初中学生，我们应该怎样安全出行？

生：不闯红灯，提醒亲人不超速、不超载，高速公路不停车，刹车盘在服务区自然冷却。

……

【设计意图】学生通过小组讨论，设计改良汽车刹车装置，深度了解汽车工业设计的魅力，从物理走向生活。学生讨论安全出行的要点，从原理上理解在生活中如何避免交通事故发生，从而学以致用，用科学保护生命安全。

教学反思：

复习课要上出新意，从知识走向知识的应用；用知识来解决问题、解释现象；从知识走向获得知识、研究未知的方法；在复习课上，教师要让学生温故而知新。教师要注重物理知识与现代科技的结合，用书本上的知识来解释工程、设计、设备的原理。

在课堂上，教师以"小明全家一起开车到外地游玩，在高速公路上发现汽车的刹车失灵"做开篇引入，用车祸视频吸引学生注意，让学生身临其境。学生进入状态后，从经典实验中的"刹车装置"到汽车的"刹车装置"，再到设计"刹车装置"，教学步步深入；以"刹车装置"为线索，进行知识与方法的深度学习。

在典型任务一中,核心知识是"研究动能大小与哪些因素有关的实验",包括实验目的、原理、步骤和结论。核心方法是转换法、控制变量法。思维水平要达到多点结构水平。教师任务完成后提出:实验中的小球在木块作用下停下,汽车在刹车系统作用下停车,如果将运动的小球看成奔驰的汽车,则小木块就相当于汽车的刹车装置。小球没有木块将无法在短时间停下,为了及时停车,汽车要有刹车装置,进而引出第二个任务。

在典型任务二中,学生通过阅读事先准备的材料了解刹车装置。材料中的核心知识是"刹车装置是一个将动能转化为内能的装置",并且是通过摩擦力做功的。核心方法是类比法和模型法。思维水平要达到关联结构水平。

在典型任务三中,学生通过分组讨论,设计汽车的"刹车装置",以期用知识解决实际问题,学生分组讨论设计刹车装置,并讨论刹车失灵怎么办?讨论安全出行的要点等。

本堂课的设计知识主线中暗藏方法副线,强调了转换法,复习了控制变量法,引出了类比法,演示了模型法。本堂课的设计比较重视思维的提升,依SOLO分类分析,学生的思维结构从单点结构到多点结构到关联,最后到抽象拓展结构,水平逐渐提高,符合学生的认知规律。

课例九:《科学》(九年级下册)第一章第一节"人类对宇宙的认识"("科学思维与创新"学习任务)

人类对宇宙的认识

【教学目标】

一、课标要求

(1)了解宇宙是由大量星系构成的。

(2)知道宇宙是有起源的、膨胀的、演化的。

(3)从宇宙的演化、恒星的演化、地球的演化、生命的演化中领悟人与自然的关系。

(4)知道从地心说到日心说的发展,领悟科学家追求真理的精神。

二、核心素养要求

(一)科学观念:知识、技能

(1)了解人类对宇宙的认识(古代神话、地心说、日心说、现代宇宙说)。

(2)知道宇宙起源、膨胀、演化等。

(3)了解大爆炸宇宙论的主要观点。

（二）科学思维、科学探究过程与方法
（1）尝试根据星系运动证据建立星系运动模型。
（2）尝试进行时间倒退的推理，了解大爆炸宇宙论。
（三）科学态度
感受科学家的探索精神和献身精神。
【教学过程设计】
创设情境：
教师播放国家地理纪录片宇宙时空之旅系列第一集《宇宙起源》片段，带领学生乘坐想象飞船造访整个太阳系的星球和旅行者一号，了解人类对于宇宙的原始认识，让学生带着问题观看影片。

教师提问：影片中人类对宇宙的原始认识是怎样的？宇宙的起源究竟是什么样的呢？

任务一：思考宇宙的起源问题。
（1）教师准备知识卡片分发给学生，让学生阅读历史上曾经出现过的各种各样有关宇宙起源的神话传说，了解"盖天说"和"浑天说"，以及古巴比伦人、古印度人、古希腊人的说法。教师可以让学生分享国外各种各样的对宇宙结构的说法。

教师提问：说一说你所了解的关于宇宙创始的神话故事？说一说古代对宇宙的起源还有怎样的认识？

（2）阅读古代埃及人托勒密的"地球中心说"和哥白尼的"太阳中心说"。学生事先阅读。

16世纪中叶之前，人类对自然的认识受宗教、神学和迷信的影响很大。人们普遍认为自然和天体的运动是神秘的。古希腊学者亚里士多德提出，托勒密加以发展的地心说体系深入人心。人们认为地球是宇宙的中心，太阳和其他一切天体都围绕地球转动。地心说符合上帝造世和造人的教义，成为基督教理论的根据，其他一切均被视为异端邪说。布鲁诺捍卫和发展哥白尼的太阳中心说，并把它传遍欧洲，却被宗教裁判为"异端"并被残忍地烧死，成了捍卫真理的殉葬者。

地心说不能解释"行星的非匀速运动""火星的逆行""逆行时行星变亮"。

哥白尼的天文学思想及其新的宇宙体系，第一次揭示了地球和其他行星围绕太阳运转的客观规律，打破了主宰世界近2000年的地心说体系，彻底动摇了宗教教义的基础。

哥白尼理论对逆行的说明：当地球追过另一行星（如火星）时，由于地球上观察者视线的转动,这个行星在恒星背景上看起来就像是在向后运动。

教师提问:说一说你支持谁的观点?

教师总结:古人观察天空的工具很少,不能进行深入研究。而现代科学家呢,借助科技对宇宙的起源有了更深入的研究。

教师提问:现代科学家借助什么科技对宇宙进行了研究?

任务二:建立星系运动模型。

(1)哈勃太空望远镜于1990年发射之后已经成为天文史上最重要的仪器。它在距离地球表面580 km高空的轨道上运行,可以不受地面观测条件的约束,帮助天文学家解决了许多天文学上的基本问题,使得人类对天文物理有更多的认识。

教师让学生欣赏哈勃太空望远镜拍摄的照片。

(2)天文学家通过哈勃望远镜还发现了什么?

教师讲授:所有的星系都在远离我们而去。星系离我们越远,它的退行速度就越快。星系间的距离在不断地扩大,宇宙也在不断地膨胀。

教师提问:难道地球是宇宙的中心?你是怎样理解哈勃发现的关于星系运动的特点的?你能想象出宇宙中的星系在怎样运动吗?你要建立一个怎样的模型?

(3)教师通过实验帮助学生建立宇宙中星系运动模型。

教师介绍活动要求,并分组实验,教师巡视指导活动。

步骤一:准备一只气球,在其表面画上几个黑点。

步骤二:向气球充气,使气球不断膨胀。

步骤三:观察气球在膨胀过程中小黑点间及小黑点与球心间的距离变化的特点。

步骤四:分析归纳球在膨胀过程中小黑点间及小黑点间与球心间距离变化的特点。

气球表面上的小圆点类比宇宙中的星系,则星系间的距离变大,宇宙在不断膨胀之中。如果宇宙在膨胀,星系就好比在气球表面上的红色标记。当气球膨胀时,两个星系远离对方的速度与它们之间的距离成正比。

教师总结:气球模型帮助我们理解星系运动,理解宇宙膨胀,对现象进行了很好的解释。

任务三:尝试推理,了解"大爆炸"宇宙学说。

教师提问:如果能将时间倒退,那么宇宙中的星系之间的距离是怎样的?

1948年,物理学家伽莫夫提出"大爆炸"宇宙学说。这种理论认为,今天人们所看到的宇宙的膨胀现象,如果随着时间追溯上去,则开始于一次强烈的爆炸。

伽莫夫预言：现今宇宙背景中应当留有当初大爆炸残留下来的热辐射。伽莫夫的学生阿尔弗和核物理学家赫尔曼（Herman）经过推算指出：早期宇宙遗留下来的背景辐射至今已经很微弱了，其谱分布大体对应于绝对温度为 5 K 的黑体辐射——"坑灰虽冷，余烬犹在"！

1978 年，贝尔实验室阿诺·彭齐亚斯（Arno Penzias）和罗伯特·威尔逊（Robert Wilson）因首次测量到 3 K 宇宙背景辐射而获得诺贝尔物理学奖。

教师提问：宇宙中的星系最终会怎样？如果宇宙在持续不断地膨胀中，那么宇宙将来究竟会怎样？请同学们思考，并大胆提出猜想。

课堂小结：永远膨胀下去，不断地扩大，我们将看到所有星系的星球老化、死亡，剩下我们孤零零的在一片黑暗当中。又或者，在遥远的未来，宇宙会塌缩而在大挤压处终结。一个民族有一些关注天空的人，这个民族才有希望；一个民族如果只是关心脚下的事情，那么是没有未来的。

任务评价：

课后练习：

（1）在地球上观测到宇宙中的星系都在远离地球而去，能否说明地球是宇宙大爆炸的中心？

（2）根据对星系运动的研究，证实星系运动的特点是什么？

（3）你是如何理解"大爆炸"宇宙学说的？谈一谈你的观点。

【设计意图】

本教学案例是基于 HPS 教育理论展开教学设计的。教学设计把科学史、科学哲学、科学社会学的有关内容纳入其中，期望引导学生以史为鉴理解科学本质，从而达到提高学生科学素养的目的。课堂由纪录片的宏大场景引入，激起学生对宇宙起源的好奇和遐思；在教师的引导下，学生逐步建立起宇宙起源论概念；通过学习、掌握历史上各个时期不同的宇宙起源论，并进行对比研讨，归纳出较为完善的宇宙起源论概念；通过反思总结，让学生充分感受到科学家的伟大探索精神和献身精神，在精神上得到升华。课堂最后以黑格尔的哲学观点"一个民族有一些关注天空的人，这个民族才有希望；一个民族如果只是关心脚下的事情，那么是没有未来的"为结尾，给了学生广阔的思考空间，也将课堂立意从知识层面跃升到了民族情怀。

参考文献

[1] 中华人民共和国教育部．初中科学课程标准（2011年版）[M]．北京：北京师范大学出版社，2012．

[2] 中华人民共和国教育部．普通高中物理课程标准（2017版）[M]．北京：人民教育出版社，2018．

[3] 钟启泉，崔允漷，张华．基础教育课程改革纲要（试行）解读[M]．上海：华东师范大学出版社，2001．

[4] 钟启泉，崔允漷．核心素养与教学改革[M]．上海：华东师范大学出版社，2018．

[5] 蔡铁权，姜旭英，胡玫．概念转变的科学教学[M]．北京：教育科学出版社，2009．

[6] 陈锋．初中科学概念教学范式的创新研究[M]．上海：上海教育出版社，2017．

[7] 王耀村．初中科学课程实施论[M]．杭州：浙江教育出版社，2017．

[8] 王耀村．初中综合科学教材内容整合的实践途径[J]．中小学教材教学，2019（11）：14-16．

[9] 曹宝龙．物理模型的建构与教学建议[J]．物理教学探讨，2016，34（5）：1-5．

[10] 曹宝龙．学习与迁移[J]．基础教育课程，2020（6）：81．

[11] 沈旭东．从"为情而境"到"由境生情"——化学教学中真实情境创设概论[J]．化学教学，2019（07）：25-29．

[12] 郭华．深度学习及其意义[J]．课程．教材．教法，2016，36（11）：25-32．DOI:10.19877/j.cnki.kcjcjf.2016.11.005．

[13] 徐金初．如何以"自主探究"落实"轻负高质"[J]．新课程研究（基础教育），2010（04）：113-115．

［14］林勤．在物理概念、规律教学中培养学生的高阶思维能力［J］．物理教学，2015（4）：13-16+5.

［15］李光蕊，于浩，尹朝莉．中学物理教师力学前概念调查报告——教师自身概念水平及对前概念理论掌握［J］．教育研究与实验，2007（02）：67-69.

［16］储成节，郭长江，冯杰，等．例谈物理解题中的科学思维方法——等效思维的运用［J］．物理教师，2014，35（02）：10-11+15.

［17］吴有昌．SOLO分类学对布卢姆分类学的突破［J］．华南师范大学学报（社会科学版），2009（4）：44-47.

［18］张浩，吴秀娟，王静．深度学习的目标与评价体系构建［J］．中国电化教育，2014（07）：51-55.

［19］邢红军．原始问题教学：物理教育改革的新视域［J］．课程．教材．教法，2007（05）：51-57. DOI:10. 19877/j. cnki. kcjcjf. 2007. 05. 012.

［20］葛元钟，徐天明．初中物理迷思概念的转化策略［J］．中学物理，2016，34（14）：15-17.

［21］葛元钟．利用任务驱动合作教学进行概念转变——以初中科学"大气的压强"教学为例［J］．教学月刊·中学版，2017（4）：21-25.

［22］葛元钟．典型任务范式中科学探究能力的培养——以浙教版科学九年级第三章"机械能"为例［J］．中学物理，2017，35（16）：3-6.

［23］葛元钟．典型任务范式中科学实验能力的培养——以浙教版科学中考复习"凸透镜成像规律"为例［J］．教育，2017（45）：66-67.

［24］葛元钟．初中科学课堂典型任务范式中高阶思维能力的培养——以浙教版科学中考复习"动势能转化"为例［J］．中学物理，2018，36（24）：48-51.

［25］葛元钟．初中电学复习课中高阶思维能力培养策略［J］．中学物理，2020，38（2）：12-15.

［26］葛元钟．提高初中科学模型思维的教学策略研究［J］．中学物理，2020，38（14）：9-12.

［27］葛元钟．刹车装置中的科学知识［N］．中国教师报，2020-7-15（5）.

［28］葛元钟．思维可视化：基于SOLO理论的初中科学教学探索［J］．教育考试与评价，2020（2）：84-85.

［29］葛元钟．TAP模式下初中物理论证能力的教学策略研究［J］．中学物理教学参考，2021，50（05）：14-16.

［30］葛元钟．首要教学原理视角下的初中物理教学设计与实践［J］．中学物

理，2021，39（4）：56-58.

[31] 葛元钟. 借助技术改进物理实验动态过程探究 [J]. 中小学数字化教学，2021（2）：17-20.

[32] 葛元钟. "任务中心"：基于核心素养的初中科学教学设计——以"浮力"复习课为例 [J]. 教学月刊·中学版（教学参考），2021（3）：32-35.

[33] 葛元钟. 从真实素材到真实情境：教学情境的设计策略——以初中《科学》九年级"能量的转化与守恒"复习为例 [J]. 物理教师，2021，42（4）：40-43.

[34] 葛元钟. 基于教材的初中科学真实情境设计 [J]. 中学物理教学参考，2021（5）：30-33.

[35] "分层评价"对初中物理课堂教学的启发——基于浙江省 2020 年学业水平考试科学开放题的研究 [J]. 物理教学，2021，43（7）：40-43.

[36] 莫海玲. 我国初中物理教科书中的前概念研究 [D]. 上海：华东师范大学，2010：12-15.

[37] 李扬. STEM 教育视野下的科学课程构建 [D]. 金华：浙江师范大学，2014：14-15.

[38] 于学敏. 基于 SOLO 分类评价理论的初中物理学业测评策略研究 [D]. 长春：东北师范大学，2015：10-15.

[39] 张跃. 中学科学模型教育的理论与实践研究 [D]. 北京：首都师范大学，2014，5：29-33.

后 记

本书是我 26 年科学教学实践和杭州拱墅"运河特级教师工作室"多年研究的结晶，整合了本人主持的浙江省教研规划课题"基于真实情境的初中科学单元学习任务群设计与实施"（G2021033）和浙江省教师教育规划课题"初中科学学习任务中真实情境的创设研究"（ZX2021575）的研究成果；本书还结合了我近两年发表于核心期刊的十余篇相关论文和案例，是理论和实践充分结合的产物。

任务教学由于能较好地激发学生的学习兴趣，培养学生的能力，一直受到初中学生的欢迎和初中科学教师的青睐。本书试图在任务教学理论和任务教学课堂之间搭起一座桥梁，让老师们能较好地理解任务教学理论并提升课堂任务教学的设计与实施水平。希望本书不仅为任务型教学充实可操作的教学原理提供优化的教学过程，同时还能指导教师专业发展，为科学教师的教学改革提供参考。

本书能得以出版，要特别感谢浙江省中学科学教学分会理事长、浙江省特级教师曹宝龙先生对我的指导，他像一座灯塔为我在专业道路上指明了前进方向；

特别感谢浙江教育出版社副总编辑邱连根先生和杭州师范大学经亨颐教育学院蒋永贵教授的鼓励，他们的指导增加了本书的理论高度；

特别感谢浙江省教育厅教研室科学教研员王耀村老师赠予的科学专著，并对本书的框架结构形成提出及其专业的意见；

特别感谢杭州市自然科学教学研究会理事长、教育部国培专家陈锋先生及浙江省正高级特级教师王盛之先生的专业性极强的建议。

感谢拱墅区科学学科的教研员于浙园先生，感谢浙江省教研规划课题的成员及杨晓夏、郭金权、郑晓芬、傅雪琪等"葛元钟运河特级教师工作室"的成员。在他们帮助下，我在课题研究或论文撰写时得到了丰富的素材和许多建设性的意见。

感谢吉林大学出版社编辑的大力支持。

最后，我要特别感谢浙江省正高级特级教师沈旭东先生，他始终关心本人的"运河特级教师工作室"的运行及省级规划课题研究的顺利开展，并在本书的长达

后 记

两年的写作过程中给予我极大帮助。

庄子曰:"始生之物,其形必丑。"我们探索的任务型教学可能还不够成熟,但"路漫漫其修远兮,吾将上下而求索",在初中科学教学的探索之路上,我们期待更多的同行者,并真诚期待专家与读者的指教。

葛元钟

2021 年 12 月

杭州市拱墅区行知中学

专家推荐:

基于任务的教学,应该是实现"减负增效"、促进教育高质量发展的教学方式的重要选择,其与项目化学习在本质上是一致的。初中科学课程任务型教学的理论有哪些,有什么主要特征,任务怎样分类,如何进行教学设计以及教学实施,葛元钟老师对上述关键问题的梳理,以及对团队多年实践探索的总结,有重要的价值,值得老师特别是科学老师阅读参考。

《科学探索者》系列图书策划人 邱连根

以学习任务驱动学生主动学习,能充分体现"学为中心"的国际理念。葛元钟老师是浙江省名师网络工作室的优秀学科带头人,长期植根于中学科学教育现场的研究,他对任务型教学和学习有独到的实践和认识,其专著对改进中学科学教学有很大的指导作用。

杭州市自然科学教学研究会理事长、教育部国培专家 陈锋

葛元钟老师的大作聚焦课程改革的关键要素即"任务学习",按照指向的素养发展类型,分门别类地进行设计与实施探索,想法独特、案例典型,值得大家一起探讨与践行。

杭州师范大学经亨颐教育学院教授 蒋永贵

葛元钟老师针对中学科学教学的现状,将当代教学理论应用于教学研究,探索出科学学科学习任务群的基本设计流程及科学学科学习任务实施的一般方法。本书是改进中学科学教学研究、提高教学水平的精细深耕之作,有推广价值。

浙江省中学科学正高级特级教师 王盛之